von dieser erde

RUDY WIEBE

von dieser erde

Eine mennonitische Kindheit
im borealen Urwald Kanadas

Aus dem kanadischen Englisch
von Joachim Utz

Bonn 2008

TWEE back.

Originaltitel: *of this earth*
A Mennonite Boyhood in the Boreal Forest

Die deutsche Ausgabe wurde ermöglicht
durch die freundliche Unterstützung
des Canada Council for the Arts
und der Mennonitischen Forschungsstelle

Lektorat: Doris Engelke

Umschlaggestaltung: Pavel Borodin in Anlehnung
an den Umschlag der kanadischen Originalausgabe
und unter Verwendung von Photos des Autors
sowie eines Autorphotos von David Deal / CORBIS

Satz mit LaTeX

ISBN 978-3-98119781-5

www.tweeback.com

DIESES BUCH IST FÜR

Rocio Michaela

Camilo Aaron

Anna Helen

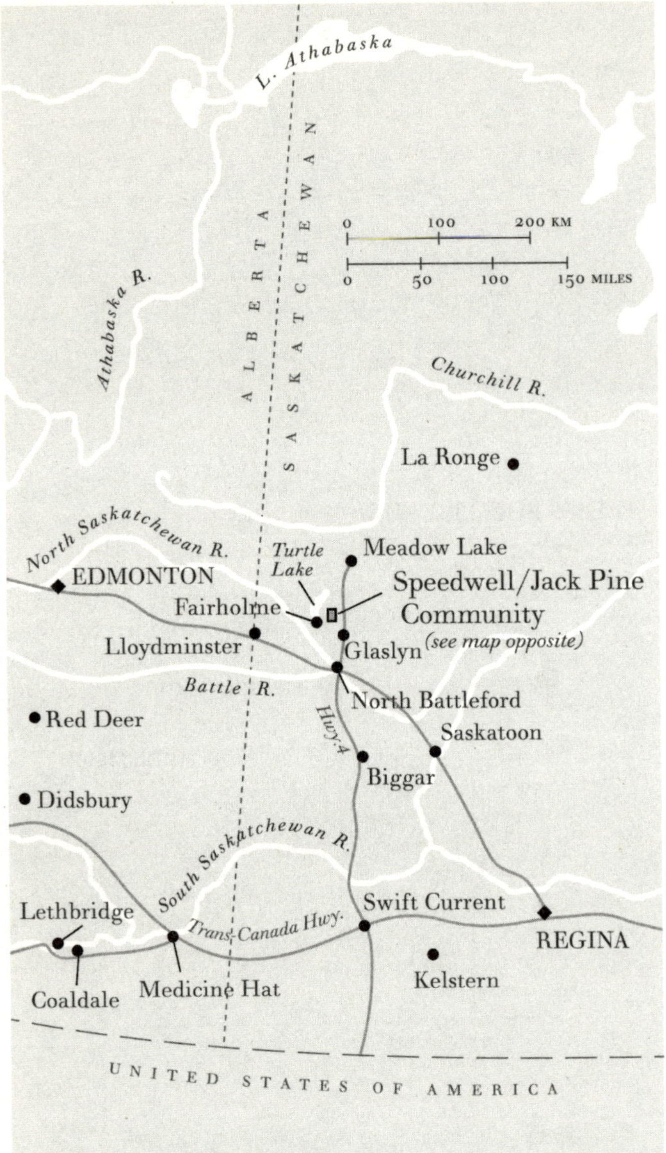

Saskatchewan/Alberta, c.1940

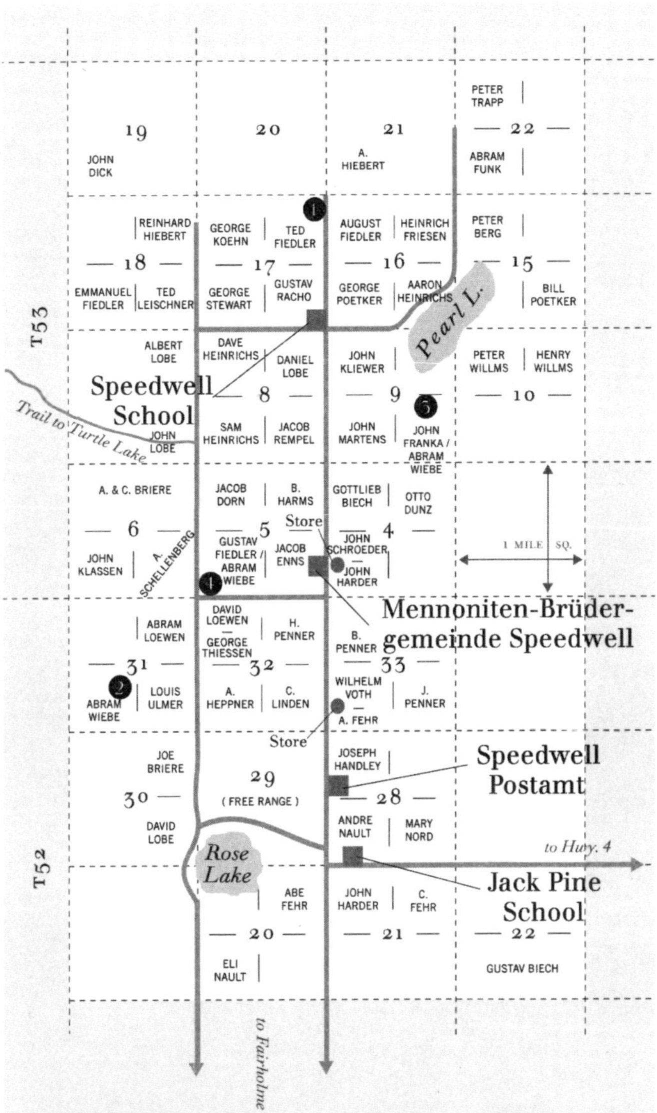

❶❷❸❹ Hier lebten die Adam Wiebes 1933-1947

Speedwell/Jack Pine, c. 1940

Nach der Originalkarte Aaron Heinrichs, 1930

What do you do for a living? I asked.
I remember, she replied.
Womit verdienst du deinen Lebensunterhalt? fragte ich.
Ich erinnere mich, antwortete sie.

ROBERT KROETSCH
The Snowbird Poems, „Conversation #2"

Daut we soo lang tridj, daut ess meist nich meea soo.
Das ist so lange her, dass es fast nicht mehr wahr ist.

Sprichwort der russischen Mennoniten

Inhalt

Prolog

JETZT

„Nu ess et Tiet“, pflegte meine Mutter im Plautdietsch der russischen Mennoniten zu sagen, das in unserer Familie gesprochen wurde. Jetzt ist es Zeit. Dann stand mein Vater auf, umwickelte seine nackten Füße mit Fußlappen, zog seine Filzschuhe und die Gummistiefel darüber, nahm seinen schweren doppelreihig geknöpften Wollmantel und die Pelzmütze von den Haken neben der Tür und ging mit dem Nachbarn, bei dem wir zu Besuch waren, nach draußen. Sie führten Prince und Jerry aus dem Stall, spannten sie vor den langen Schlitten, und begleitet vom rhythmischen Geklingel der Glöckchen des Pferdegeschirrs fuhren wir wieder nach Hause, immer, in meiner Erinnerung, im Schlittenkasten von Decken und einem steifen Kuhfell bedeckt, durch blaues Dunkel.

Zwischen Pappeln, schnell vorbei an offenen Feldern, entlang den dichten schwarzen Mauern der Fichten sausen wir dahin; die Pferde spüren im Schnee die nach Hause führende Spur ihrer eigenen Hufabdrücke, die so schmal ist wie der Pfad des Firmaments über uns, dem hellen, mit

Lichtern übersäten Himmel, der aber manchmal plötzlich wie eine berstende Sonne in Flammen ausbricht, in einen Schauer aus Feuer, der uns erschreckt, bis er in Wellen davontreibt und in Regenbögen verebbt: Dort, in solchem Lichte, wohnt Gott in Ewigkeit und so weit weg, dass ich es nie bis jenseits der Sterne schaffen werde. Ganz gewiss aber meine Mutter, und vielleicht auch mein Vater.

Sie singen wieder: meines Vaters liebstes Kirchenlied, das sie aus ihren Mennonitendörfern in den Steppen der Ukraine und Russlands mitgebracht haben, um es im borealen Urwald von Saskatchewan zu singen:

> Hier auf Erden bin ich ein Pilger,
>
> Und mein Pilgern, und mein Pilgern währt nicht lang …

In der kristallklaren Kälte webt der Sopran meiner Mutter die hohen Töne auf „Pi-il-ger" in die Tenorstimme meines Vaters wie Wind, der durch die Blätter der sommerlichen Espen strömt. Tina, meine älteste Schwester, ist verheiratet, Abe, mein ältester Bruder, ist in der Bibelschule. Sie sind nicht dabei, und Dan steht am offenen Ende des Schlittenkastens, groß und schweigend. Wir vier jüngeren Geschwister aber summen in unseren übereinandergezogenen Kleidern unter den Decken, besonders meine Schwester Mary, die zwischen die Stimmen von Mam und Pah schon ihren Alt flechten und im Dreiklang singen kann, und wenn Dan seinen Mund aufmachen würde, wozu Mary ihn oft genug auffordert, könnten wir ein Familienquartett haben, auch wenn Helen, Liz und ich noch zu klein sind für alles außer der Melodie.

Wir fahren nach Hause durch den borealen Urwald, der sich wie ein riesiges Halstuch um die Schultern Nordamerikas, um den einsamen Fleck legt, wo einst mein Leben entstand. Diesen Ort im westlichen Kanada gibt es wirklich und er ist leicht zu finden: nördlich von North Battleford, auf halbem Weg nach Meadow Lake, westlich von Highway 4, wo die amtliche Straßenkarte von Saskatchewan leer ist bis auf winzige blaue Flüsschen, die dort entspringen und in alle Richtungen fließen; wo nach Glaslyn auf neunzig Kilometern Richtung Norden keine Ortsnamen stehen; in dem Dreieck zwischen Turtle Lake, Stony Lake und Midnight Lake. Ausgangspunkt für was immer ich war oder werden würde, Wurzel und Geist.

Dort hörte ich, noch bevor ich in irgendeiner Sprache reden konnte, den 90. Psalm, ein Gebet Moses, laut vorgetragen zu Hause und in der Kirche.

> Herr, Gott, du bist unsere Zuflucht für und für.
> Ehe denn die Berge wurden und die Erde und die
> Welt geschaffen wurden, bist du, Gott, von
> Ewigkeit zu Ewigkeit.
> Alle unsere Tage fahren dahin durch deinen Zorn;
> wir bringen unsere Jahre zu wie ein Geschwätz.
> Unser Leben währet siebzig Jahre,
> und wenn's hochkommt, so sind's achtzig Jahre,
> und wenn's köstlich gewesen ist, so ist es Mühe und
> Arbeit gewesen, denn es fähret schnell dahin,
> als flögen wir davon.

Vor siebzig Jahren begann mein Leben auf der steinigen, von Gletschern geformten Erde Westkanadas. Siebzig Jahre der Zuflucht im Schatten des Zorns. Wie meine Mutter sagte: „Jetzt ist es Zeit."

An Bord des MS *Dnjepr-Prinzessin,* auf dem Schwarzen Meer, am 4. Oktober 2004

1

HEIMSTÄTTE

Wasser schießt in hohem Bogen aus einem Stahlkessel. Vor dem Dunkel unter den Dachbalken speit er Dampf wie eine Parabel aus Licht. Ein Schrei. Meine Schwester Liz – sie ist fünf oder sechs Jahre alt – ist zu geschwind in den Badezuber der Familie gestiegen: Im selben Moment begann Helen, die schon neun gewesen sein muss, kochendes Wasser nachzugießen in das lauwarme, etwas trübseifige Badewasser, aus dem ich gerade geklettert war. Das kochende Wasser klatscht über Liz' Bein, deshalb ihr Geheul, Helen lässt mit einem Aufschrei den Kessel fallen, es scheppert, das Wasser spritzt heraus, fließt über die holprigen Dielen, und der Deckel des Kessels klingelt davon und auch ich schreie.

Unsere Mutter muss sofort zur Stelle gewesen sein.

Wasserkessel mit großen Tüllen sind berüchtigt in unserer Familie; schon als Baby wusste ich, dass Abe, mein ältester Bruder, als er sechs war, einmal vom Spielen hereinrannte, unbegreiflicherweise die Tülle des kochendheißen Wasserkessels auf dem Herd zum Trinken ansetzte und sich Zunge und Hals so verbrühte, dass er fast gestorben wäre. Stählerne Wasserkessel standen auf jedem Küchenherd in Russland oder Kanada, und wie oft bliesen sie ihren Dampf in die Luft und waren gefährlich, aber so notwendig wie das Feuer im Herd, das nie ausgehen durfte.

Dies musste auf unserer CPR-Heimstätte passiert sein noch bevor ich drei wurde, und zwar an einem Samstagabend im Sommer, als wir in unserem Waschzuber badeten. Die Füße, die vom Barfußlaufen tagsüber schmutzig waren, wuschen wir uns jeden Tag vor dem Schlafengehen. Als erster hockte immer ich mich in den Zuber, in dem sonst die Wäsche gewaschen wurde, dann badeten meine drei Schwestern in der Reihenfolge ihres Alters und schütteten jedes Mal heißes Wasser zu dem, das sich beim Bad des vorausgegangenen Kindes etwas abgekühlt hatte. Bis Mary an die Reihe kam, die dreizehn war und blonde Locken hatte und die manchmal den Zuber am Griff packte, zur Stufe vor der Küchentür zog und auskippte, weil sie sich lieber *in einer Tasse* waschen wollte, als in der von den anderen hinterlassenen Schweinerei!

Das ist meine früheste Erinnerung: in einem Bogen hochspritzendes Wasser und das kleine Bein von Liz der Länge nach verbrüht; was nicht so schrecklich ist wie Abes Kehle, aber warum sind da die Dachsparren? Warum hätten wir droben auf dem Dachboden, wo wir schliefen, baden sollen? Wo ist Mary? Der extrem heiße, so schwere Kessel hätte die Treppenleiter hinaufgehievt werden müssen, für die man beide Hände brauchte, wenn man sie erklimmen wollte – sollte er etwa von Helen hinaufgehievt worden sein, die immer kränklich war, nie kräftig? Eigentlich musste es sich in unserem Küchenanbau abgespielt haben neben dem Holzherd, wo Mary wie immer einfach den Kessel am Henkel herumschwenkte, vom Feuer hob und in den Waschzuber kippte.

In dieser ersten unbestreitbaren Erinnerung meines Lebens ist nichts deutlicher geblieben als jener niedrige, offene Schlund aus Dachbalken und wir drei schreienden Kinder. Kindheit wird nur bewahrt in dem, was man nicht vergisst.

~

Die runden Dachsparren waren in dem Blockhaus, das sich unsere Familie auf unserer ersten Heimstätte in Saskatchewan baute. Es stand auf einem quadratischen Stück Land von fünfundsechzig Hektar, das mein Vater 1934 von der Canadian Pacific Railway erwarb – alle Stücke in diesem Gebiet mit einer ungeraden Zahl gehörten der CPR – mit einer, wie er mir erzählte, Baranzahlung von „Tien Dola fe daut wille Bosch“: zehn Dollar für ungerodetes Gelände.

Gust Fiedler zufolge, über sechzig Jahre lang verheiratet mit meiner Schwester Tina, waren es seine Cousins, die John Lobes, die als erste im nördlichsten Winkel dessen, was einmal der Schulbezirk von Speedwell sein würde, den Busch rodeten, um Farmland daraus zu machen. Die Familien Lobe, Fiedler und Dunz waren keine Mennoniten, sondern ethnische Deutsche aus Bessarabien (jetzt Moldawien), die vor dem Ersten Weltkrieg nach Harvey in North Dakota ausgewandert waren. Sie lebten dort aber in äußerster Armut und suchten besseres Land, das ihre auseinandergerissenen Familien wieder näher zueinander bringen sollte, weshalb mehrere Söhne aus diesen Familien, einschließlich Gust, sich wieder auf Wanderschaft begaben, in den Norden, nach Kanada, wegen der „freien" Heimstätten, die Saskatchewan anbot. 1925 fanden sie, was sie suchten, nördlich von Glaslyn an der Straße nach Meadow Lake, westlich und nördlich der Straße an der Jack Pine School: Hier war Siedlungsland für eine ganze Township[1] zu kaufen. Innerhalb der nächsten fünf Jahre siedelten sie auf zwölf bis fünfzehn Viertelsektionen nördlich der Jack Pine School. Wie Gust sagte: „Wir waren nahe beieinander und das Land kostete wirklich nichts außer Arbeit."

„Aber das war doch wilder Busch?"

„Land zu roden machte uns keine Angst! Es gab gutes Schwemmland und feuchte Wiesen und eine Menge großer Fichten und Kiefern, deshalb machten wir Fiedlers eine Sägemühle auf, John Lobe schaffte eine Dampfmaschine an und einen Rodepflug, um den Boden aufzubrechen, und Otto Danz besorgte eine gute Dreschmaschine. Und '26 und '27 kamen auch viele Mennoniten, Einwanderer, alle wollten Land. Pappeln kannst du fällen und ihre Wurzeln ausgraben."

Die Jack Pine School war 1920 von der englischen Familie Joe Handleys und der Metis-Familie Elie Nauts für die wenigen Heimstättner gegründet worden, die bereits in Township 52, nordöstlich von Stony Lake lebten, in Town-

---

[1] Anmerkung des Übersetzers: In quadratische Sektionen mit einer Seitenlänge von einer Meile unterteiltes Land. Eine Viertelsektion von 800 m Seitenlänge und 65 ha bildete die Siedlungseinheit der „Homestead", der Heimstätte. Siehe Karte auf S. 7.

ship 53 aber, nördlich davon, begann der Lobe-Fiedler-Dunz-Clan zu siedeln, und russisch-mennonitische Einwanderer aus der Sowjetunion folgten ihnen. Während der Weltwirtschaftskrise wuchs die Bevölkerung des Gebiets schnell, weil Einwanderer Land gerne in sprachlichen und ethnischen Gruppen besiedeln – was Kanada zugunsten von Stabilität und Entwicklung immer unterstützt hat – aber auch, weil die Regierung von Saskatchewan Farmer aus der ausgetrockneten Prärie im Süden in ihr Espenparkland im Norden holen wollte. *Maclean's Magazine* vom 1. April 1932 berichtete darüber in einem Artikel mit der Überschrift „Der Treck zum Meadow Lake":

> Als an der Missernte von 1931 (in der Prärieregion) nicht mehr zu zweifeln war, nahm der Strom von Farmern nach Norden, der im Frühling langsam in Gang gekommen war, immer stärker zu, bis daraus die größte inländische Migrationsbewegung wurde, die Kanada bisher erlebt hat... Noch vor Wintereinbruch waren wohl zehntausend Menschen aus der Prärie weggezogen, um im nördlichen Busch eine neue Heimat zu finden... Zum größeren Teil bestand dieser Zug aus Menschen mittleren Alters, die, einmal besiegt, es wieder versuchen wollten. Highway 4 von Saskatchewan war das Hauptbett dieses Stroms nach Norden.

So wuchs Township 53, wo 1930 die Speedwell School eingerichtet worden war, schnell zu einem Verband lehmverputzter Blockhäuser, mit Grassoden gedeckter Ställe und winziger Felder, im Westen, Norden und Osten umgeben von borealem Urwald. Ein einziger Weg führte hinein, der mehr oder weniger am Erschließungsstreifen des Lageplans entlang gerodet worden war, über die Hügel der Esker hinweg und um die Sümpfe nördlich der Jack Pine School herum. Als meine Familie aus der staubtrockenen Prärie Saskatchewans im Mai 1933 ankam, war bis auf dasjenige von Joe Handley jedes Heimstätten-Quadrat entlang der einzigen Straße zwischen Jack Pine und Speedwell School (siehe Karte, Seite 7) von den Lobe-Fiedlers oder Mennoniten besiedelt. Dad fand unser „CPR-Quadrat", wie wir unsere 65 Hektar nannten, am Ende einer Wagenspur im Busch eineinhalb Meilen westlich der Hauptstraße.

Westlich von uns erstreckte sich endlos borealer Urwald, aber egal in welcher Richtung man „unser" Land durchstreifte – immer wurde man überragt von Espen, Schwarzpappeln, Birken, Fichtengruppen, zwischen denen hier und dort eine verkrüppelte Strauchkiefer stand oder eine winzige, von Weiden umwachsene feuchte Wiese lag mit Quellwasser für die lauten Frösche und die Stechmücken. Eine Viertelquadratmeile praktisch flachen Landes – gut geeignet für Felder – bis auf den langgezogenen Rücken eines Eskers, der sich über das westliche Feld unseres Nachbarn Louis Ulmer sowie über unsere östliche Grenze zog und in einem flachen Sumpf endete. Eine Quelle neben einem Sumpf war immer gut als Viehtränke: An dieser flachen Stelle rodeten mein Vater und meine Brüder die Espen, um Platz für den Hof unserer Farm zu schaffen.

~

Die Leute aus den Reservaten der Thunderchild Cree oder der Saulteaux, deren Vorfahren auf diesem Land während Hunderter von Generationen Tiere gejagt und Beeren und Wurzeln gesammelt und Pappelsaft gezapft hatten, die hätten uns sagen können, dass wir, die russisch-mennonitischen Wiebes, die ersten Menschen seit dem Tag der Schöpfung waren, die ein Haus aus Holz an dieser Stelle bauten und dort als Bauern überleben wollten. Aber die Cree und Saulteaux waren gemäß Treaty Six abgesondert und mussten in ihren zwanzig Meilen auseinander liegenden Reservaten leben, im Busch jenseits von Turtle Lake nach Westen und Midnight Lake nach Osten. Ich weiß nicht, ob irgend jemand aus meiner Familie ihnen je begegnete, oder gar ein Wort mit ihnen wechselte, wenn sie im Sommer auf den Erschließungsstreifen vorüberfuhren mit ihren Karren voller Kinder. Ich weiß, dass ich selbst nie mit ihnen sprach. Und obwohl ich winkte, winkte nur der Mann zurück, der den Wagen lenkte.

Wir lebten am Rande des weißen Siedlungsgebiets, und westlich von unserem CPR-Land war, wie uns schien, nichts als endloser „leerer“ Busch, aber nie fingen wir wilde Tiere oder jagten sie wegen ihres Fleisches. Meine Eltern wollten kein Gewehr in ihrem Haus haben, nicht einmal eine .22 für die Kaninchen oder die Rebhühner, die sich in unseren Garbenbündeln einnisteten, wenn uns im Herbst der Schnee überraschte, bevor Otto Dunz mit seiner Dreschmaschine zu uns kam und wir, um die Kühe damit zu füttern, den Hafer durch den Schnee schleppen und warten mussten, bis der Winter vorüber war, um zu dreschen, was von der Gerste übriggeblieben war. In einem Frühling erfuhren wir, dass Alex Sahar, ein russischer Siedler, der hinter den Aaron Heinrichsens am Highway 4 lebte, in jenem Winter viertausend Kaninchen geschossen, die Bälge für acht bis zehn Cent verkauft und die Kadaver an seine Schweine verfüttert hatte; oh nein, sagte unser Pah, wir sind mennonitische Bauern, wir ziehen unsere Nahrung selbst, wir legen Gärten an, bauen unser Getreide, halten Hühner und Schweine für Eier und Fleisch, und Kühe für Milch und Rahm. Daut Wille enne Wildnis es nich fe ons, Wild ist nichts für uns.

Trotzdem aßen wir wie die Cree und Saulteaux den Jackfish, den wir im Turtle Lake fingen, wenn wir sommers mit den Fiedlers dorthin zum Picknick gingen; wir tauschten Eier und Hühner gegen gefrorenen Fisch, wenn im Winter einmal ein Hausierer vorbeikam. Und selbstverständlich pflückten wir wilde Beeren, besonders Blaubeeren und Saskatoons, die wir mit Sahne aßen oder auf einem Plautz, einem offenen Obstkuchen, buken, oder für den Winter einmachten – obwohl wir nicht wussten, wie man sie trocknet und mit getrocknetem Fleisch zu Pemmikan macht, so wie einst die Cree ihr Essen haltbar gemacht hatten. Und wie sie gruben auch wir nach Senega-Wurzeln. Wir hatten keine Ahnung, wie man Medizin aus ihnen gewann, aber die Läden von Voth oder Schroeder zahlten dreißig Cent für ein Pfund getrockneter Senega-Wurzeln, die ihnen dann, wie sie sagten, eine Firma abkaufe, um Hustenmittel daraus zu machen. Robin-Hood-Mehl kostete zwei Dollar der Hundert-Pfund-Sack. Wenn wir im

Frühsommer genug Stellen entdeckten, wo Senega wuchs, konnten Mam, Mary und Helen danach graben und in drei oder vier Tagen vielleicht acht Pfund in der Sonne trocknen. Das war ein Sack aus grobem Leinen voll mit winzigen von der Sonne verrunzelten Wurzeln, nach denen zu graben Liz und ich noch zu klein waren, aber ich fand die Pflanzen so leicht wie jeder andere; ihre Blüten, Ringe aus winzigen weißen Speeren mitten im Grün, wie zwei nach oben erhobene Hände mit Blümchen auf jeder Fingerspitze, erkannte man sofort. Und in der Mitte war die unsichtbare Wurzel: je kräftiger die Blüten, desto dicker die Wurzel.

Senega-Pflanzen wachsen am besten an den feuchten Rändern von Espenwäldchen, und mein Bruder Dan hatte uns, sobald ich groß genug war, nach den Wurzeln zu graben, aus dem abgeschnittenen, geschärften Blatt einer Autofeder, das an der gebrochenen Speiche eines Wagenrades befestigt war, Grabeeisen gemacht. Ich besitze noch immer eines, obwohl ich in den Espenwäldern westlich von Edmonton, die ich durchwanderte, nie eine Senegapflanze fand. Ich weiß, ich würde sofort jenen Ring aus Blüten von zartem Weiß, der dicht über der Erde wächst, erkennen; ihr Bild hat sich in mein Gedächtnis gemalt wie das meiner Mutter, wie sie tief gebückt und lächelnd mit ihren Fingern die Erde siebt nach jedem Gramm Wurzel, für das sie eine weitere Handvoll Mehl kaufen konnte, um ihre Familie zu ernähren.

Unser CPR-Haus war aus geschälten und mit Lehm verfugten Fichtenstämmen gebaut. Das einzige Photo, auf dem es ganz zu sehen ist, zeigt die Südseite aus einiger Entfernung: ein kahler Hof und ein Haus, über dessen mit senkrechten Brettern gedecktes Dach die ausgefranste Mauer des Urwalds blickt. Ein Mann, die Hände hinter dem Rücken und einen Hut auf dem Kopf, steht vor dem linken Fenster; rechts stehen nebeneinander aufgereiht bis zur Tür des Anbaus fünf Kinder und eine Frau mit Schürze; dazwischen liegen, ausgestreckt auf der nackten Erde, zwei Männer auf ihre Ellbogen gestützt wie auf Gruppenbildern der russischen Mennoniten üblich, zu ihren Füßen ein schwarz-weißer Hund. Ein zweispänniger Schlitten steht rechts vorne neben dem Weidenzaun, ein Gerät, das wir bestimmt im Winter benutzten, aber in meiner Erinnerung sind von jenem Hof keine Bilder aus dem Winter geblieben; alles von dort ist grüner Sommer.

Der Mann mit den Händen hinter dem Rücken ist mein Vater. Der weiße Fleck am weitesten entfernt von ihm, vor der Fliegengittertür, bin ich in meinem Hemd neben meiner Mutter in ihrer weißen Sonntagsschürze. Liz in ihrem dunklen Kleid ist fast unsichtbar vor den Enden der Hausbalken. Das größere Mädchen in Weiß neben ihr ist Helen, die viel zu jung starb. Ihre Hände sind vor den Lippen gefaltet wie zum Gebet.

~

Die Erde entlang jenes Hauses ist hartgetreten, grau und kahl, besonders vor der Fliegengittertür des Küchenanbaus. Ich weiß auch, dass Onkel Foot, Herr Wilhelm Voth, der Ladenbesitzer, dicht neben mir ist. Nachbarn stehen auf der Hofwiese, die zur Scheuer und dem Heuschober, der verkrüppelten Buschkiefer jenseits des Weidezauns abfällt; sie lachen, erzählen sich Geschichten, Onkel Foot aber hat sich niedergekauert und starrt mich an. Langsam schiebt er sich seine rechte Hand in den Mund.

Da so viele Leute jeden Alters versammelt sind, muss es Sonntagnachmittag sein, Zeit zum speziere gohne, zum Besuchemachen. In Russland wohnten die Mennoniten in ihren Bauerndörfern nebeneinander, in Kanada aber schreibt der Dominion Land Act den Heimstättnern vor, in einem Haus zu wohnen, das auf dem Land steht, das sie bearbeiten, weshalb für uns Speedweller, die abgeschieden im Urwald leben, Besuchemachen so wichtig ist wie am Sonntagmorgen zur Kirche zu gehen. Vielleicht habe ich immer noch mein weißes Sonntagshemd und die kur-

zen schwarzen Hosen an und Onkel Foot steht im Mittelpunkt der Aufmerksamkeit. Ihm gehört ein Laden, in dem es alles gibt, was man vielleicht gerne kaufen möchte, aber auch der einzige Lastwagen im Bezirk von Speedwell-Jack-Pine; alle haben ihm zugehört, als er von einem Ort namens Coaldale erzählte. Später werde ich verstehen, dass Coaldale eine Stadt vierhundert Meilen entfernt im südlichen Alberta ist, wo viele Mennoniten leben und wo es im Sommer auf den bis zum Horizont reichenden Zuckerrübenfeldern für jeden, der will, immer gute Arbeit und einen verlässlichen Lohn auf die Hand gibt, dass Onkel Foot eine Ladung unserer jungen Leute, auch meinen Bruder Dan, dorthin für den Sommer zur Arbeit gefahren hat und gerade von dort zurückgekommen ist, jetzt aber verstehe ich nichts außer „Coaldale", ein Wort, das ich nie mehr vergessen werde.

Es ist ein Ort, an dem offenbar niemand mehr rackere muss, sich zu Tode plagen, Wälder abholzen, um am Ende ein kleines Feld zu schaffen, einen verwurzelten Baumstumpf nach dem andern mit einem Pferdegespann herauszieht, das seine ganze Kraft in eine Kette wirft, die hoch um den Stumpf geschlungen ist, während jemand wie wild auf die reißenden, tiefverankerten Wurzeln einhackt, Coaldale, wo es überhaupt keine Bäume gibt und nicht einmal Felsbrocken oder Sümpfe, deren Moos dich langsam wie zur Folter in seinem braunen, stinkenden Wasser versinken lässt. Auf einer Steppe wie in Russland – aber ohne die fürchterlichen Kommunisten – bauen die Leute nur Zuckerrüben an, zwischen deren Reihen Wasser fließt, wann immer du deinen Kanal öffnen willst; jeder

dort hat den ganzen Sommer lang das Recht auf einen Bewässerungskanal voller Gebirgswasser, und jedes Jahr gibt es dort eine riesige, gut verkäufliche Ernte, Zucker, Zucker und nochmals Zucker, nicht wie unsere ewigen Pappeln, und niemand streut sich dort zum Frühstück Sägemehl von den Fichten auf seinen Haferbrei! In Coaldale, im Land des Zuckers, in weiter Ferne, ist die Welt vollkommen süß.

Onkel Foot ist kleiner als mein Pah, der nicht so groß ist wie Abe, mein ältester Bruder, aber breiter, und ich weiß, dass mein Bruder Dan sogar noch größer ist: wenn Onkel Foot in Dans Kleider stiege, bliebe von Dan mehr als die Hälfte übrig. Ich weiß, dass er Dan mitgenommen hat; Mam sagt, Dan werde den ganzen Sommer fort sein. Ich schaue Onkel Foot zu, wie er mit dem Schöpflöffel Wasser aus dem Eimer trinkt, der immer auf unserem besten Stuhl im Schatten des Anbaus für Besucher bereitsteht. Über den Rand des Schöpflöffels hinweg wandern seine Augen hin und her, schauen durch mich hindurch weit nach Süden über unsere kleine Rodung voller Baumstümpfe hinweg, aus der vielleicht einmal ein Kornfeld wird, und über die Steine, die wir aufgelesen und an ihren Rändern aufgeschichtet haben wie Mauern. Ich sage auf Plautdietsch:

„Wird Dan anders sein?"

„Na?" Mit einem Schlenker schüttet er das Wasser so dicht an mir vorbei, dass ich Spritzer abbekomme, und hängt den Schöpflöffel wieder an den Eimerrand. Plötzlich schaut er mich an, als sei ich von jistre, gestern geboren.

„Anders", sage ich, „wenn er wieder heimkommt... du schaust nicht anders aus."

„Du tjliena Tjnirps“, nennt er mich: du kleiner Knirps. Und er geht so dicht vor mir in die Hocke, dass ich den grauen Schimmer auf seinen rasierten Backen sehen kann. „Kannst du das auch?“

Darauf schiebt er sich seine Hände, sämtliche Finger, in den weit aufgerissenen Mund. Dann stülpt er langsam die Innenseite seines Gesichts nach außen. Zähne und rosa Fleisch, zuerst den oberen, dann den unteren Teil. Seine weit ausgebreiteten Finger halten alles unter meine Nase.

Er sagt: „Kannst du das auch?“

Sein Gesicht ist eingedrückt, seine Worte zischen. Entsetzt kann ich nur schreien. Schnell kommt meine Mutter herbei, alle Leute auf dem Hof starren mich an und ich vergrabe mein Gesicht in ihren Rock. Sie schüttelt mich, ihre großen Hände fassen mich an Kopf und Schulter und schütteln mich.

„Sei still, sei still! Was ist los mit dir?“

Sie muss mich erst wegschieben und meine Hände aus meinem Mund ziehen, bevor ich aufhöre zu schreien und sie mich verstehen kann.

„Warum kann ich das nicht? Was stimmt mit meinem Mund nicht?“

Hinter mir lacht Onkel Foot. Mam schaut zu ihm hinauf, während rings um uns herum unsere Nachbarn lachen und allmählich lächelt auch sie ein wenig.

Ich frage: „Warum kann ich meinen Mund nicht rausholen?“

Wenn meine Mutter lacht, glänzen in ihrem Mund keine weißen Zähne wie diese beiden makellosen Reihen in Onkel Foots Hand. Ihre sind meist bräunliche, fast graue,

Stümpfe, mit Lücken; Mam schneidet sich ihr Fleisch ganz klein und ich habe gesehen, dass sie, wenn sie kaut, die Speise zum größten Teil vorne im Mund hält, und wenn sie ihr nach hinten rutscht, sie das Gesicht verzieht. Meine strenge und liebevolle Mam, die für ihre Kinder immer solche Angst vor der Sünde hat, die warm und eng ihre Arme um mich schlingt, hat schreckliche Schmerzen beim Essen, obwohl sie nichts sagt. Manchmal sagt sie: „Nu mott etj wada beize", jetzt muss ich wieder – aber genau weiß ich nicht, was *beize* bedeutet, sie hat es nie mit mir getan und ich beobachte sie, wie sie sich vorsichtig einen Brocken Salz an eine bestimmte Stelle in ihrem Mund tut und ich weiß nicht, dass sie ihn auf einen ausgezackten Zahnstumpf drückt in dem Versuch, den erbarmungslosen Schmerz zu lindern, ich sehe nur Schmerz in Wellen zwischen ihren Händen wandern, während sie sich den Kopf hält. Manchmal nimmt sie sogar einen mit Kerosin getränkten Lappen. Das ist Gift, sagt sie mir, niemals darfst du das tun! Aber sie hält den Lappen mit ihrem Finger im Mund, bis ihr Tränen die Backen herunterlaufen und danach spuckt sie ihn aus, spült sich den Mund mit Wasser aus unserem Eimer und spuckt: *beize* ist etwas zu Schreckliches, um danach zu fragen oder es zu erklären. Es bedeutet so etwas Ähnliches wie umbringen.

Ganz vernünftig sage ich ihr: „Ich will sie auch haben, die Coaldalezähne."

Hinter mir sagt Onkel Foot ganz ruhig: „Nein, nein, du hast Glück. Du bist das Jüngste, und in Kanada geboren! Du wirst mal keine brauchen."

~

Bevor sie zu ihren abendlichen Arbeiten zurückkehren, essen unsere Sonntagnachmittagsbesucher erst noch Vaspa mit uns – das ist die mennonitische Version des „late afternoon tea“, wie ihn, so hat uns Onkel Foot erzählt, die vornehmen ‚Englische‘ kennen, nur eben unter anderem Namen – drängen sich abwechselnd um den Küchentisch, wo die Fliegendrahttür etwas Schutz vor den sommerlichen Stechmücken bietet. Zu essen gibt es Tweeback, Doppelsemmeln, und zu trinken Pripps, wie Kaffee aufgebrühte geröstete Gerste, und zum Nachtisch wahrscheinlich zu Mus gekochten Rhabarber, der ersten Pflanze, die es im Frühling zu essen gab, um den wintertauben Mund zu wecken, aber ein gehäufter Löffel Zucker in meine Schüssel, oder sogar zwei – „Benjeltje! Daut's jenug!“ Du kleiner Fratz, das reicht jetzt aber!, und schon schwebt eine flache Hand über meinem harten Kopf – mit einem großen Schwapp Schlagsahne drauf und ich konnte nie genug davon kriegen.

So wurde Tweeback zum Vaspa gegessen, jene unbeschreiblichen Semmeln aus Butter und Mehl, zwei Tassen von dem einen und zehn Tassen vom anderen, von Mams kräftigen Händen mit Milch und Kartoffelwasser zusammengeknetet, ein Nahrungsmittel, das im Lauf von vier Jahrhunderten aus den Niederlanden nach Polen/Preußen und Russland/Ukraine wanderte, oft geröstet, um es für lange Reisen über Land oder Meer haltbar zu machen, das trocken geknabbert oder in Pripps oder Tee oder Kaffee getunkt wurde, wenn jemals Geld da war, um Tee oder Kaffee zu kaufen. Und wenn hier im wilden kanadischen Busch Nachbarn bei uns zu Besuch waren, durfte so ein Tweeback aufgebrochen werden, ganz auseinander, um beide Hälften mit wildem Preiselbeer- oder Weichselkirschgelee, Heidelbeermarmelade zu bestreichen. Meine erste feste Nahrung: zu Krümeln zerstoßener gerösteter Tweeback mit warmer Milch vermischt: Tjreemel senn uck Broot, auch Krümel sind Brot, und das Sprichwort der Armen, das immer wieder herhalten musste: Broot schleit dem Hunga doot: Brot schlägt jeden Hunger tot.

~

Unser Haus auf der Lichtung der flachen Anhöhe des CPR-Geländes war aus Weißfichten gebaut, die mein Vater und meine Brüder auf unseren 65 Hektar Buschland geschlagen hatten. Sie suchten dafür lange und gerade Bäume aus verschiedenen Fichtenständen aus, die zwischen den dichten Pappelgehölzen zerstreut waren, fällten sie mit der Schrotsäge und schleppten sie mit unserem Pferdegespann durch den Busch zur Anhöhe; außer Schweiß kostete das nichts.

Das Schälen war leicht: die Bäume standen so im Saft, dass ein an einem Ende losgeschnittener Streifen oft in einem Stück von dem Stamm abgezogen werden konnte, vom runden, goldenen Holz, das in der Sonne trocknete. Wahrscheinlich wurde ich geboren, während sie die getrockneten Stämme nuteten und zu Wänden aufeinander legten, Runde um Runde, bis acht Fuß Höhe erreicht waren und sie die Deckenbalken über die Seitenwände legen konnten.

Auf einem Jahre später aufgenommenen Familienphoto ragen die Enden jener Deckenbalken über die Hauswände hinaus, und es ist klar zu erkennen, dass auch die Dachsparren über diesen Balken dünne, geschälte Stangen sind, wahrscheinlich aus Schwarzfichte oder Murraykiefer. Der Breite der beiden Fenster nach war das Haus entweder zweiundzwanzig oder vierundzwanzig Fuß lang und hatte einen acht Fuß langen Küchenanbau an der östlichen Giebelwand. Kein Bild zeigt, wie breit die Giebelwand ist. Das Haus misst elf Stämme bis zu den Deckenbalken und entweder zwei oder drei Stämme bis zu den Sparrenstangen und dem mit Dachpappe und roh geschnittenen Brettern gedeckten Dach; meine Erinnerung an das Bad könnte also richtig sein: es gab viel Platz zum Schlafen unter dem Dach und bei sechs Kindern (Tina heiratete Gust Fiedler, und noch im Winter, bevor unser Haus gebaut wurde, zogen sie auf seine Heimstätte) werden zumindest die beiden ältesten Jungen das auch gerne getan haben.

Meine Mutter erzählte mir, dass sie mich in einer Blockhütte zur Welt brachte, einer provisorischen Behausung für den Sommer mit einem Fußboden aus gestampfter Erde, die sie auf jenem Gelände errichteten, noch bevor sie mit dem richtigen Haus anfingen, um 1934 so früh wie möglich auf die Heimstätte ziehen zu können. Die Hütte stand in der Mulde westlich der Anhöhe und wurde später unser Hühnerstall. Laut Geburtsurkunde wurde ich am Donnerstag, dem 4. Oktober 1934, in Kanada auf den geographischen Koordinaten „S. W. 31-52-17 West 3rd" geboren, und so spät im Jahr müssen sie das Haus sehr schnell gebaut haben, konnten vor Wintereinbruch vielleicht gerade noch über die Stangensparren des Dachs waagerechte Bretter legen mit Dachpappe darüber, dann noch einmal mit senkrechten Brettern decken und die Wände mit Lehm verfugen. Wenn sie sehr viel Glück hatten, kamen Frost und Schnee spät in jenem Herbst, und meine drei Schwestern, zehn, sieben und drei, werden geholfen haben, den Lehmputz so zu mischen, wie es mein Vater in der russischen Steppe gelernt hatte: Wasser und Lehm mit Stroh und Kuhdung und Gras zusammen in einem Schlammloch mit ihren kleinen nackten Füßen stampfen, während unter den hochgerafften Röcken ihre nackten Beine im nassen Lehm und der kalten Luft des nahenden Herbstes zitterten. Im Busch von Saskatchewan ein Haus in Handarbeit so zu bauen, dass man mit einer oft kranken Tochter und einem immer schreienden Sohn als Kleinstem die lange Dunkelheit des Nordwinters überstehen konnte, bedeutet unglaublich viel Mühe.

Aber wie schwer und lang die Arbeit auch sein mochte, zu kaufen brauchte man fast nichts. Man konnte sogar in der Sägemühle bei den Fiedlers arbeiten, um sich die Bodendielen und Dachbretter zu verdienen, so dass nur die Fenster, die Dachpappe, die Nägel und Ofenrohre wirklich Geld kosteten. Und Gott sei Dank war es auch nicht notwendig, die Mauern aus Pautzen, Lehmziegeln, zu bauen, wie es mein Vater 1917 tat, nachdem die russische Offensive in einer Katastrophe geendet hatte und er auf Frachtzügen zurück in die baumlose Steppe und sein Dorf in der Romanowka fuhr und am Ende der Siedlung, die für die landlosen Arbeiter bestimmt war, aus sonnengetrockneten Lehmziegeln ein ganzes Haus für sich, Mam und ihre beiden Kinder baute. Der kanadische Busch konnte nur mit schwerer Arbeit für Getreideanbau urbar gemacht werden, aber er lieferte hervorragendes Holz für die Farmgebäude, unerschöpflich viel Brennholz, um uns im Winter warm zu halten und Schutz vor dem Wind und dem weißen Treiben der Blizzards zu bieten.

Und hier und dort auf unserer Viertelquadratmeile mit zumeist hohen Zitterpappeln gab es hinter Weiden versteckt kleine Sumpflöcher, die im Frühling silbrige Kätzchen austrieben, lange bevor die Blätter erschienen; und Gruppen von Papierbirken. Birken, sagte Pah, wie in den großen Wäldern, in denen er während des 1. Weltkriegs drei Jahre als mennonitischer Kriegsdienstverweigerer am Kiwa-Fluss unweit von Surskoj Lienitschstwo in Zentralsibirien verbracht hatte; Birken sollten mich mein ganzes kanadisches Leben lang begleiten, wenn sie mit ihren feinen Ästchen aus der blauen Stille des Schnees auftauchten, plötzlich unter den winterlichen Espen wie Rauhreifgeister vor mir standen.

~

Die Südseite jenes CPR-Hauses auf der Anhöhe war Hintergrund für das erste Bild von unserer ganzen Familie.

Auf Stühlen mit hohen Lehnen und gedrechselten Querstegen, die man zwischen ihren Beinen sehen kann, sitzen Mam und Pah in einem solchen Winkel zu unserem Blockhaus, dass sie in die Sonne schauen. Wir sieben Kinder sind um sie herum und zwischen ihnen unter dem Überstand des aus Stangen und Brettern gemachten Dachs gruppiert. Links hinter meiner Schwester Helen, die in die Abendsonne blinzelt, sieht man die offenstehende Brettertür der Küche. Der dunkle Schatten des Photographen

– er scheint in einen schweren Umhang gehüllt zu sein – ist breiter als jeder von uns; der Schatten reicht vom nackten Vordergrund in die rechte Bildecke, wirft ein schwarzes Dreieck auf Helens Beine genau über ihren Fußgelenken, der formlose Buckel seines Kopfs ist ein Fleck auf dem Saum ihres Rocks. Helen wird als erste von uns sterben, Ende März, als der 2.Weltkrieg in Europa endlich zu Ende geht, und dreißig Jahre vor unserem Vater, der neben ihr sitzt und der nächste sein wird. Der Schulterwulst des langen Schattens verfehlt nur knapp Pahs linken Schuh dicht neben Helens rechtem, aber seine großen Arbeiterhände, die er auf den Knien liegen hat, sind schon zu Fäusten geballt und bereit.

Mit dem Klicken einer Box-Kamera wird meine Familie leicht unscharf an einem Ort und in einer Stellung festgehalten, die kein Gedächtnis so genau speichern könnte. Auf einem Bild, über das einige Altersrisse laufen und das in eine Handfläche passt. Alle haben, wie es sich gehört, ihre besten Kleider an, in denen wir in die Kirche unserer Mennoniten-Brüdergemeinde von Speedwell gehen, Pah und Abe und Dan in Anzug und mit Krawatte, Tina, Mary, Helen und Liz in Kleidern und Strümpfen, Mam in einem geblümten Kleid mit einem dreieckigen Kragen und einem schwarzen Glockenhut, dessen Knöpfe über ihrer Stirn leuchten, die sie der Sonne entgegenreckt. Keiner sonst schaut so offen in das flache Licht wie sie.

Ich stehe an ihrem Knie. Oder ich werde vielleicht eng an ihr Knie gedrückt, weil das rechte Bein meiner Mutter gegen meine Brust gepresst, ihr rechter Arm fest um meinen Rücken gelegt ist, ihre rechte Hand meinen rechten Ellenbogen umfasst und ihre linke Hand meine rechte Hand auf ihren Schenkel drückt, als ob ich, sollte sie auch nur einen Augenblick loslassen, verschwinden würde. Aus du tjlien wehscht, als du klein warst, erzählte sie mir oft, bist du nie gekrabbelt; du konntest gehen, rennen, bevor du acht Monate alt warst.

Tjliene Tjinja klunje oppe Schoot,
Groote Tjinja klunje oppem Hoat.

Kleine Kinder treten uns in den Schoß,
Große Kinder treten uns ins Herz.

In unserer dürftigen Photosammlung aus verschiedenen Epochen auf zwei Kontinenten ist dies das erste, auf dem ich erscheine. Es muss ein wichtiges Ereignis gewesen sein – vielleicht hat jemand seine Kamera eingeweiht? – weil an derselben Stelle und am selben Tag vier Photos gemacht wurden.

Auf den drei anderen Photos, alle ohne den Schatten, hat man mich kleinen Kerl freigelassen, ich stehe auf einem der verzierten Stühle. Auf einem werde ich flankiert von Abe und Dan, die so groß sind, dass mein Kopf kaum an ihre Ellenbogen reicht; auf einem anderen bin ich umringt von sechs Frauen, von denen drei meine Schwestern sind, die anderen drei kenne ich nicht. Alle Mädchen schauen in die Kamera, außer Helen, die genauso groß ist wie ich auf dem Stuhl und mich anschaut und den Mund geöffnet hat. Vielleicht erzählt sie mir schon eine Geschichte.

Auf dem vierten Photo von jenem Tag stehe ich allein auf dem Stuhl. Mein Mund öffnet sich gerade, mein rechter Arm erhebt sich, als wolle ich zu predigen beginnen. Gemessen an der normalen Höhe eines Stuhls, könnte ich fünfundsiebzig Zentimeter groß sein. Welchem Alter würde das entsprechen?

Ich betrachte die vier Photos; nach und nach fesselt meine älteste Schwester meine Aufmerksamkeit, die nur auf einem einzigen Bild erscheint, nämlich dem mit dem Schatten. Tina, ganz schlank, steht hinten, zwischen Abe und Dan, ihr Kopf ist gesenkt und es scheint, als seien ihre Augen geschlossen. Oder kann man aus der Haltung ihres Kopfes schließen, dass sie über Mams Schulter hinweg auf mich hinabblickt? Mir kommt der Gedanke, dass die in diesen Bildern festgehaltene Erinnerung so wenig in Worte zu fassen ist wie die Liebe, die wir einander schenkten, das älteste und das jüngste Kind, immer voneinander getrennt bis auf die wenigen Tage oder Stunden der jährlichen Besuche; eine Liebe, die, wie wir fühlten, keiner Worte oder besonderen Zurschaustellung bedurfte.

Zwanzig oder neunzehn Jahre betrug der Altersunterschied zwischen uns: zwanzig, wenn man das „1914" gelten lässt, das auf Mams deutschem Flüchtlingslagerausweis vom Februar 1930 steht, neunzehn, wenn Tinas Auskunft stimmt. „Nun ja", sagte sie mit einem Achselzucken, „was bedeutet das schon, ein Jahr, das so lange zurückliegt?" Sie war einfach Katerina und Abram Wiebes erstes Kind, geboren in Dorf Nummer Acht, Romanowka, in der Mennonitenkolonie von Orenburg am Ural im osteuropäischen Teil Russlands, und ich war ihr letztes Kind, geboren an einem Ort, der keinen Namen hatte, aber verschwenderisch mit Zahlen versehen war: das südwestliche Viertel von Sektion 31, Township 52, Range 17, westlich des 3. Meridians in Saskatchewan, Kanada. Geboren auf demselben Breitengrad, nämlich 55.5 Grad Nord, aber auf der anderen Seite des Globus, sie am 25. Oktober 1914, und ich am 4. Oktober 1934.

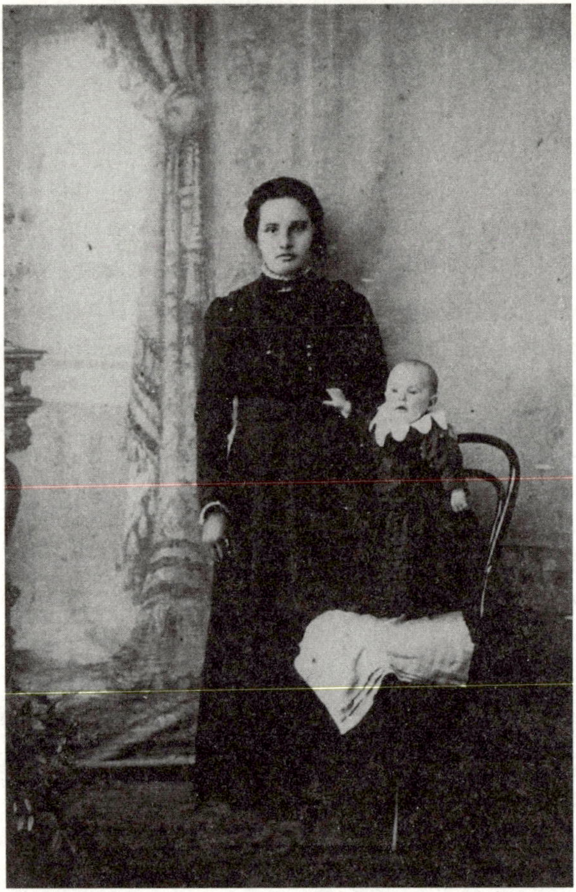

Es gibt auch eine Photographie von der kleinen Tina auf einem Stuhl, aber aufgenommen in einem Atelier in Russland. Sie hält ihr Gleichgewicht nicht, indem sie sich wie ich an der Stuhllehne abstützt, sondern greift mit der rechten Hand die Schärpe einer Frau, die neben ihr steht in einem bodenlangen Kleid mit einem Besatz aus weißer Spitze. Sie hat schwarzes Haar und schwarze Augen und ein Gesicht von stiller Schönheit, niemals würde ich in ihr meine abgehärmte Mutter erkennen. Als ich jedoch dieses Bild 1997 von der alten Tochter von Mams Halbschwester erhalte, die ihr sowjetisches Exilleben im „steinigen Tadschikistan" verbracht hat, wie sie es nennt, erklärt sie, dass diese süße, elegante Frau wahrhaftig meine Mutter mit zwanzig ist und das kleine Mädchen auf dem Stuhl meine älteste Schwester.

Tina war selbst sprachlos, als sie das Photo sah. Sie sah es zum ersten Mal ein Jahr, bevor sie mit vierundachtzig Jahren starb. Als wir uns den Kopf zerbrachen, wohin unsere Mutter gefahren sein mochte, um so ein Atelier zu finden – es musste in der Stadt Orenburg gewesen sein, über hundert Kilometer entfernt, eine Reise, die nur mit Pferd und Wagen möglich war – vermutete Tina, dass das Photo gemacht worden war, um es Pah zu schicken, der den ersten Weltkrieg in der Forstei dienen musste, dem Forstdienst des Zaren, und der sein erstes Kind noch nie gesehen hatte.

Die junge, hübsche Frau und der gut aussehende Mann auf diesen Photographien waren meine Eltern, die am 19. Januar 1914 in Romanowka heirateten. Dort wurde Tina im Oktober 1914 geboren und am 15. Januar 1934 heiratete sie im steinigen kanadischen Busch Gustav Fiedler. Ich wurde im darauf folgenden Oktober geboren, meine Mutter musste mich also etwa zur Zeit von Tinas Hochzeit empfangen haben. Sieben Kinder in zwanzig Jahren, in regelmäßigen Abständen ohne je eine Fehlgeburt oder ein Kindstod dazwischen: Wie hat meine Mutter, die unaufhörlich arbeitete und oft magenkrank war und Bein- und Zahnleiden hatte, das zuwege gebracht? Die meisten ihrer

Altersgenossinnen, die ein mittleres Alter überlebten, haben in zwanzig Jahren fünfzehn Kinder geboren, von denen kaum die Hälfte das Säuglingsalter überlebte. Mam gehörte nicht zu denen, die über Dinge wie Geburtenkontrolle redeten: die Geburt von Kindern sei nichts, was man „kontrollieren“ könne, Kinder seien „ein Geschenk Gottes“, und als ich selbst Vater geworden war und scherzhaft sagte, dass sie trotzdem ziemlich viel damit zu tun gehabt hätte, ganz zu schweigen von Pah, wandte sie sich mit einem knappen: „Jung, sie doch jescheit“ den Bratkartoffeln auf dem Herd zu.

Auch Tina hatte keine Erklärung, als wir Jahre nach dem Tod unserer Mutter über unseren großen Altersabstand sprachen. Sie konnte sich nicht erinnern, dass Mam in Russland ein Baby sehr lange gestillt hatte – die Ernährung war nicht gut genug dafür, sie erinnerte sich aber, dem Säugling Abe die Flasche gehalten zu haben, als sie, wie sie meinte, drei oder höchstens vier gewesen sein konnte – aber eine Erinnerung hatte sie in Bezug auf mich, bevor ich geboren wurde. Im Sommer, als unsere Mutter schwanger mit mir war, habe Mam sich geschämt.

„Was?"

„Sie schämte sich, in die Kirche zu gehen, gesehen zu werden. Da war ich, ihre Tochter, jung und erst sieben, acht Monate verheiratet, noch dünn wie ein Stecken, nichts, und daneben sie, eine alte Frau mit dickem Bauch" – Tinas Hände formen einen unmöglich großen Hügel über ihrem Schoß – „Du warst groß!"

„Alt? Sie war gerade neununddreißig geworden."

„Stimmt." Tina lachte hoch und schnell. „Wir mussten also loslegen."

Gust schnaubt fröhlich. „Und wir haben aufgeholt, auch sieben Kinder!"

Tinas Lächeln wird ein wenig schwächer. Einen Augenblick später sagt sie: „Das war gar nicht leicht. Fünf Kinder unter fünfzehn und dann plötzlich mit fast vierzig noch zwei in eineinhalb Jahren."

Gusts Ellbogen sind auf den Tisch gestemmt und er hält den Kopf in den Händen. „Aber immer sind's gute Kinder gewesen", sagt er ruhig, „alle sieben."

Zuerst kam Tony, der Ende August 1935 geboren wurde, fast elf Monate nach mir. Aber er ist nicht auf dem Familienbild, auch sein Vater nicht; nur die schlanke Tina steht zwischen unseren stämmigen Brüdern, mit streng zurückgekämmtem Haar, ihr Körper abgewandt von dem großen Schatten, der sich über den Boden ausbreitet.

Meiner Größe und der Höhe des verzierten Stuhls nach glaube ich, dass jene ersten Familienphotos im Frühling oder Frühsommer 1936 aufgenommen wurden, als ich eineinhalb Jahre alt war. Gust drückte im flachen Abendlicht auf den Auslöser der Kamera – er hatte sie wohl gekauft – und Baby Tony, neun Monate mag er alt gewesen sein, war irgendwo hinter den Vorhängen zum Glück schon eingeschlafen.

2

MUTTERSPRACHEN

Saskatchewan versuchte möglichst sicherzustellen, dass jedes Kind zwischen sieben und fünfzehn Jahren Zugang zu einer öffentlichen Schule im Umkreis von drei Meilen seines Elternhauses hatte, deshalb war unsere Sackgassengemeinde abseits von Highway 4, deren Gehöfte und Felder immer noch dem Wald abgerungen wurden, in zwei Schulbezirke aufgeteilt. Die Grenze zwischen ihnen war der Ost-West-Erschließungsstreifen der Township: wer im Süden in Township 52 wohnte, ging zur Jack Pine School, während jene, die in Township 53 wohnten, die Speedwell School vier Meilen nördlich davon besuchten (siehe Karte, S. 7). Jede Schule war ein Einraum-Gebäude für die Klassen eins bis acht mit einem Spielplatz, einem Pferdestall für die Schüler, die zur Schule fuhren oder ritten, und einer kleinen Lehrerunterkunft, in der der Lehrer wohnen konnte, wenn er oder sie nicht bei einer der örtlichen Familien logieren wollte.

Die Straße, die die beiden Schulen miteinander verband, war die am stärksten befahrene der Gemeinde, nicht nur, weil auf jedem Landviertel Siedler lebten, sondern auch, weil die Kirche der Mennoniten-Brüdergemeinde von Speedwell, die Post von Speedwell – die für beide Schulbezirke zuständig war und von der Postangestellten Lucille Handley (Joe Handleys Frau) geführt wurde – und die Gemischtwarenhandlungen von Schroeder (später Harder) und Voth an dieser Straße lagen. An der Jack Pine School bog die Straße entweder nach Osten zum Highway ab oder führte weiter nach Süden durch den Schulbezirk von Clarkville, vorbei an Heimstätten und der Kirche der Evangelischen Mennoniten-Brüdergemeinde, wo wir manchmal die Ernte- und Missionsgottesdienste besuchten, bis zu dem Weiler Fairholme an der Canadian National Railroad mit fast hundert Einwohnern, zwei Getreidespeichern und einem winzig kleinen rotgestrichenen Bahnhof, neun Meilen sich schlängelnder Straße von Jack Pine School, dreizehn von Speedwell entfernt.

Unsere CPR-Heimstätte lag eine halbe Meile südlich der Schulbezirksgrenze, also besuchten vom Frühjahr 1934 an Helen, Mary und Dan die Jack Pine School. Um die Zeit, als ich bewusst in der Welt zu leben begann, musste bald auch Liz soweit gewesen sein, Dan jedoch ging nicht mehr zur Schule: Als wir nach Kanada kamen, war er neun, und als er am 26. Januar 1935 fünfzehn wurde, war er ein sechs Fuß großer, knochiger Junge, der sich in Klasse fünf schwertat und unwohl fühlte. Pah fand, er könne jetzt, weil das kanadische Schulgesetz verabschiedet sei, die Schule verlassen und arbeiten gehen. Was er auch tat: John Lobe hatte einen Regierungsauftrag für Eisenbahnschwellen und bekam einen Zuschuss von monatlich 15 Dollar für jeden Mann, den er anstellte: 7.50 Dollar davon waren für den Lohn, 7.50 Dollar für Kost und Unterbringung des Arbeiters. Also schloss sich Dan Lobes Mannschaft an; sie schlugen Schwarzfichten im Schnee, sägten sie auf Schwellenlänge in Stücke von acht Fuß, flachten sie auf zwei Seiten ab mit einer Zimmermannsaxt: neun Inch breit für eine Schwelle der Sorte 1, sieben Inch breit für eine der Sorte 3. Erschöpfende, schwere Arbeit für einen Fünfzehnjährigen, aber John Lobe war ein guter Mann: Er zahlte Dan den ganzen Zuschuss aus und gab ihm Kost und Unterkunft obendrein, so dass Dan fünfzehn Dollar mit nach Hause brachte.

Dan ging nie mehr zur Schule. „Aber ich hab' mir den Rücken kaputt gemacht beim Stämmeheben, immer am dicken Ende", erzählt er mir, nachdem er sich nach einem Leben als Viehzüchter in Nord-Alberta zur Ruhe gesetzt hat. „Ich hatte große Schwierigkeiten. Ich ging zu Chiropraktikern, bis ich ungefähr fünfundsiebzig Jahre alt war, dann scheinen meine Wirbel zusammengewachsen zu sein und seither hab' ich keine Rückenprobleme mehr, der Herr sei gepriesen."

Die Sprache an beiden Schulen war natürlich Englisch, aber niemand außer der Familie von Joe Handley und vielleicht den Metisfamilien der Brieres und der Naults sprach es zu Hause – und Old Man Stewart, der allein in seiner unordentlichen Bude lebte und, so hieß es, sich mit seinem Hund in einem sehr seltsamen Englisch unterhielt und gesehen worden war, wie er den Bäumen unverständliches Zeug predigte und dabei auf und ab ging. Im Clan der Fiedlers, Lobes und Dunzes aus Bessarabien wurde hauptsächlich Hochdeutsch gesprochen – und von den

Älteren manchmal Schwäbisch – aber alle sonst in unserer etwa dreihundert Menschen zählenden Gemeinde waren Mennoniten, Einwanderer der Zwanziger Jahre oder Flüchtlinge aus der Sowjetunion, deren Alltagssprache die war, die wir Wiebe-Kinder unser Leben lang mit unseren Eltern sprachen: das Plautdietsch der russischen Mennoniten.

Ein aus Russland mitgebrachtes komisch-ironisches Verslein wurde an langen Winterabenden, wenn Nachbarn einander besuchten, manchmal in unseren Häusern unter viel Gelächter aufgesagt und andere lustige Geschichten dazu erzählt:

MIENE MUTTASPROAK

Daut disse Sproak dee baste ess,
Wea haft daut woll bestrede?
Sest haud dee Mutta gaunz jewess
See mie nie leht too rede.

MEINE MUTTERSPRACHE

Diese Sprache ist die allerbeste,
Wer hat es je bestritten?
Sonst hätte meine Mutter sie mir
bestimmt nicht beigebracht.

Die Mennonitische Variante des europäischen Plattdeutsch hat ihre Wurzeln im Altsächsischen und wurde von unseren Vorfahren aus dem holländischen Friesland mitgebracht, wo unter den religiösen Kontroversen, Kriegen und Verfolgungen des frühen sechzehnten Jahrhunderts erste mennonitische Gemeinden entstanden. Die

Weereloose Christenen, die „Wehrlosen Christen“, wie sie sich wegen ihres entschlossenen Bekenntnisses zu den Lehren Jesu und wegen ihres Pazifismus nannten, nahmen ihre Sprache mit auf ihre Wanderungen – die oft genug Flucht vor Verfolgung um des schlichten Überlebens willen waren – durch die europäische Tiefebene an der Nordsee, nach Polen/Preußen, in die Ukraine und nach Russland und schließlich nach Nord- und Südamerika, und entlehnten in vier Jahrhunderten immer mehr Wörter und Wendungen aus den sie umgebenden Sprachen. Es entstand eine eigene Sprache, die ebenso eng mit dem Englischen wie mit dem heutigen Niederländischen und Deutschen verwandt ist.

Im Frühling 1938, als ich drei Jahre alt war, waren meine Eltern schon acht Jahre in Kanada, konnten aber nur ein paar Brocken Englisch. Wie viele kanadische Einwanderer hatten sie immer nur unter ihren eigenen Leuten gelebt: Mehrere Monate bei Verwandten in Didsbury, Alberta, als sie 1930 ankamen, drei Jahre in der Staubpfanne von Kelstern im Süden Saskatchewans als Arbeiter auf der Trockenfarm des Onkels meiner Mutter, Henry Knelsen, und seit fünf Jahren in Speedwell. In der fremden Welt Kanadas und „vonne Enjlische“, der Engländer – in ihren Augen alle, die nicht Plautdietsch sprachen – fanden sie Gruppen von Mennoniten, in deren Gemeinschaft sie leben und arbeiten konnten, und, was noch wichtiger war: Es gab eine Kirche, in der sie ihre Gottesdienste abhalten konnten. Hier holten sie sich die entscheidende Kraft, die sie in Kanada heimisch werden ließ.

~

Der Schulunterricht in Westkanada aber fand ausschließlich auf Englisch statt, und wenn Helen und Mary spätnachmittags von ihrem drei Meilen langen Schulweg von Jack Pine School auf dem Erschließungsstreifen und Viehpfaden nach Hause zurückkehrten und etwas auf Englisch zu mir sagten, verstand ich es so leicht wie alles, was meine Mutter den Tag über sagte. Weil unterschiedliche Sprachen keine Bedeutung für mich hatten, waren Wörter Klänge, die man mit seinem Munde erzeugte und die bedeuteten, was immer jemand damit sagen wollte. Ich übernahm sie bereitwillig, ohne etwas dabei zu denken. Für ein Kind von drei oder vier Jahren sind Wörter immer neue Enthüllungen von Geheimnissen, über die sich die Älteren einig sind, und ich lernte, die richtigen Klänge zu erzeugen, damit jeder mich verstand und niemand lachte: meine Eltern machten gewisse Töne, meine Geschwister dann und wann andere.

Und noch besser war, dass meine Schwestern mir zeigen konnten, wie ihre Wörter aussahen in den Schullesebüchern, die sie manchmal mitbringen durften bis zum nächsten Morgen – sie durften das Lesebuch nicht zu Hause lassen, damit ich es den ganzen Tag lang hätte anschauen können, nie. Schulvorschriften! Ich spüre immer noch den gerippten, schweren blauen Einband von *Highroads to Reading,* Band Nr. 2 unter meinen Fingerspitzen, sehe noch die schimmernden Bilder mit den schönen Farben und die englischen Wörter genau vor mir:

If the moon came from heaven,
Talking all the way,
What could she have to tell us,
And what could she say?

Wenn der Mond vom Himmel käme
Und redete den ganzen Weg,
Was könnte er uns erzählen,
Was hätte er zu sagen?

„Das heißt *moon*", zeigt mir die zehnjährige Helen mit demselben Finger, der ihre Stimme und meine Augen über die Seite begleitet hat, und spricht laut die winzigen schwarzen Fährten auf dem vollkommen weißen Papier nach. Im langen Abendlicht des Nordens verwandelt sie Klänge in Bilder und umgekehrt. „Es ist fast wie *Mohn*, nur ein bisschen anders."

Und natürlich glaube ich ihr aufs Wort; mein Leben lang werde ich diese raffinierten Verschiedenheiten verstehen. Für Helen und mich kann alles und jedes so viele Namen haben, wie es will: Jener riesige Ball aus Licht, der aus den schwarzen Espen hinter dem Feld von Louis Ulmers Heimstätte aufsteigt, kann seinen Klang aus Mams Plautdietschem *de Mohn* zum Hochdeutschen „Mond" des Predigers in der Kirche und zum Englischen „moon" in der Schule verändern, ebenso leicht, das weiß ich schon, wie er auf seinem Weg über den Himmel seine Gestalt von Nacht zu Nacht verändern kann. Auf seinem orangenen Gesicht sind jetzt Kerben, es könnten Augen sein – oder Narben, vielleicht durch Folter, wie sie es in Russland machen, vielleicht hat der Mond ja auch einen russischen Namen, Pah könnte ihn auf Russisch sagen, wenn er wollte, und Mam auch, aber sie tun es nicht, nie, kein Wort in jener kommunistischen Stalinsprache. Sei still jetzt damit.

Vielleicht würde der Mond, wenn Mam sich getraute, ihn auf Russisch nach ihm zu fragen, etwas Nettes über ihren jüngsten Bruder Heinrich Knelsen sagen, den schrecklichen Kommunisten, der aber so traurige Augen hat und ihr aus Russland ein Bild von sich in der Uniform der Roten Armee geschickt hat, mit einem riesengroßen roten Stern auf seiner spitzen Militärmütze. Oder er würde uns etwas, irgendwas, über ihren älteren Bruder Johann erzählen, den Stalins Polizei hat verschwinden lassen. Wenn sie sich nur getraute – würde Gott ihr Auskunft über ihren Bruder und den entsetzlichen Stalin geben, wenn sie auf Russisch betete? Sie tut es nie, auch nicht auf Plautdietsch; meine Mutter betet nur auf Hochdeutsch und sie weint dabei.

~

Die Blätter der Pappeln zittern im Nachtwind, als fürchteten sie sich, im Mondlicht über uns ächzen ihre Äste. Und jetzt weiß ich wieder, dass Helen und ich, aber auch Liz, ja, es stimmt, dass wir zusammen in einem Zelt unter den Bäumen in der Mulde hinter unserem Blockhaus sind. Im Dunkeln, wo jeder Laut plötzlich zu einer anderen, gefährlichen Geschichte werden kann. Aber wir sind zu dritt und wir sind heil und gesund zusammen auf unserer CPR-Heimstätte, haben es warm; unter dem durchhängenden Stoff brennt unsere Stalllampe, eine kleine Flamme, von Glas umschlossen mitten zwischen unseren guten Laken und Quilts und Kissen, die hoch und sicher wie unser Bett um uns herum aufgetürmt sind. Von nirgendwo Gefahr. Heute halfen wir das Bettzeug der ganzen Familie aus dem Haus auf den Hof zu tragen wie jedes Jahr, fuhren mit den Fingern fest jeden Quilt- und Kissensaum entlang, öffneten alle Matratzen und schütteten das Stroh auf einen Haufen – wir haben einen Winter lang darauf geschlafen und es ist nur noch Häcksel – und schauten zu, wie es im flinken Feuer in Licht, Luft und Asche aufging. Den ganzen

Tag Arbeit und jetzt kann die Geschichte losgehen, eine Geschichte, die ein klein bisschen Angst macht, aber nicht zu sehr, also gut, los geht's:

> Es ist Zeit. Mutter Ente muss das Haus verlassen, um Essen zu besorgen. Sie warnt ihre sechs kleinen Entlein noch einmal vor dem Roten Fuchs: sie müssen drinnen bleiben, die Tür hinter ihr verschließen und dürfen nicht öffnen, nein, niemals, nur wenn Mutter Ente zurückkehrt und sie ihre Stimme rufen hören, nur ihre Stimme. Dann geht sie hinaus und sofort schlagen die sechs kleinen Entlein die Haustür hinter ihr zu. Und verschließen sie!

Unsere Haustür hat kein Schloss, nur einen Schnappriegel, aber wir sind nicht im Haus. In der langen Abenddämmerung des Sommers drängen wir Jüngsten, Helen, Liz und ich, uns um die Kugel aus Licht, fühlen uns geschützt und wohlig unter all unserem Bettzeug in einem Zelt, das in der Nähe unseres Wurzelkellers und der verschiedenen Brunnenlöcher steht, die jetzt alle wieder zugeschüttet sind, weil meine Brüder kein Wasser darin finden konnten, und außerdem sitzen wir unter den hohen Pappeln nahe dem Betjhus, der Toilette; wenn einer von uns muss, hat er es nicht weit durch die Dunkelheit. Unser Blockhaus ist so gut es geht abgedichtet, jeder Spalt mit Lehm oder Lumpen verschlossen, und bald wird es nichts Lebendiges mehr darin geben, nicht einmal die Mäuse, die inzwischen alle geflohen sind, sagt Helen, weil der schreckliche Gestank von Formaldehyd langsam in Eimern brennt, und mindestens drei Tage brennen muss, um alle Waunztje, die Läuse und die Bettwanzen zu töten, die sich in jedem Riss im Lehmbewurf verstecken, den Stammverbindungen und den Spalten, wo sie warten, bis es Nacht ist und dann herauskommen und uns beißen, Blut saugen aus unseren Halsfalten, hinter den Ohren und um unsere Augen herum, wenn wir auf unseren Strohmatratzen und in den dicken Kissen schlafen, die mit Federn von unseren Hühnern gefüllt sind.

Mein Bett aus Stroh und Federn ist weich und sehr warm, aber die Läuse und Holzflöhe sind schlimmer als Schnaken, weil sie, wie Mom sagt, Tag und Nacht aus dem endlosen Busch, der uns umgibt, hereinkriechen können. Auch die Läuse mögen die warmen Säume unseres Bettzeugs und verstecken sich in jeder Falte, warten auf unser warmes Blut; manchmal wache ich nachts auf und schreie vor Schmerz. Kein Fuchs jedoch kann aus dem Busch in ein Haus schleichen, dessen Tür verriegelt ist, und die Entlein werden nicht aufmachen, wenn der Fuchs klopft, schon gar nicht, wenn sie seine Stimme hören. Niemals.

> „Geh fort!“ schreien sie. „Unsere Mutter hat eine liebliche Stimme, deine Stimme aber ist rauh! Du bist der Rote Fuchs, hau ab!“
>
> Und der Rote Fuchs wird weggehen – zum Krämerladen. Er sagt zum Krämer: „Gib mir ein großes Stück Kreide, ich will es essen!“ Der Krämer fürchtet sich; er weiß, dass der Fuchs jemanden betrügen will, weil er sich aber fürchtet, gibt er ihm, was er verlangt. So ist es mit Leuten, die sich fürchten.

Der Rote Fuchs kaut die Kreide und geht wieder zu den Entlein. „Macht mir auf, ihr lieben Kinder“, sagt er mit sanfter und lieblicher Stimme, „ich habe jedem von euch etwas mitgebracht!“

Und natürlich wissen die Entlein, dass so eine liebliche Stimme nur die ihrer Mutter sein kann, schließen die Tür auf und öffnen – da aber sind die schrecklichen Zähne des Roten Fuchses! Sie stürzen in alle Richtungen davon, verstecken sich zwischen dem Brennholz, im Ofen, sogar hinter dem Nachttopf unter dem Bett, aber der Rote Fuchs findet sie alle, wo sie auch sind, und verschlingt sie, schluck!

Ja, alle – nein, stimmt nicht, nur fünf, weil das kleinste Entlein so schlau ist, dass es auf das Fensterbrett hüpft und sich hinter dem Vorhang versteckt. Der Bauch vom Roten Fuchs ist vollgestopft mit fünf kugelrunden Entlein, aber er will auch das sechste, Füchse lassen nie auch nur einen Bissen oder eine Feder übrig, und er sucht und sucht, aber das jüngste Entlein bleibt so mucksmäuschenstill, atmet kaum, dass schließlich der Rote Fuchs denkt, warum sich bemühen, so ein kleiner Tjnirps, bestimmt schmeckt er nicht einmal gut! Und er trollt sich aus dem Haus, wiiie voll er doch ist, legt sich auf die Wiese am Fluss, sein Mittagessen zu fangen ist ja so harte Arbeit, streckt sich aus und schläft in der warmen Sonne ein.

Ich bin der Kleinste in unserer Familie und werde deshalb oft „Tjnirps", Knirps! gerufen, und ich weiß genau, dass ich das schlaue Entlein wäre und alle retten würde, kein Fuchs würde mich je hinter dem Vorhang finden. Obwohl ich noch nie einen Fluss gesehen habe. Wenn im Frühling der Schnee schmilzt, fließt manchmal mehrere Tage lang Wasser wie ein kleiner Bach durch die Mulde unterhalb unseres verschlossenen Hauses, das mit Formaldehyd ausgeräuchert wird. Die widerlichen Krabbelwaunztje werden aus den Ritzen und dem Lehmbewurf zwischen den Stämmen auf den Boden fallen wie Schnee, meine Mutter und meine Schwestern werden sie zu schwarzen Haufen zusammenkehren und nach draußen schaufeln, wenn wir die Türen und Fenster weit aufsperren, den Wind durchpfeifen und den Gestank hinausblasen lassen.

Ich höre diese Geschichte in unserem sommerlichen Waunztje-Zelt hinter dem CPR-Haus auf dem Hügel. Wir lebten dort nur vier Jahre lang; wir hatten noch keine dreißig Morgen Ackerland gerodet – alle Männer mussten Lohnarbeit annehmen, wann immer sie konnten, um die Familie zu ernähren, und dann blieb keine Zeit, den Busch zu roden; vielleicht hatten wir der CPR noch nicht mehr als die Anzahlung zurückgegeben, und obwohl es scheint, als ob unsere Mutter nicht weg wollte, bestand Pah 1938 darauf, wegzuziehen. John Franka hatte auf einem Viertel nahe der Speedwell School alle gesetzlichen Auflagen erfüllt, wollte aber trotzdem wegziehen: dort sei der Boden besser, schon mehr Land gerodet und deshalb sollten wir übernehmen.

Dies geschah, bevor ich vier wurde, und ich habe keine Erinnerung daran, dass die Blockhütte, in der die örtliche Hebamme Mary (Mrs. Gottlieb) Biech einst meiner Mutter bei meiner Geburt beistand, einmal der Hühnerstall war und dort Eier gelegt wurden. Ich habe nicht die geringste Vorstellung mehr von einem Raum in diesem guten CPR-Haus, von keinem Vorhang und keinem Fensterbrett, und ich kann mich auch nicht erinnern, ob diagonal auf die Innenwände dünne Weidenzweige genagelt und mit Lehm verputzt waren, damit sie geweißelt werden konnten. Trotzdem erinnere ich mich an diese ausführliche Geschichte ebenso deutlich wie an unsere erste Heimstätte: die Entlein, den Fuchs, das Zelt in der Mulde unter Pappeln, unser dicht verschlossenes Haus voll mit giftigem Gas, das Ungeziefer aus dem Busch, das meine Mutter so verabscheute: Waunztje.

~

Die Geschichte hat Ähnlichkeit mit einem Märchen, das meine Mutter vielleicht aus ihrer hochdeutschen Mennonitenschule in Russland kannte, aber die einzigen Geschichten, die sie erzählte, waren entweder aus ihrem Leben in Russland oder aus der Bibel, und in der Bibel gibt es keine sprechenden Enten, schon gar nicht in einem Mennonitendorf. Ich glaube, dass nur Helen die Entengeschichte erzählt haben kann; sie muss sie in einem Buch in der Jack Pine School entdeckt haben. Konnte ich so viel Englisch, bevor ich vier war?

Aber die Geschichte geht weiter:

> Als Mutter Ente nach Hause kommt, steht zu ihrem Entsetzen die Haustür sperrangelweit offen, das Haus ist leer und Möbel und Federn liegen herum, oh-oh-oh, sie weint in bitterer Angst um ihre Kinder, für immer verloren an den schrecklichen Roten Fuchs – aber das sechste Entlein lehnt sich an den Vorhang und fällt, mit seinen Stummelflügelchen flatternd, auf den Boden. O du schlaues kleines Sechstes! Es wird Mutter alles erzählen, und zusammen folgen sie den müden Spuren bis zum Flussufer, wo der Rote Fuchs schnarchend liegt. Mit riesigem Bauch ... und sie sehen, dass sich etwas regt, ja, dass da etwas zappelt.
>
> Mutter Ente tut, was eine Mutter tun muss: sie holt aus ihrer Schürzentasche Schere, Nadel und Faden. Flugs schneidet sie dem Roten Fuchs den Bauch auf, schon streckt das erste Entlein den Kopf heraus, noch ein Schnitt, und nacheinander springen alle fünfe heraus. Dann schickt Mutter sie zum Fluss, um Steine zu suchen.

Diese erste Geschichte, an die ich mich erinnere, endete mit Steinen. Mein Vater stöhnte darüber, dass es auf jenem CPR-Land soviel Steine gab wie Läuse, und wenn er und meine Brüder endlich die ersten zehn Morgen gerodet, Bäume und Büsche gefällt, Wurzeln ausgegraben und hohe Stümpfe stehen gelassen hatten, um sie mit Ketten und Pferden auszureißen, die sich bis zum Letzten ins Zeug legen mussten, wenn sogar John Lobe auf seinem Dampftraktor mit Stahlrädern, die so breit waren wie ich lang, über das Land gedampft war und seine riesigen Brechscharen die Erde zu glänzenden Streifen aufgerissen hatten mit noch mehr abgeschälten Wurzeln und Lehm, so war mir schon als kleinem Kind bewusst, dass immer noch mehr Steine zum Vorschein kommen würden, wenn Pah hinterher mit unseren kleineren Pflügen und Scheiben die Erde zerkleinerte. Den ganzen Tag lang hörten wir das Krachen von Stahl auf Stein.

Dreißig Morgen bedeuteten nimmerendende Schinderei und das war einfach zu viel; wie sollte man darauf etwas anbauen und es verkaufen können? Meine Schwester Mary wurde ihr ganzes Leben lang zornig, wenn sie an dieses Land zurückdachte, uh, für nichts gut als Schnaken und Steinsuppe!

„Ich glaube", sagte John Lobe traurig zu meinem Pah neben seiner schnaufenden Dampfmaschine, „du hast eines von diesen wirklich guten Steinvierteln erwischt, so wie ich. Neun Jahre lang haben wir gepflügt, und jedes Jahr gab's 'ne neue Ernte Steine zum Auflesen. Die wachsen noch besser als Unkraut."

Sechzig Jahre später finde ich das Kellerloch des Hauses auf der Anhöhe wieder. Alle Farmgebäude sind längst verschwunden: der ursprüngliche Busch ist wieder zurückgekehrt, verfilzt und hoch, wie Espen nun einmal wachsen. Wo einmal Hof, Futterwiese, Felder waren, stehen die Bäume jetzt so dicht, dass ich mich manchmal nur seitwärts zwischen ihnen durchzwängen kann. Mein Sohn Chris entdeckt einen zerbeulten, rostigen Wassereimer von Stelco, wo einmal der Weidenzaun die Grenze unseres Viertels markierte, und auch das Ende des Feldes, das mein Vater und meine Brüder südlich der Farm rodeten: Ein breiter Streifen wie eine Pyramide aufgestapelter Steine, aus dem die Pappeln wuchern, ein Streifen, der sich wie der harte Esker einer von Menschen gemachten und gerade zu Ende gehenden Vergletscherung unendlich durch scheinbar unberührten borealen Urwald windet.

Die Entlein, auch das kleine Sechste, bringen jedes einen Stein herbei so groß, wie sie ihn vom Fluss heraufschleppen können. Hübsch nebeneinander legen sie sie in den geöffneten Bauch, und die Mutter näht ihn so geschickt wieder zu, dass der Rote Fuchs nicht im Traum darauf kommt, dass er so etwas wie eine Narbe haben könnte. Und dann laufen sie davon, den Hügel hinauf ins Haus, schließen die Tür ab und beginnen zu reden, oh! Alle auf einmal:

„Ich bin auf der Hälfte steckengeblieben..."

„Er ist so gierig, dass er nur schluckte..."

„Ich hatte es richtig bequem zwischen..."

„Wie das gegurgelt hat, uh!, sein Bauch..."

„Ich stank von oben bis unten!"

und neben dem Fluss erwacht der Rote Fuchs. Er hat schrecklichen Durst, aber seltsamerweise fühlt sich sein Bauch ganz schwer und hart an. Er taumelt zum Fluss, bückt sich hinab und öffnet sein langes Maul zum Trinken, die schweren Steine rutschen nach vorne, er stürzt kopfüber, fällt und ersäuft.

Auf unserer Heimstätte hatten wir zwar viele Hühner, aber weder Enten noch Gänse wie die russischen Dörfler, sagte Mam. Auch gab es in unserer Gegend keine Füchse. Aber wir und alle unsere über den Busch verstreuten Nachbarn hatten Farmhunde: nie als Haustiere, sondern als Arbeitshunde, die im Freien blieben oder im Stall wie jedes andere Farmtier auch. Gegen Abend erwiderte manchmal unser schwarzer Hund Carlo – oder die Hunde von Louis

Ulmer oder David Loewen auf ihren Höfen weit jenseits der dunkler werdenden Bäume – das Geheul der Coyoten, die auf dem allgemeinen Weideland westlich von uns jagten, in den zugewachsenen Gehölzen, auf den Hügeln und in den sich meilenweit erstreckenden Mooren, die, wie es hieß, irgendwo in die weißen Sandstrände des riesigen Turtle Lake übergingen. Mit vier hatte ich den Turtle Lake noch nicht oft genug gesehen, um mich an ihn zu erinnern, aber das hohe Gelächter der Coyoten erkannte ich wohl, genauso wie ich sommers schon aus großer Entfernung die verschiedenen Glocken unserer Kühe auf den freien Weidegründen hören und erkennen konnte. Ich wusste, was unsere Kuhglocken bedeuteten, was unsere Kälber und Kühe meinten, wenn sie muhten: sie waren hungrig, sie waren durstig, sie brauchten einander. Aber was riefen die Coyoten in ihrer fremden, jaulenden Sprache, und was hat Carlo ihnen geantwortet?

Ihr wildes Geheul steigt wie Nebel aus dem letzten Dämmerlicht vor den Wolken im Westen; ich gehe ins Haus und ziehe die Tür zu. Und vielleicht, weil meine Schwester Mary laut in ihrem blauen *Highroads to Reading*, Band 4, gelesen hat, lege ich mein Ohr an die Brettertür:

> Someone came knocking
> At my wee, small door;
> Someone came knocking,
> I'm sure – sure – sure;
> I listened, I opened,
> I looked to left and right,

But nought there was a-stirring
In the still dark night...

Es hat jemand geklopft
An meine kleine Tür;
Es hat jemand geklopft,
Ich hab's bestimmt gehört;
Ich hab gelauscht und aufgemacht
Nach links geschaut und rechts,
Doch nichts hat sich gerührt
In der stillen dunklen Nacht.

Ich drücke nicht den Schnappriegel hoch, um die Tür zu öffnen, schaue auch nicht nach links oder rechts. Ich lausche, ob es klopft: Unsere Farm liegt so einsam am Ende eines gewundenen Pfades, dass nie jemand einfach „vorbeikommt“, uns nie jemand besucht, außer an Sonntagen; und ich weiß, wenn ich die Tür öffne, wird die Sommernacht nicht still sein. Draußen, hoch oben im Laub der Espen, atmet es; kleine Kreaturen flitzen an deinen Füßen vorbei; irgendwo in der Dunkelheit schimpfen Rotkehlchen wütend eine Eule aus, und ehe du sie noch richtig kommen fühlst, ist die Eule auch schon mit einem *Huisch!* ihres gefiederten Körpers vorbei, riesig, schert ab und verschwindet zwischen den Ästen. Du traust dem Dunkel um das Haus herum, es bleibt immer an derselben Stelle, hat immer dieselbe Gestalt, deine nackten Füße spüren den ausgetretenen fahlen oder grauen Pfad, auf dem sie gehen müssen, du weißt, dass vor dir das schwarze Betjhus liegt, was wörtlich „Haus zum Bücken“ bedeutet, mit seinen beiden Ovalen in dem hohen Sitz für die Erwachsenen und einer niedrigen Bank daneben mit einer Öffnung, deren Rund genau die richtige Größe für meine kleinen Hinterbacken hat.

Oft muss ich nicht einmal bis zur Toilette gehen, nur um die Hausecke herum, um mein Stenjeltje, meinen Zoagel, mein kleines Schwenjeltje, mein kleines Stengelchen... Schwänzchen... Henkelchen, Schwengelchen zu schwingen; das Plautdietsche hat alle möglichen Wörter dafür, und jedes sorgt für ein Kichern, wenn ein Geschwister es laut ausspricht, und vielleicht gibt es deshalb so viele, weil es sich manchmal in der Hand verändert, lustig, wie unterschiedlich es sich anfühlt, obwohl man immer nur eines tut, nämlich sich hinstellen, nach vorne strecken und loslassen. Du bist ein Junge, und wenn du musst, brauchst du nicht erst ein Gestrüpp zu finden, hinter das du dich hocken kannst, wie deine Schwestern, ob bei Tag oder Nacht, du drehst dich einfach um und zielst, wedelst, schießt, spritzt irgendwo ins Unkraut und niedrige Gestrüpp und gehst wieder hinein, um weiterzuschlafen und fühlst dich einfach wohl, du warst so direkt und männlich wie ein großer Bruder.

Wie Mam sagt und dabei ein wenig lächelt: „Doa reajent daut aus haulf maun hoch“: Es regnet halbmannshoch.

~

Die Geschichte vom Fuchs und den Entchen stammt natürlich aus den *Märchen der Brüder Grimm.* Jacob und Wilhelm Grimm haben zweihundert davon gesammelt und 1812 veröffentlicht. „Diese unschuldigen Hausmärchen... durch die dieselbe Reinheit geht, um derentwillen uns Kinder so wunderbar und selig erscheinen."

Diese editorischen Vorbemerkungen lese ich in einer Ausgabe der Märchen, die ich 1958 als Student an der Universität Tübingen in West-Deutschland kaufte. Und während meine Erinnerung an uns drei Kinder, in Decken gehüllt um eine Laterne herum in einem Zelt, versteckt im borealen Urwald Kanadas, unverrückbar bestehen bleibt, versuche ich auseinanderzunehmen, was mir so unvergesslich geblieben ist: Bei den Grimms ist die vierte Geschichte das „Märchen von einem, der auszog, das Gruseln zu lernen" und die fünfte ist unsere Zeltgeschichte, aber anders: „Der Wolf und die sieben jungen Geißlein."

Darin gibt es weder einen Fuchs noch kleine Enten, vielmehr einen Wolf und sieben Geißlein. Der Wolf gelangt nicht nur dadurch ins Haus, dass er den Krämer wegen der Kreide bedroht, um seine Stimme fein zu machen, sondern auch, weil er dem Dorfmüller soviel Angst macht, dass der ihm Mehl gibt, um seine schwarzen Pfoten damit zu weißen; das kleinste, siebte Geißlein entkommt dem Wolf, weil es sich versteckt, und zwar nicht hinter dem Vorhang, sondern hoch oben in der Uhr, die an der Wand hängt. Als der Wolf mit seinem zugenähten Bauch erwacht, taumelt er zu einem Brunnen (nicht zu einem Fluss), um zu trinken, und beim Gehen stoßen die Steine in seinem Bauch aneinander. Da hebt dieser Bösewicht unbegreiflicherweise zu singen an:

Was rumpelt und pumpelt
in meinem Bauch herum?
Ich meinte, es wären sechs Geißlein,
so sind's lauter Wackerstein.

Erstaunlich. Im Augenblick seines Todes ist dem Bösewicht eine Offenbarung vergönnt; bevor er ertrinkt, singt der mordlustige Wolf ein Lied voll profunder Selbsterkenntnis.

Die sanfte Helen hat wohl nicht das Rumpellied des Wolfs gesungen. Aber die Ähnlichkeiten ebenso wie die vielfältigen Unterschiede zwischen meiner Erinnerung und dem Text entsprechen vollkommen unserer durch Landschaft, Sprache, Glaube und Sitten isolierten dreihundertköpfigen Pionier-Gemeinde. Jedes Kind wusste instinktiv, dass das, was in der Geschichte passiert, unabhängig vom Wortlaut, von jedem für jeden in einer von drei Sprachen immer wieder neu erzählt wurde: ein immer neu gemischtes Gebräu aus Klatsch und Humor und „Schhh!", schweigenden Folgerungen und schadenfrohem oder eifersüchtigem oder fröhlichem, in einer unübersehbaren Fülle von Einzelheiten herumhüpfenden Lachen, dass nur ein literarischer Schlangenmensch versuchen konnte, Ordnung hineinzubringen. Geschichten waren Material zum Wiedererzählen.

~

In meiner Knabenzeit gab es kein anderes Hell und Dunkel als das von Tag und Nacht; daran änderten auch Stalllaternen und die einsame Kerosinlampe mit ihrem eleganten Glaszylinder auf unserem Küchentisch wenig. Wo immer ich gerade war, ich war in der Familie, und die Schatten in der Küche, ob erleuchtet oder dunkel, veränderten sich dauernd, hinter dem Herd oder dem dort aufgestapelten Holz, in den Ecken neben den Regalen mit den Vorhängen und unter den Bänken und dem Tisch oder neben dem Wassereimer und der Waschbütte an der Tür: Ob es im Hause hell oder dunkel war, ob drinnen oder draußen, es gab nichts, was zum Fürchten gewesen wäre. Nicht einmal, wenn das *Krack!* eines Balkens in der Wand, der in der Winterkälte trocken wurde, einen zusammenfahren ließ. Wo immer ich ging oder saß, was immer geschah, alles hatte ich schon einmal gesehen oder gehört, gerochen oder zumindest berührt.

Aber jedes Kind, wie geliebt es auch sei, entdeckt irgendwann etwas, was es nicht kennt und vor dem es sich fürchtet, und ich kann mich erinnern, dass es nicht die Dunkelheit oder die fürchterlichen Gewitter oder Schneestürme und ganz gewiss nicht der raschelnde boreale Wald waren, wovor ich mich fürchtete, sondern unser Bulle. Auf einer Heimstätte der dreißiger Jahre, wo es noch keine Elektrizität oder Maschinen gab, kann man mit den Arbeits- und Nahrungstieren genausoviel Spaß haben und herumtoben wie mit einem Hund, kreischenden schimpfenden Hühnern, mit munteren Kälbchen, die an deinem Finger nach Milch nuckeln oder mit einer Katze, die sich beim Mausen um dein Bein schmiegt; es gibt aber auch

Farmtiere, die vierschrötig, dick und unbeweglich sind wie Schweine, oder riesig wie Kühe und Pferde. Eine noch so leichte Bewegung ihrer gewaltigen Beine oder Köpfe, ganz zu schweigen von ihren mächtigen Leibern, kann für ein Kind völlig überraschend sein und schreckliche Folgen haben. Die Pferde, wie ich sie zuerst wahrnahm, waren gewöhnlich im Geschirr, vor einen Wagen oder eine Ackermaschine gespannt, immer zur Sicherheit an Zügel und Kandare, und noch bevor man wirklich den Grund verstanden hatte, schloss man aus dem Verhalten der Erwachsenen, aus der Art, wie Vater oder Bruder mit ihnen umgingen, wie Mutter und Schwestern, wenn sie in den Wagen steigen wollten, einen weiten Bogen machten, in gebührendem Abstand von den riesigen Köpfen, die sie ständig schüttelten, den unaufhörlich stampfenden Hufen und peitschenden Schweifen, um sich die Fliegen und Schnaken und Bulldoggen (so nannten wir die Pferdebremsen) vom Leib zu halten, all das machte uns klar, dass diese Körper über so ungeheure, schreckliche Kräfte verfügten, dass wir gar nicht auf die Idee kommen konnten, durch den Stacheldrahtzaun auf die Weide zu klettern, wo sie frei grasten. Noch nicht einmal mit drei war man so dumm.

Trotzdem waren Farmtiere nicht immer leicht unter Kontrolle zu halten. Wir lebten am äußersten Ende unserer Gemeinde, und im Sommer konnte jedermann sein Vieh auf dem unbesiedelten allgemeinen Land westlich von uns weiden lassen, wo immer sie ein nasses Grasstück oder eine offene Lichtung fanden. Einige ließen ihre Tiere sogar tagelang unbewacht grasen, weil es überall Wasserlöcher gab, aber keine großen wilden Tiere, die man fürchten musste und keine Diebe. Wir haben wieder CPR-Glück, sagte Pah, immer optimistisch, ein Viertel direkt neben leerem Land, nicht mehr nötig, unser Vieh meilenweit zu treiben, alles freie Weideland, das wir brauchen, haben wir direkt nebenan. Na jo, schön und gut, aber: Unsere Mutter war von Natur und aus harter Erfahrung geneigt, immer das Schlimmste anzunehmen. Also trampeln die Kühe unserer Nachbarn auf dem Weg zu den freien Weiden und zurück dauernd über unser Land. Und beide hatten Recht.

Die Herden der einzelnen Farmen waren klein, zählten in der allgemeinen Armut der Depression höchstens fünfzehn Tiere, und an ihren Glocken konnte man erkennen, wem die Herden gehörten. Jeden Morgen melkten meine Mutter und meine Schwester unsere zwei oder drei Kühe, danach öffneten wir die Querstangen des Pferchs und unsere ganze kleine Herde zog hintereinander davon, um den Tag über zu grasen. Jeder von uns kannte den Klang jeder einzelnen Glocke und den ganzen Tag hindurch lauschten wir nach ihnen und schätzten danach ab, wie weit sich unsere Kühe auf ihrer Suche nach Gras entfernt hatten. Manchmal verlor sich ihr Geläute, manchmal, wenn wabernde Hitze über den bewaldeten Hügeln lag, Schnaken und Bremsen sie umschwärmten, lagen die Kühe regungslos unter den dichten Weiden, um diesen Quälgeistern zu entrinnen und wiederzukäuen. Dann war kein Laut zu hören und am frühen Nachmittag zog Mam ihre Segeltuchschuhe an, die aufgeschnitten waren, um über ihre schmerzhaft geschwollene große Zehe zu passen, nahm ihren Saskatoonstock und folgte den von den Tieren ausgetretenen Pfaden nach Westen. Sie nahm immer Mary und manchmal sogar Helen mit, um den Standort der Tiere zu erlauschen. Und manchmal stellte sich in diesem wilden Land die Frage, wer sich nun verlaufen hatte, das Vieh oder die, die nach ihm suchten?

Was in unserer Familie getan werden musste, wurde von unserer Mutter erledigt, und zwar immer. Für uns kleine Kinder war es unvorstellbar, Mam könnte nicht wissen, was auf der Farm zu tun war; dass sie etwas Notwendiges nicht tun könnte, war für uns einfach undenkbar. Da sie aber die ersten fünfunddreißig Jahre ihres Lebens in einem mennonitischen Straßendorf in der unendlichen, zu den wilden Romanowkabergen ansteigenden Steppe gelebt hatte, fand sie sich mit den Besonderheiten dieser borealen Landschaft Kanadas oft nicht zurecht: dieses Land war leer, ja, aber zugleich eine endlose, beengte Wüstenei, in der man vor lauter Wald nichts sah! Auf diesen Gängen, immer lauschend, angespannt, etwas zu entdecken, während sie sich über umgestürzte Bäume, durch Moore, um Wasserlöcher herum und über immer neue Bodenwellen hinwegkämpfte, verlor sie jedes Gefühl dafür, wo die Lichtung mit unserem Haus war. Dann wurde aus der Suche nach den Kühen verzweifelter Ernst: Sie musste sie finden, um sich von ihnen nach Hause führen zu lassen. Wo ihre Kinder auf sie warteten.

Aber da stürmte ein Bulle heran! Mam und Mary und Carlo suchten wieder einmal nach den Kühen, und nur wir drei Jüngsten waren auf unserem Hof, spielten Fangen und lachten und blieben zwischendurch stehen, weil wir nach den Kuhglocken lauschten, die wir als unsere erkannten, lauschten sie geradezu herbei, kommt, kommt, kommt nach Hause. Und plötzlich hörten wir einen Bullen brüllen, sahen ihn und rannten voller Angst ins Haus.

Der Bulle lief über Louis Ulmers Feld und durch den Weidenzaun neben unserem Haus, als gäbe es ihn nicht. Er brüllte, sein Kopf war riesig, seine nach vorne gedrehten Hörner ragten aus den Drahtlocken seines weißen Gesichts, sein roter Leib war massig und breit wie eine rauchend über unseren Hof stampfende Dampfmaschine, er schnupperte am Stall und am Misthaufen, schleuderte ganze Haufen davon mit den Hörnern in die Luft, er reckte den Kopf, bleckte die gewaltigen Zähne, wenn er, was er beschnuppert hatte, in den Himmel blies; als wir durch die nutzlosen Fensterscheiben spähten, sahen wir, wie der Stahlring in seiner Nase nach oben wippte. Sähe er eine Bewegung von uns, würde er auf das Haus losstürmen, die Küchentür würde unter einem Stoß seines Kopfs zersplittern, wir müssten blitzschnell die Treppe hinaufrennen, bevor – aber Mam! und Mary! – wenn sie jetzt mit den Kühen heimkämen, würde er sie zu Boden trampeln und auf die Hörner nehmen; alle drei weinten wir, versuchten, uns nicht zu rühren und ja nicht den Bullen auf uns aufmerksam zu machen, aber ausschauen nach ihm mussten wir, wollten wir wissen, wo er gerade war, und sehen, was dieses wille Tiea, dieses wilde Vieh wohl vorhatte – als Pah erschien!

Er kam geradewegs von der Stelle, wo unsere Wagenspur unter den Bäumen hervor über den Hof zum Stall führte, mit einem langen Pappelstecken in der Hand. Der Bulle drehte sich um, starrte ihn an, trat mit dem linken

Hinterhuf wütend ein Stück Erde in die Luft, und mit voller Wucht schlug Pah ihm auf den Ring in seiner Nase, dass wir das dumpfe *Wumm!* im Haus hören konnten; der Bulle schoss herum, Pah zog ihm eine rechts und links über die Flanken, der Bulle stolzierte davon, warf die Hinterläufe in die Luft, als täte er genau das, was er wollte, und rannte dabei – genau auf uns zu, die wir aus dem Fenster starrten! – an der Ecke der Küche vorbei, durchbrach krachend den Zaun zu Louis Ulmers Feld, mit steil in die Luft gestelltem Schwanz und in hohen Bocksprüngen, dass die grüne Sommerscheiße in Fetzen von seinen verschmierten Hinterbacken flog. Wir rannten hinaus, Pah war ja da, und Mam und Mary kamen, mit Pappelzweigen wedelnd, um sich gegen die Schnaken zu wehren, wir konnten hören, dass die Kuhglocken hinter dem Stall waren und Carlo bellte, wir lachten und weinten gleichzeitig.

„Ihr braucht keine Angst zu haben", sagte Pah. „Ist nur der Drecks-Michel der Loewens."

Michel, Prichel, lot mie lewe
Dee baste Kooh woa etj die jewe…

Michel, Prichel, lass mich leben,
Die beste Kuh will ich dir geben…

Der plautdietsche Abzählreim ist so lang, wie einem Reime einfallen, wir aber rannten ausgelassen die Anhöhe unseres Hofes hinab zum Viehpferch, schrien und schwenkten die leeren Milcheimer über unseren Köpfen.

~

Bei ihren immer gleichen und nie endenden Arbeiten pflegte unsere Mutter zu singen, wenn auch nie Abzählreime über Bullen. Ihr Sopran war hell und hoch wie der eines Kindes und bewegte sich leicht durch die zahllosen hochdeutschen Kirchenlieder, die sie auswendig konnte. Es müssen Hunderte gewesen sein. Oft waren es schwermütige Lieder von der Heimat, Lieder der Sehnsucht nach der himmlischen Ruhe, die jeder an diese Erde gebundene Christ ersehnen musste, wie sie sagte, manchmal jedoch erklangen inmitten der alltäglichen Schinderei auf der Farm plötzliche, überraschende Ausrufe der Freude, wie zum Beispiel „Halleluja, schöner Morgen!“:

Ach, wie schmeck ich Gottes Güte
Recht als einen Morgentau,
Da mein sehnendes Gemüte
Wandelt auf der Grünen Au;
Da hat wohl die Morgenstund
Edlen Schatz und Gold im Mund.

Auf dem ebenen Hof neben dem Stall, inmitten der namenlosen Gräser und Kräuter, die dort wuchsen, pflückte sie singend winzige Blumen mit gelbem Kegel, die sie Kamille nannte, um daraus einen Tee zu brauen, den nur sie trank, für den Magen, wie sie sagte, der bei ihren verschiedenen und nie endenden Unpässlichkeiten immer eine Rolle spielte. Die goldnen Köpfe der Kamille auf ihren dünnen Stengeln dufteten wie ihr Mund, und schmeckten auch so, ihre Farbflecke auf meinen Fingern leuchteten im Sonnenlicht wie zur Begleitung ihres Gesangs und der, wie sie sagte, schrecklichen Leere des Buschlandes, diesem Kanada zum Trotz, wo nach dem Gesetz jede Familie auf ihrem eigenen Stück Land leben musste, allein; unser nächster Nachbar, Louis Ulmer, war Junggeselle, ein sehr guter Mensch zwar, der uns einen Weg für unseren Wagen quer über sein Land und mitten durch seinen Hof schlagen ließ, so dass wir den kürzesten Weg zum Erschließungsstreifen hatten, aber er war kein Mennonit und trat nie über die Schwelle unserer Kirche, nicht einmal zu Beerdigungen.

Wer war dieser Mann mit dem seltsamen Namen: Louis Ulmer? Er hat's uns nie gesagt, und wenn wir es damals wussten, so kann sich heute niemand mehr daran erinnern. Seine kleine Hütte aus grob behauenem Bauholz, nicht aus unbehauenen Stämmen, war, meinem Vater zufolge, schon da, als wir das Viertel westlich von seinem kauften und unser Haus unmittelbar neben seinem größten, nach Osten auf der Abseite des Hügels liegenden Feld bauten, wo auf einer Viertelquadratmeile jeder Baum gefällt war, so dass wir über seinem Hafer die Sonne aufgehen und im Herbst das Nordlicht über seinen Getreidehocken flackern sahen.

Das Photo von unserem Haus auf der Anhöhe zeigt, dass unser Küchenanbau tatsächlich keine zehn Fuß von Louis Ulmers Getreidefeld entfernt war. Die Grenze zwischen uns bildete ein Zaun aus langen Stangen mit senkrecht dazwischen geflochtenen Weiden, über den am Waschtag die Kleider zum Trocknen gehängt werden konnten. Am Zaun entlang den Hang hinab wuchsen Suromp, Sauerampfer für Suppe, und die süß-sauren Rhabarberstengel für Plautz, ungedeckten Obstkuchen, die ersten frischen Pflanzen, die es im Frühling zu essen gab und über deren unterirdische Triebe die späte Aprilsonne dort am wärmsten strahlte.

In meiner Erinnerung heute ist Louis Ulmer ein kleiner, gedrungener Mann, der uns oft seine Maschinen lieh, wenn die unsrigen auf unserem steinigen Land kaputtgegangen waren. Weil er „Louis" hieß, glaubten wir eine Zeitlang, er sei vielleicht mit der Metis-Familie der Brieres verwandt, die eine Meile nördlich von uns lebten und fast genauso lang im Speedwell-Bezirk blieben wie wir, oder sogar mit den zahlreichen Naults weiter im Süden; aber „Ulmer" ist kein Metis-Name und Louis verschwand, bevor ich mich an ihn als Person erinnern konnte. Sein Name jedoch ist unvergesslich geblieben; wenn ich „Louis" höre, folgt „Ulmer" wie ein fernes, plautdietsches Echo von: „Warte noch ein klein wenig, gleich sind wir zu Hause", und zwischen den schwingenden Köpfen unserer Pferde sehe ich den hellen Fleck, den die Pappeln am Himmel machen, wo der Erschließungsstreifen über den Kamm des Eskers auf seine Hütte zuführt, und vielleicht brennt dazu noch der Himmel, in dem das Nordlicht flackert und ich weiß auch noch, dass die Wagenspur, die dort auf seinem Hof beginnt, eine halbe Meile weiter westlich, tiefer im dunkelnden Wald enden, der Himmel aber immer noch in Flammen stehen wird. t'Hus: daheim.

t'Hus ess t'Hus, Enn hinjrem Owe Ess tweemol t'Hus.	Daheim ist daheim Und hinterm Ofen Ist's doppelt daheim

3

ZORN

Es hieß, man habe auf der Straße an der Kirche der Mennoniten-Brüdergemeinde einen Fremden gesehen. Die Männer von den Firmen Watkins oder Raleigh, die ihre Arzneien verkauften, der Deckhengstmann mit seinem riesigen Percheron-Apfelschimmelhengst am Zügel, der Messer-, Axt- und Scherenschleifer mit seinen vielen Wetzsteinen, gelegentlich sogar ein Mann, der mit gebrauchten, aber sauberen Kleidern handelte, alle tauchten irgendwann im Sommer einmal im Bezirk auf, aber immer mit einem guten Pferd und einem kleinen Fuhrwerk dahinter; auch reisende Prediger oder die Lehrer der Dispensationsbibel[2] mit ihren Schautafeln der Zeitalter und wunderschönen Bildern von der Entrückung, kamen in Model

---

[2]Anm. des Übersetzers: Die Dispensationsbibel unterscheidet verschiedene Zeitalter oder Stufen im göttlichen Heilsplan. Diese werden als „Verwaltungen“ oder „Dispensationen“ bezeichnet (lat. *dispensatio*). Für jede Dispensation gelte eine andere Regel, die Gott als Handlungsanleitung für die Menschen eingesetzt habe. Die Scofield Reference Bible, eine von Cyrus I. Scofield 1909 herausgegebene Bibel mit Anmerkungen (in die revidierte Ausgabe der Elberfelder Bibelübersetzung übernommen) kennt sieben Dispositionen: Unschuld, Gewissen, Menschliche Regierung, Versprechen, Gesetz, Gnade, Millennium. Die Anhänger der Dispensationslehre glauben an die Entrückung in den Himmel vor Eintritt der Herrschaft des Antichristen.

T oder gar Model A Fords, die sonst jemandem gehörten, hierher. Aber woher wohl ein einzelner Mann zu Fuß nach Speedwell kam? Und warum?

~

Bis 1938 hatte unsere Familie Wiebe jeden Job angenommen, der in Kanada während der acht Jahre dauernden Weltwirtschaftskrise zu finden war. Die fünf noch in Russland geborenen Kinder lernten so gut Englisch, dass sie es ihr Leben lang ohne Akzent sprechen konnten. Und sogar während wir uns bemühten, unsere Heimstätte zu errichten auf Land, das nie zuvor gerodet worden war, schafften wir es, uns jahrelang fast ohne Regierungshilfe zu ernähren; neben Dans monatlichen fünfzehn Dollar für das Zuschneiden von Eisenbahnschwellen haben wir, höchstens, zwei oder drei Fünfundzwanzigdollargutscheine für Winterkleidung erhalten. Und ich erinnere mich, einmal mit Pah und anderen Farmern zusammen während eines frühherbstlichen Schneefalls Schlange gestanden zu haben, als ihm aus einem Güterwagen neben dem Getreidesilo von Fairholme Pool eine Kiste mit roten Äpfeln aus Nova Scotia gereicht wurde – die Etiketten mit wunderschönen, glänzenden Äpfeln darauf stimmten!

Unsere Familie hatte das Glück, zwei erwachsene Söhne zu haben, die jede Arbeit verrichteten, vom Klafterholzspalten für den Krämer bis zum Hacken von Zuckerrüben, vom Dreschen bis zur Arbeit in einer Gleisbaukolonne, vom Holztransport bis zur Viehfütterung. Das CPR-Viertel für den Getreideanbau zu roden war zu mühselig; es gab anderes, bereits gerodetes Land, so dass wir 1938 mit unseren Oamseelichtjeite, unseren Habseligkeiten, und ein paar Tieren vier Meilen weiter nördlich zur Township 53 zogen, auf das Land von John Franka, eine halbe Meile östlich der Straße zwischen Speedwell und Jackpine.

Wegen des hügeligen Geländes konnte diese Hauptstraße dem Verlauf des Erschließungsstreifens auf der Vermessungskarte oft nicht folgen: Sie bestand hauptsächlich aus breit ausgefahrenen Wagenspuren um Grasinseln herum und an Geländekanten oder Hügeln entlang, um Moorflächen zu umgehen, war aber auf kurzen Strecken so gerade durchs Gelände gelegt, wie von den Landvermessern markiert; dann hatte sie sogar rechts und links einen Graben und war planiert, besonders dort, wo sie auf die Bretterbrücken über zwei Bäche zulief, die im Frühjahr oder nach einem längeren Sommerregen Wasser führten. Die Straßenoberfläche entsprach der Bodenbeschaffenheit: schwarzer Mutterboden, Lehm, sandige Hügelhänge, Sumpf, Schotterwellen und Schlammlöcher. Deine Pferde mussten einfach stark genug sein, deinen Wagen durchzuzerren oder die Schlammlöcher zu umfahren, die übers Jahr immer größer und tiefer wurden, besonders im Frühling, wenn es taute. Winters konnten diese Pisten hartgefroren sein, aber mit einem Last- oder gedeckten Familienschlitten, einer hoch mit Heu beladenen Kufenraufe durch eine von den Schneestürmen aufgetürmte Verwehung zu brechen, war noch schlimmer. Meine Mutter erinnerte sich genau an den Tag, an dem unsere Familie zum ersten Mal auf dieser Straße nach Norden zog. Es war am 9. Mai 1933, erzählte sie mir, als ich Pahs Nachruf schrieb; und zwar auf einem kleinen, gemieteten Lastwagen. Sie hatten Farmer sein wollen, aber nach drei Jahren in Kanada besaßen sie noch kein einziges Tier, keine Kuh, nicht einmal einen Hund. Sie kamen aus Kelstern im Süden Saskatchewans, wo die Familie seit Mai 1933 auf einer großen Getreidefarm gearbeitet hatte, die Henry Knelsen, Mams Onkel, gehörte, der zu Beginn des Jahrhunderts nach Kanada ausgewandert war. Wie der gesamte Süden Saskatchewans wurde auch Knelsens Farm unter den Staubstürmen der dreißiger Jahre begraben.

Dan – der damals dreizehn war – erzählt mir, dass es in der Umgebung von Kelstern so trocken war, dass in einem Sumpftümpel, aus dem man einen Eimer Wasser schöpfte, ein Loch zurückblieb. „Deshalb zogen wir weg, die ganze Familie, unser weniges Zeug passte mit Leichtigkeit auf einen Eintonner-Lastwagen, und während wir eine Straße entlangfuhren, stand Dad hinten und aß einen Hühnerschlegel, mit dem er den Leuten auf dem Gehsteig zuwinkte: „See!" ‚Da schaut her!' Er war so froh, dass wir in Kanada waren und noch etwas zu essen hatten." Ich vermute, dass Mam mit Liz, die noch ein Baby und in Kelstern geboren war, im Fahrerhaus saß und nicht seine Worte hörte, die man sich später in unserer Familie immer als eine halb lustige, halb traurige Geschichte erzählte und die die einzige Geschichte von der mehr als 300 Meilen langen Reise hierher durch das wüstenhafte Saskatchewan der Weltwirtschaftskrise geblieben ist. „See!" war das einzige englische Wort, das unser Vater nach drei Jahren in Kanada wusste; sehr nützlich, wie er sagte.

Pracha'oam, dee tjene nich eemol dem Hund von hinjrem Owe locke.

Bettelarm, dass sie nicht mal 'nen Hund hinterm Ofen vorlocken können.

Von Kelstern kommend, heute ein Flecken aus drei Gebäuden weit südlich des Trans-Canada-Highway, muss die Straße mit dem Gehsteig in Swift Current gewesen sein, und auf dem Highway 4, der in Orkney an der Grenze zu Montana begann und mehr oder weniger in nördlicher Richtung nach Meadow Lake verlief und damals als „Good Grade 2 Highway" ausgewiesen war, müssten sie nach Norden gefahren sein. Ihm folgend würden sie eine Fähre gefunden haben, um den South Saskatchewan River zu überqueren, und in Battleford eine Stahlbrücke über den Battle River und den North Saskatchewan.

Auf meine Frage, warum sie sich von allen denkbaren Möglichkeiten ins steinige Speedwell schleppten, antwortet Dan: „Im Süden gab es einfach keine Arbeit, und Mam und Pah wollten ihr eigenes Land bearbeiten. Die Arbeit für Henry Knelsen lief sowieso nicht so gut, und außerdem gab es dort diese vielen Dürren und Heuschreckenplagen und Verfallserklärungen von Hypotheken, wenn man in Verzug geriet. Da erfuhr Pah, dass die Regierung viel Heimstättenland im Norden vergäbe und dass sogar neue mennonitische Einwanderer aus Russland Land zum Siedeln bekämen. Und Regen und Schnee gäb's auch genug, man müsse nur ein Haus bauen, jedes Jahr zehn Morgen roden und pflügen. Er erfuhr es irgendwie durch die Fiedlers, die er, ich weiß nicht wo, kennengelernt hatte."

Mit vierundachtzig kann Dan sich nicht mehr erinnern, ob Pah Tinas zukünftigen Mann, Gust Fiedler, oder August, den dicken und ehrwürdigen Patriarchen der Fiedlers, getroffen hatte, fest steht aber, dass im Mai 1933 ihr ächzender Lastwagen rumpelnd Highway 4 verließ und an der Jack Pine School nach Norden abbog, sich dann an dem Kahlschlag auf dem Enns'schen Hügel vorbeiquälte, wo Männer den Keller für die zukünftige Kirche der Mennoniten-Brüdergemeinde schaufelten und weiter an Speedwell School vorbei, wo Annie Born seit dem Herbst 1931 die ersten vierzig Kinder in acht Klassen unterrichtete, eine halbe Meile weiter zur Heimstätte August Fiedlers, die in die äußerste nördliche Ecke des Gemeindelandes geschnitten war. Pauline und August hatten neun Kinder – das älteste, Gustav, war sechsundzwanzig – eine Farm mit ein paar Morgen gerodeten Buschs und eine Dampfsägemühle.

„Ich hab immer noch meinen Dampf-Ingenieurs-Ausweis", erzählt mir Gust im September 1995. „Ich hab unser Sägewerk zwölf Jahre lang betrieben."

„Er war damals schon ein alter Junggeselle", sagt Tina schelmisch. Ihr Gesicht hat dieselben Falten bekommen, wie ich sie bei meiner Mutter in Erinnerung habe. „Ich hab ein bisschen bei den Fiedlers gearbeitet, im Haus, aber mit ihm wollte ich überhaupt nichts zu tun haben!"

Wir sitzen am Tisch ihrer Eigentumswohnung in Lethbridge, Alberta, lachen, trinken Kräutertee; 1995 waren Tina und Gust zweiundsechzig Jahre verheiratet.

„Mit diesem erbärmlichen Lastwagen kamen wir in Speedwell an“, erzählt Tina, „und durften auf der Heimstätte seines Bruders Ted wohnen, eine halbe Meile durch den Busch von den alten Fiedlers entfernt. Dan, Mary und Helen kamen in Speedwell zur Schule.“

„Ted war noch nicht verheiratet“, sagt Gust, „aber als die Lemkeys wegzogen, übernahm er das Viertel westlich von uns. Es gab eine Blockhütte mit einem Stall an der Seite, so dass sie sich eine Wand sparen konnten.“

„Wie die alten Wohnstallhäuser von den Mennoniten in Russland?“

„So ähnlich. Weil wir keine Bleibe hatten, nahmen sie uns auf, für ein ganzes Jahr, bis wir unser CPR-Viertel bekamen.“

„Aber Gust hast du nicht wirklich gemocht?“

„Nun ja, Männer, weißt du ... “ Alle lachen wir wieder über die Art, wie sie es sagt, aber dann wird sie ernst und fährt fort: „In Kanada waren wir immer sehr arm gewesen, und nach ein paar Monaten bei Henry Knelsen wurde ich sechzehn, und Pah und Mam schickten mich nach Manitoba, um dort für meinen Unterhalt zu arbeiten. Zu Mams Tante, einer Mrs. Siemens, ich solle gut auf mich aufpassen, weil es auch noch den Alten und vier Söhne gab, und ihre jüngste Tochter Nancy warnte mich: ‚Sei auf der Hut vor meinem Dad‘, der natürlich hinter mir her war, der alte Bock, aber Mrs. Siemens hatte *mich* im Verdacht. Sie machte die Briefe von meinen Leuten auf und las sie noch im Postamt. Das wurde einfach zuviel, und ich ging. Aber egal wo ich arbeitete, die Männer grapschten nach mir, bis ich Mam schrieb und zurück nach Kelstern ging.

„Aber auch Mam wollte weg von Kelstern. Drei Jahre lang arbeiteten sie dort und ihre Onkel waren schon seit dreißig Jahren in Kanada und hatten große Farmen, aber die Wirtschaftskrise wurde schlimmer und sie sagten, sie könnten uns nicht helfen. Jake Knelsen war Prediger und konnte sowieso nichts für uns tun, aber Henry hatte diese riesige Farm und lehnte es trotzdem ab, für unsere Einwanderung nach Kanada zu bürgen – das hat Mams Tante in Alberta getan – irgendwas war an Kelstern nicht so gut, und Mam wollte weg von dort."

Traurige Familiengeschichten, die zwar verblassen, aber nie verlöschen, deren harte Linien so unbezweifelbar wie Versteinerungen sind.

Aber Gust denkt immer noch gerne an Speedwell und die Sägerei. „Es gab dort 'ne Menge guter Kiefern und Fichten", erzählt er. „Winters hatten wir verschiedene Leute zum Holzschlagen, und dazu noch Abe und Pah, die die Stämme hereinzogen, und dann tauschten wir das gesägte Holz in Fairholme gegen Lebensmittel – mit den Pferden war das eine Zweitagereise."

„Das war die Währung der Fiedlers", sagt Tina, „Sägeholz und Lebensmittel."

„Im Herbst ging ich dann als Erntearbeiter in die Nähe von Mervin", sagt Gust über den Tisch zu Tina und grinst dabei, „zum Garbenstapeln und Abladen vor der Dreschmaschine, und du kamst auch hin, um für die Dreschmannschaft zu kochen. Ich hab dich besucht."

„Und ich hab dir die Tür vor der Nase zugeschlagen! Ich hab auf dem Heuboden dieser Farm geschlafen."

Und aus Gust platzt es heraus: „Und drei Monate später waren wir verheiratet!“

„Wie ist das denn passiert?“

„Oh, das war Mam“, sagt Tina. „Sie hielt Gust für einen wirklich guten Mann, und sie hat mir erzählt, dass sie dafür beten würde.“

Wir lachen laut. Unsere Mutter und ihre Gebete. Jeder von uns wusste, dass Gegenwehr sinnlos war, wenn Mam einmal angefangen hatte, wirklich ernsthaft für einen zu beten.

~

Anscheinend hatte der zu Fuß angekommene Fremde mit niemandem gesprochen und keinen einzigen Hof betreten. Seltsam. Jeder, der in die Sackgasse von Speedwell kam, hat immer irgendwen besucht; es gab nichts zum Übernachten, außer bei einer Familie, und es gab keinen Weg hinaus, weder nach Westen, Norden oder Osten, nur die Straße nach Süden, auf der man hereingekommen war. Aber ein Fremder war gesehen und von den Hunden angebellt worden, die sich aus jedem Hof auf alles stürzten, was dort vorbeikam, und nicht einmal die grimmigsten Bestien waren jemals angekettet. Der Fremde mit seinem Eimer voll roter Farbe war vorbeigegangen, ohne den Hunden ein einziges Wort entgegenzubrüllen.

Über bösartige Tiere konnten wir ein Lied singen. Die kürzeste Zufahrt auf unsere neue Franka-Farm führte von der Hauptstraße über den Hof der Johann Martensens, zwischen ihrem Stall und dem Viehpferch hindurch, und ihre Hunde waren besonders böse. Die Martens-Zwillinge, Abe und Henry, erklärten mir: „De Hunj motte fe ons opp'pausse." Diese Hunde müssen Wache halten für uns.

Die Familie Martens, Eltern und zehn Kinder, wohnten wie wir alle in einem Blockhaus, aber es hatte ein fremdartiges Walmdach, wie der Stall auf einem Bild in einem Lesebuch, mit zwei Fenstern im Giebel. Wann immer wir über ihren Hof fuhren, gingen die Hunde auf uns los und mussten mit Peitschenschlägen vertrieben werden, damit sie unseren Pferden nicht in die Beine oder Nasen bissen. Aber die Hunde verfolgten uns trotzdem und bellten und geiferten wie rasend. Ich habe nie verstanden, was sie auf dem Hof Besonderes zu bewachen hatten; unser schwarzer Carlo hat sich nie so dumm aufgeführt.

Keines von uns Kindern, schon gar nicht ich mit meinen vier oder fünf Jahren, gingen jemals über den Hof der Martens. Außerdem gab es einen kürzeren Pfad, den man von unserem Franka-Haus zur Kirche oder dem Laden der Schroeders zu Fuß oder mit dem Pferd nehmen konnte; er schlängelte sich diagonal nach Süden durch unseren Busch und über die Heimstätten von Otto Dunz und Gottlieb Biech, wo es Stellen gab mit Staub und Sand, die sich für unsere sommerlich nackten Füße wie warmes Wasser anfühlten. Dieser Pfad traf auf die Hauptstraße unmittelbar nördlich der Kirche, die auf dem Hügel oberhalb eines Baches stand, über den ein Steg führte, dessen Bohlen oft Risse hatten oder eingedrückt waren, weil die Straße so stark befahren wurde. Von unten wirkte die Kirche mit ihrer breiten Giebelwand, dem kerzengerade in den Himmel ragenden Backsteinkamin und den Blockwänden, die ebenso sauber verschindelt waren wie das spitze Dach, sogar noch größer. Vom Predigtpult verkündete jeden Sonntag die milde Stimme unseres Predja, unseres Predigers Jacob Enns, das Wort Gottes.

Die planierte Straße durchschnitt den Kamm des Hügels neben der Kirche und legte in einem Hang aus Sand, der fast so golden wie der an den Stränden von Turtle Lake war, eine Reihe grauer Findlinge frei. In den Sand konnte man seine Hand auf Armeslänge hineinwühlen und spüren, wie er an den Fingerspitzen kühl wurde, geheimnisvoll, an der Luft aber wurde der Sand geschmeidig warm. Er war so feucht, dass man alles daraus formen konnte, was die Hände wollten.

Eines Tages aber standen auf einem der von der Straße in diesem Sandhügel freigelegten Findlinge diese Worte:

> BE SURE YOUR SIN WILL FIND YOU OUT
> Seid gewiss, eure Sünde wird euch finden

Auf dem größten Granitfindling direkt unterhalb der Kirche. Gleichsam wie ein Fluch auf ihrem Grundstein.

Es musste der Fremde gewesen sein. Niemand in der Gemeinde hatte jemals etwas Derartiges gesehen, rote Wörter auf einem Felsen an der Straße, und niemand wusste etwas damit anzufangen. Ich kann mich erinnern, sie gesehen zu haben, obwohl ich sie weder gelesen noch verstanden haben konnte, als sie laut gesprochen wurden; ich bin mir nicht einmal sicher, ob ich sie heute verstehe. Meine Eltern lasen täglich in der Bibel, aber nur auf Hochdeutsch, und der einzige in unserer Familie, der gewusst hätte, wo er 4. Mose 32,23 finden konnte, wäre Abe gewesen, der bereits ein Jahr Bibelunterricht gehabt und sich vielleicht mit Luthers Übersetzung abgemüht hatte, die auch nicht klarer ist als die King-James-Bibel:

> Ihr werdet eurer Sünde innewerden,
> wenn sie Euch finden wird.

Dergleichen knallrote Sprüche glühten entlang der ganzen Strecke von Jack Pine bis Speedwell auf kleinen und großen Felsbrocken, auf Bretterzäunen und den Winkeleisen der Eckpfosten. Jeder, der an ihnen vorüberging, erfuhr, dass seine Sünde ein erbarmungsloser Bluthund war, der ihn aufspüren würde; oder dass ihm Zorn drohte:

> BEWARE THE WRATH TO COME
> THE WRATH OF GOD ABIDITH ON YOU
> Fürchte den Zorn, der kommt
> Der Zorn Gottes bleibt über dir

Nur die Meilen von Stacheldraht und die dünnen Weidenpfosten verweigerten sich den roten Worten des Fremden.

Was für ein wundervoller Klang: „wra-a-a-th.“ Dein breiter Mund, dein ganzes Gesicht spürt das Zischen, den Rhythmus, die Wucht dieses Wortes, und wenn ich es damals gesagt hätte, dann hätte ich es gesungen. Die Farbe auf einem Felsblock in dem Tälchen unterhalb der Kirche nahe dem Bachbett wurde zu den ersten Lauten, die bewusst gebildet zu haben ich mich erinnern kann. Dieser besondere Felsblock sah aus wie die knotige Fingerspitze einer ungeheuren, tief in der Erde vergrabenen Hand:

Sie konnte einen zwar in eine Richtung weisen, war aber zu klein für einen ganzen Fluch, und dem Fremden blieb nichts anderes übrig, als ein verschlüsseltes Drohsignal darauf zu malen, das, so hoffte er wohl, einen dazu treiben würde, seine ganz persönliche Verdammung selbst zu entdecken:

JAS. 4:4
Jak. 4:4

Abe muss mir erklärt haben, dass JAS. den Brief des Jakobus im Neuen Testament bedeutete, Kapitel 4, Vers 4. Die „Vieren“ taten es mir an, nicht weil ich die heilige Zahl der Cree kannte – es war mir noch nicht bewusst, dass sie seit Jahrtausenden auf derselben warmen Erde gelebt hatten, auf der ich barfuß ging, und immer noch mehr oder weniger unsichtbar um uns herum lebten – nein, es hatte etwas mit den drei kurzen Lauten zu tun: „James four four“, mit der Wiederholung „four four“. Jene Laute waren es ... Ganz kurz erlangte die buchstäbliche Bedeutung von Wörtern wieder Geltung: „James chapter four verse four“ (Jakobus Kapitel vier Vers vier); ... aber dieses schwerfällige Stampfen wollte mir nicht gefallen, also ließ ich „chapter“ weg und rhythmisierte „verse“ ins Unsinnige und fing zu psalmodieren an:

James four, ver-si-ty four

Da, da, da-da-da, *da.* Die Bedeutungen der Laute einer Sprache sind zunächst immer nebensächlich; es sind ihr Klang und Rhythmus, die sich dem Gedächtnis zuerst einprägen.

Und rote Worte auf Felsen geschrieben und gesungen, sie sind unauslöschlich. Das war kein sanftmütiger Predja Enns, der gütig Verse aus der Bibel las: vielmehr schrien hier, wie Jesus einst prophezeit hatte, plötzlich die Steine selbst. Hier, in unserem steinigen Land.

~

Auf der Silberhochzeit meiner Eltern am 19. Januar 1939 war ich vier Jahre und dreieinhalb Monate alt. Die Feier hat wohl in unserer Kirche auf dem Hügel stattgefunden. Die Mennoniten-Brüdergemeinde von Speedwell zählte etwa achtzig erwachsene Mitglieder, also mindestens zweihundert Menschen in dreißig Familien, aber die gesamte Gemeinde aus beiden Schulbezirken, etwa dreihundert Menschen, kannte meine Eltern, und nicht mehr als die Hälfte von ihnen wird sich in das Gebäude einschließlich Empore gedrängt haben. An Einzelheiten habe ich keinerlei Erinnerung, aber vier Schwarzweiß-Photos von diesem Tag haben überlebt und, unbegreiflicherweise, zwei Gedichte aus dem Gottesdienst.

Die Gedichte waren „Glückwünsche“ und wurden auch „Vergissmeinnicht“ genannt, sie waren von Hand ins Reine geschrieben, wurden laut vorgetragen und dann dem Hochzeitspaar überreicht. So war es Brauch bei den russischen Mennoniten, um Eltern öffentlich zu ehren. Das Gedicht, das von Dan dargeboten wurde, hieß „Silberhochzeit“ und bestand aus acht gereimten sechszeiligen Strophen; darin wird durchgehend das Bild vom Leben als Seereise verwendet, mit Jesus am Steuerruder des Schiffes –

dessen einzige Passagiere das Paar zu sein scheint – und dass der Erlöser sie trotz der vergangenen „neuntausend Tage“, in denen sie von den „Wellen der schäumenden Zeit herumgeworfen wurden“, am Ende sicher in den Hafen ew'ger Lust führen werde.

Auf Abes Vortragsblättern ist über seinen Namen und die Widmung ein Kranz aus Apfelblüten geklebt. Das Gedicht hat den Titel: „Gnade, nichts als Gnade“, und ebensowenig wie Dans Gedicht enthält es ein einziges faktisches Detail aus dem Leben unserer Eltern: wie sie sich kennenlernten, wie sie die Jahre der Trennung, Weltkrieg und Bürgerkrieg, Revolution, Anarchie, Pest, Hunger, Verfolgung, Staatenlosigkeit und Flucht überlebten, die sie um die halbe Erde trieb. Das einzige denkwürdige Bild ist in Strophe drei, wo es heißt, dass heute ihre bisherige gemeinsame Lebensreise vor ihnen liege wie eine Halskette aus fünfundzwanzig Perlen: als herrliches Zeugnis der Gnade Gottes.

Bei der tiefen, demütigen Frömmigkeit meiner Eltern – besonders der meiner Mutter an solchen Tagen – müssen sie tief bewegt von diesen Versen gewesen sein; vielleicht am stärksten von denen Abes, weil sein Gedicht für diesen Anlass vielleicht von „Dichta“ Friesen, wie er sein Leben lang genannt wurde, verfasst worden war, „Dichter, Schriftsteller“ Heinrich D. Friesen, der mit seiner Frau Katharina und zehn Kindern mehrere Jahre lang im Speedwell Bezirk eine Farm zu bearbeiten versuchte. Als wir Jahre später nach Coaldale in Alberta zogen, kannte ich ihn als einen kleinen, weißbärtigen Alten, der einen irritierend direkt unter buschigen Augenbrauen hervor anblickte, der klassische Dorfbarde der russischen Mennoniten, den man anlässlich einer Hochzeit, eines Geburtstages, einer Einweihung oder einer Beerdigung bat, etwas zur Erinnerung zu verfassen und der dann im richtigen Augenblick vortrat und mit erhabener Intensität, geschlossenen Augen und zurückgeworfenem Kopf seine Worternte zu deklamieren pflegte, in denen sich die Empfindungen der ganzen Gemeinde bündelten. Man erzählte sich, dass Dichta Friesen seine Verse oft in nächtlichen Träumen kamen und er dann aufzustehen und sie auf die weiß verputzten Wände seines Hauses zu schreiben pflegte, damit er sie noch genau wisse, wenn er am Morgen aufwachte.

Heinrich Friesens Enkelsohn Ed teilt mir mit, dass er mit seiner Familie Speedwell 1937 verließ, aber ich glaube, dass meines Bruders verblasste Handschrift ein Original von Dichta Friesen ist. Vielleicht hatte Abe ihn in einem Brief darum gebeten, und kein mennonitischer Barde, der sich (wie Friesen in seinen Erinnerungen schreibt) von Kindheit an von Gott zum Dichter berufen fühlte, hätte eine solche Bitte abgeschlagen.

Mit einer Box-Kamera von 1939 konnte man keine Innenaufnahmen machen; die vier Bilder von der Silberhochzeit zeigen unsere Familie im Januarschnee auf dem Franka-Hof. Eines ist eine Großaufnahme in Hochformat von unseren voneinander getrennt stehenden Eltern, wobei mein Vater in einem Winkel zu meiner Mutter steht und, wie immer, den Blick auf etwas in der Ferne gerichtet hat, als wäre er im Begriff, vor ihren Augen davonzugehen, über Kontinente und Ozeane – vielleicht zurück nach Russland. Sie aber ist unbesorgt; sie schaut direkt in die

Kamera. Sie ist dreiundvierzig, ihr faltiges Gesicht fest entschlossen.

Wir neun Kinder, einschließlich Gust und Enkelsohn Tony, aber ohne das Baby Eldo, drängen uns eng aneinander, fast, als fühlten wir uns von der gewaltigen Weite aus Schnee und Himmel, dem Geäst der Pappeln und ein paar borstigen Fichten am Horizont bedroht. Wir stehen mit dem Rücken zum Stangenzaun; das verfallende Haus der Frankas links von uns ist nicht zu sehen. Über dem Gartenzaun hinter uns hängen gefrorene Bettlaken.

Warum sind an einem Festtag Bettlaken zum Friertrocknen aufgehängt worden? War jemand in unserer Familie Bettnässer? Liz bestimmt nicht mit ihren fast acht Jahren; das hätte nur ich sein können. Oder vielleicht, dass Helen sich erbrochen hat; ein Jahr später würde sie beginnen, alle Krankheiten in der Familie in ihrem winzigen Notizbuch aufzuzeichnen, das mit ihr selbst in der dritten Person begann:

> 1940. Helen Wiebe wurde am 5. Jan. krank. An ihrem Geburtstag (ihrem zwölften). war ziemlich lange krank musste am 13. Jan. ins Hospital (North Battleford), wurde am selben Tag operiert am 13. Jan. um 5 nachmittags. Ging ihr sehr schlecht, erhielt Wasser um den 15., zu essen am 16., dann am 24 Jan. kam sie heim. Ging ihr immer noch sehr schlecht dann in der Nacht wohl am 26. Jan wurde es ganz schlecht,

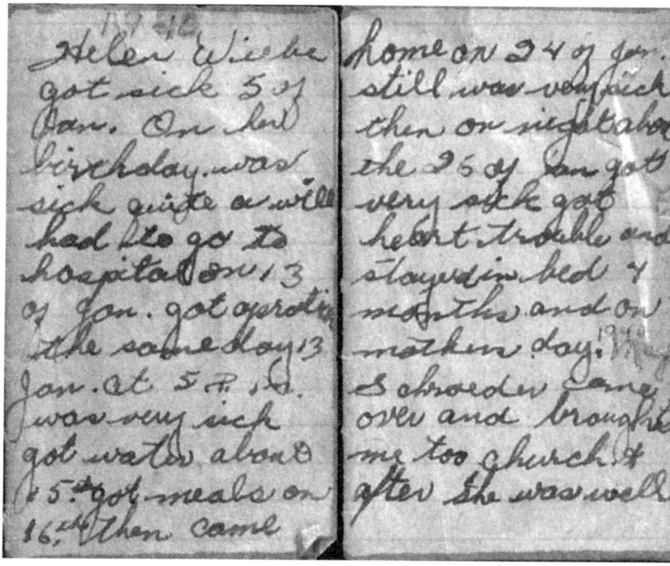
Helen Wiebe
got sick 5 of
Jan. On last
birthday was
sick quite a while
had to go to
hospital on 13
of Jan. got operation
the same day 13
Jan. at 5 P.M.
was very sick
got water about
15th got meals on
16th then came
home on 24 of Jan.
still was very sick
then on Saturday
the 26 of Jan got
very sick got
heart trouble and
stayed in bed 4
months and on
mother day! May
Schroeder came
over and brought
me to church &
after she was well

bekam Herzbeschwerden und blieb 4 Monate im Bett und am Muttertag (12. Mai) kam Schroeder (mit seinem Lastwagen) und fuhr mich zur Kirche & danach ging es ihr gut.

Bei dieser Operation 1940 wurde ihr der Blinddarm entfernt, aber schon als Kleinkind auf der Flucht unserer Familie über Moskau nach Kanada hatte Helen diese latenten „Herzbeschwerden“. Die „Beschwerden“ wurden schlimmer, als sie bei jedem Wetter, das Saskatchewan zu bieten hatte, einen meilenlangen Schulweg zurücklegen musste. Sie sollten erst mit ihrem Tod aufhören.

In jenem Frühling aber konnte sie mit dem gerade erkennbaren kleinen Eldo an ihrer Seite immer noch durchs Fenster unseres Wohnzimmers lächeln; und die Außen-

welt, in der sie sich nicht bewegen konnte, spiegelte sich im Fenster, das sie schützte.

~

Ich erinnere mich nicht, als kleiner Junge Bettnässer gewesen zu scin und die Familie hat mich nie deswegen aufgezogen. Winters hatten meine Eltern einen Nachttopf mit Deckel unter ihrem Bett, den sowohl sie als auch wir kleineren Kinder nachts benützten, und bevor mir Unfälle auf dem Franka-Hof zustießen, kann ich mich nur an die Kirchenempore als einen Ort möglicher Anfechtung erinnern: das Gemurmel der Leute, die nach dem Sonntagsgottesdienst in den Kirchenbänken unten miteinander redeten, und die riesigen Hände von Onkel („Mister") Aaron Heinrichs.

Ich kann mich nicht an sein Gesicht erinnern, obwohl es manchmal wie eine Ahnung, groß und offen, unscharf in meinem suchenden Gedächtnis aufzuleuchten scheint. Seine Tochter Gilda, Abes Frau, gab mir ein grobkörniges Photo, das ihre Familie an seinem halbgeöffneten Sarg zeigt, aber selbst das weckt keine Gewissheit. Er hatte offenbar die lange Nase der Heinrichs, aber er war ein großer Mann, und der etwas schräg stehende Sarg verbirgt seine gefalteten Hände. Seine Trajchtmoaka-Henj, seine „Zurechtmacher"-, seine Heiler-Hände hatten sehr kurze, sehr breite Daumen, die in einer Kombination von Wissen, Güte und Intuition, nach einiger Zeit nachdrücklichen Einsatzes, wo immer sie auflagen und Wärme in einen Körper arbeiteten, diesen mit Sanftheit und Geschick aus einer schmerzhaften Unordnung in eine vollkommen gute Verfassung überführen konnten. Neben dem Dorfdichter und der Hebamme hatten die russischen Mennoniten auch die Tradition des Trajchtmoaka, die über Preußen bis ins mittelalterliche Friesland zurückgeht, und in Zeiten, als Ärzte noch selten waren – und auch sie nur über wenig genaues Wissen für ihre Diagnosen verfügten – war Gottes Barmherzigkeit in Gestalt der unerklärlich findigen Hände eines Heilers bei uns. Aaron Heinrichs war ein Schamane in der Wildnis Saskatchewans – obwohl die Menschen in Speedwell, vielleicht mit Ausnahme der Metisfamilien der Naults und Brieres, ihn nicht so bezeichnet hätten. Wenn man sich einen Knochen gebrochen hatte oder ein fauler Zahn zur Qual wurde, fuhr man zu seiner Heimstätte; hatte man ein dauerhaftes körperliches Problem, das man nicht länger ertragen konnte, sprach man ihn schließlich nach der Kirche an und stieg mit ihm über die offene Treppe hinter den Bänken der Männer in die Ungestörtheit der Empore hinauf. Sonntag für Sonntag.

Offenbar habe ich gestottert. Ich war viereinhalb, als Aaron Heinrichs, unerwartet und zu jedermanns großer Trauer, im April 1939 starb, und meine frühe Sprechweise scheint, das erzählten meine Geschwister mir lachend, wie „eine leere Heuraufe, die über die Steine von Speedwell klappert", geklungen zu haben. Wie lange es auch gedauert haben mochte, bis er mit seinen großen Daumen diese Steine in meinen Schultern, meinem Hals und der Basis meines Schädels wieder zurechtgeschoben hatte, ich kann mich nicht erinnern, je gestottert zu haben. Vielleicht war es die vorübergehende Behinderung eines aufgeweckten Kindes, das Wörter schneller ausstoßen wollte, als sein Kehlkopf sie formen konnte, und die Behandlung war bereits im Gange, als die Bilder von der Silberhochzeit mich in meinem ersten Anzug und mit der ersten Krawatte zeigen – das Jackett sitzt ein bisschen eng um die Schultern – aber ich habe keine Erinnerung daran, dass mein Körper verändert oder länger geworden sei unter Händen, von denen ich weiß, dass ich sie gesehen und gespürt habe; keine Erinnerung an den Schatten eines riesigen Mannes, der sich über mich beugt. Nur undeutliche Bilder von Dreierreihen von Bänken ohne Rückenlehnen auf einer engen Empore, von zwei Fenstern und Bäumen, die vor dem steilen Dach der Eingangshalle im Licht flackerten, von jenen Händen, die sich, die unvergesslichen Daumen schon gereckt, mir näherten.

~

Für jeden, der von einer Farm leben muss, kommt zuerst das Land, dann das Haus. Das Franka-Haus bestand aus drei aneinandergebauten Einraumhütten aus Baumstämmen, die zu verschiedenen Zeiten roh zusammengefügt worden waren, und einem geschlossenen Türhäuschen, das an die Küche angesetzt war. Die Decke war so niedrig, dass nur drei Stämme unter und zwei Stämme über dem einzigen Fenster in jedem Raum waren; von innen waren die Dachsparren aus Stangenholz sichtbar, von außen waren sie auf gleicher Höhe wie die Oberkante der Fenster. Das Dach war in der Mitte gerade mal drei Fuß hoch und die Dachpappe so zerfetzt, die Dachbretter so verzogen und verrottet, dass wir schon beim ersten Regen eine Katastrophe erlebten. Der einzige Platz im Hause, der trocken blieb, war unter dem Wachs tuch des Küchentischs. Ich erinnere mich, dort mit Liz gehockt zu haben, während Mam, Mary und Helen herumrannten und Eimer, Wannen, Schüsseln, Tassen dort hinstellten, wo es am schlimmsten tropfte. Die verzogenen Bodendielen mit den breiten Rissen waren in allen drei Räumen mit Gegenständen bedeckt.

Unsere Mutter liebte Ordnung; ihr Haus war immer opp'jeriemt, aufgeräumt und sauber, und sie litt sehr darunter, in solchem endlosen Durcheinander leben zu müssen. Aber sie stimmte zu, dass wir aus unserem neuen, gut gebauten CPR-Haus mit seinem luftigen Obergeschoss unter einem wasserdichten Dach in diese Hütten ziehen mussten wegen der Franka-Felder. Es waren drei insgesamt etwa sechzig dem Busch abgerungene Morgen; das größte Feld lag östlich des Hauses, an einem sich der Frühlingssonne zuneigenden Hang, und hinter einem schmalen Tal nördlich davon, wo im Frühling das Wasser durch die Weiden floss, lag ein weiteres, fast genauso großes Feld. Das dritte begrenzte an zwei Seiten den offenen Farmhof und ein Teil davon war der Garten, leicht zu erreichen und so groß, wie man ihn als Hausgarten haben wollte.

Der Stall aus dünnen Stämmen kauerte noch niedriger als das Haus; sein Dach war flach und mit Grassoden gedeckt, aus dem Gestrüpp wuchs, das so hoch wie unser Getreidefeld im Sommer war, und leckte noch lange, nachdem es aufgehört hatte zu regnen. Der Hof hatte keinen Brunnen, aber hundert Yards jenseits der Bäume hinter dem Stall gab es ein Wasserloch, wo man das Vieh tränken konnte, und einen daneben gegrabenen Sickerbrunnen, in dem sich Sumpfwasser sammelte, das trinkbar war – wenn man kein anderes hatte. Pah behauptete, dass unser Pripps, das Getränk aus gerösteter, gemahlener Gerste, das alle Mennoniten anstelle unerschwinglichen Kaffees oder Tees tranken, ihm noch besser schmcckte, wenn er mit Wasser aus diesem Brunnen aufgebrüht war. Aber bis man es in Eimern zum Haus getragen hatte, war ein weiter Weg, und Kühe, die sich durch schwammiges Moos kämpfen, um in einem Sumpf offenes Wasser zu erreichen, bleiben manchmal stecken: Wenn sie erst bis zum Bauch eingesunken sind, kämpfen sie solange, bis sie in dem braunen Wasser, das an ihnen hochsteigt, verschwinden, ehe jemand erfährt, dass sie in Schwierigkeiten sind. Tatsächlich kann keine Kuh eine andere aus einem Wasserloch oder Moor in Saskatchewan retten; genauso wenig wie ein abgeschirrtes Pferd.

Pah liebte dieses Land. Er sitzt auf unserer acht Fuß Scheibenegge mit angezogenen Zügeln, die vier Pferde sind versammelt und bereit: Die nebeneinander gespannten Rotfüchse Prince und Jerry, auf die er besonders stolz war, zusammengeschirrt mit der breiten Bell außen und ihrem Jährling Floß mit der Blesse dazwischen. In der Ferne duckt sich der sodengedeckte Stall auf der Erde, die Zweige der Pappeln am Horizont sind laublos, er aber eggt schon das große Feld neben dem Haus, zerkleinert und wendet die Stoppeln vom letzten Jahr um für die Einsaat. Es ist so früh im Jahr, dass er in den kurzen Gummischuhen noch seine kniehohen Winterstiefel anhat. Er ist umgeben von grauer Ackererde und verrotteten Strohklumpen und nur zwei faustgroße Steine sind zu sehen. Das war der Franka-Platz, wie wir ihn immer nannten, selbst nachdem wir auch von ihm weggezogen waren auf das südöstlichste Viertel von Sektion 9, Township 53, Range 17, westlich des 3. Meridians.

Wir lebten dort von dem Herbst an, als ich vier, bis zum Sommer, bevor ich acht wurde. Natürlich kannte ich weder die amtlichen geographischen Koordinaten, noch sah ich das Vermessungshügelchen, das unter dem Laub und den jungen Espen fast nicht mehr zu erkennen war: Darin stak der schwarze, flach gehämmerte Eisenstab mit jenen eingravierten Zahlen und der Warnung:

> Es ist gesetzwidrig, diese Markierung zu entfernen. Höchststrafe: 7 Jahre Gefängnis

Kein roter „Zorn" von nun an und auf ewig, wie der Fremdling geschrieben hatte, aber furchteinflößend genug und auf dem zurechtgeschnittenen Stück Eisen so seltsam wie unvermutete Worte auf Stein.

Jahre später fand Dan so eine Eckmarkierung für mich. Und ich habe wirklich nicht empfunden, dass sie etwas Drohendes enthalten hätte; vielmehr, wie völlig belanglos der dünne, in diesen undurchdringlichen, unbegreiflichen Busch gesteckte Stab wirkte; als ob, im Vorbeihuschen eines Landvermessers, das so schnell ging wie das *Ping*, wenn man den Stab in die Erde schlug, gerade seine Kleinheit auf dieser faltigen Erde Besitz geltend machen und sie in ein willkürliches Meilengitter zwingen könnte wie die von den Ingenieuren des römischen Imperiums gebauten Straßen; als ob ein einziger Mensch mit einem winzigen Instrument, ungeachtet der unveränderbaren physischen Labyrinthhaftigkeit des Landes, es aufteilen könnte in Rechtecke kleiner als eine Quadratmeile, mit Erschließungsstreifen Kerben in die Kronen seiner Bäume über lange Gletschermoränen und Sümpfe hinweg und durch dichte Pappel- und noch dichtere Fichtenwälder legen könnte, über Wasser und Täler so kerzengerade wie das Auge sehen konnte, gleichgültig, wo der sich schließlich ergebende Pfad eine Biegung machen musste, so dass von Menschen geführte Pferde auch wirklich schwer beladene Wagen in Schluchten hinab, um bodenlose Sümpfe herum und steile Hügel hinauf schleppen konnten. Und man stelle sich vor, solche Stäbe könnten erklären: Dieses Land gehört mir! Ein Eisenstab von einem halben Inch Dicke, den man in den borealen Urwald geschlagen hat: Wer je einen findet und herauszieht, muss vielleicht sieben Jahre in einer Zelle von sechs auf acht Fuß aushalten.

Unser Vater verbrachte die letzten vierzig Jahre seines Lebens in Kanada, und Lachen war für ihn immer der beste Weg an hässlichen Erinnerungen vorbei. „Ne, ne, nich hia!" Nein, nein, nicht hier. Nie hat in tiefer Nacht die Polizei an unsere Tür geklopft. Ich erinnere mich, ein einziges Mal in Speedwell Polizei gesehen zu haben, und da war ich neun. Die beiden scharlachroten Männer lenkten ihren Streifenwagen mit dem Wappen am hellen Tag auf unseren Hof – wir hatten ihn schon gehört, als er noch eine halbe Meile entfernt war – und wir alle kamen, um sie zu begrüßen. Sie stiegen aus und setzten sich beide korrekt ihren Hut auf. Ein Nachbar hatte die Einbürgerung beantragt, und nach ein paar Fragen, um gewisse Fakten zu bestätigen, die wir Kinder in beide Richtungen übersetzten, nahmen die Polizisten die Gastfreundlichkeit eines Glases kalten Wassers aus dem Brunnen an, kletterten wieder in ihr Auto und fuhren davon.

~

Auf unserer neuen Farm wurden mir allmählich die gewaltigen Unterschiede zwischen meinen Eltern bewusst. Es war nicht einfach, das erbärmliche Haus und das Geld und die viele Zeit, die wir brauchten, um diese Koht, dieses Loch, bewohnbar zu machen – was wir taten – aber mit fünf oder sechs macht man sich darüber keine Gedanken. Wir lebten, wo wir lebten, und wenn es auf diesem Hof keinen Hang gab, auf dem man ein altes Rad immer schneller hinabreifeln konnte auf den Pferch zu, wo die Kühe in einem Schleier aus Rauch gegen die Schnaken gemolken wurden, so gab es hier eine breitere und ebenere Fläche mit zwei hohen Pappeln in der Mitte und einem Balken, der krumm zwischen ihren Ästen lag, an den man Seile hängen konnte für eine lange Schaukel, oder wo mit einem Flaschenzug ein totes Schwein hochgezogen und aufgeschlitzt werden konnte. Aber jetzt, da die drei anderen Kinder die meiste Zeit aus dem Hause waren und unsere Eltern auf unserer wachsenden Farm enger zusammenarbeiten mussten, hatte sich die Familie spürbar verändert.

Tina und Gust hatten inzwischen drei Kinder im Vorschulalter und selbst eine Heimstätte zu bewirtschaften, drei Meilen Buschland entfernt. Wie die meisten jungen Männer aus Speedwell arbeiteten Abe und Dan vom zeitigen Frühjahr bis in den Spätherbst hinein auswärts auf den Zuckerrübenfeldern im Süden Albertas und verdienten gutes Geld für die Familie; im Winter besuchte Abe die Bibelschule, während Dan für die Lobes als Holzfäller arbeitete. Aber besseres Wetter, gute Ernten auf besserem Land und Kanadas Wirtschaft, die von der Krise auf den Zweiten Weltkrieg umschaltete, verlangten Entscheidungen: Soll man eine weitere Kuh kaufen und mehr Kälber aufziehen – hatten wir genügend Kühe, um einen eigenen Bullen zu halten? – oder brauchten wir mehr Säue, um mehr Schweine zu verkaufen, oder soll man über Methoden nachdenken, wie man bessere Pferde züchten konnte?

Jeld, Jeld, schricht de gaunze Welt.

Geld, Geld, schreit die ganze Welt.

1941-42 gab es mehr Geld, sogar in unserer Welt im Busch, das man aber, wie Mam sagte, nicht immer unserem Pah anvertrauen durfte.

~

Geld hatte nichts damit zu tun, wie sie sich kennenlernten. Im Russland des Jahres 1897, auf dem Friedhof des Dorfes ihrer Orenburger Mennonitenkolonie, stand die kleine Katerina Knelsen und weinte, als der Sarg ihrer Mutter Susanna Knelsen, geborene Loewen, fünfundzwanzig, in den schlammigen Boden abgelassen wurde. Und dann stellte sich Abram Wiebe, der Sohn Jakob Wiebes vom Hof auf der anderen Seite der Dorfstraße gegenüber den Knelsens zu ihr und tröstete sie. Sie war zwei, er neun Jahre alt.

Genau ein Jahrhundert später bin ich zum ersten Mal in jenem Dorf, das einst Nummer Acht Romanowka hieß, nach dem Zaren. Hinter der einzigen langen Straße, gesäumt von heruntergekommenen Häusern, Schuppen und ungeschnittenen Obstgärten und riesigen, mit massigen Krähennestern behängten Bäumen, liegt der Friedhof auf der Steppe, die sich nach Süden bis zu den wundervoll gefalteten Hügeln der Nummer Acht am Horizont erstreckt. Dafür, wie unsere Familie hier begann, gibt es wenig Erklärungen: Hat mein Vater meine fassungslos weinende Mutter auf den Arm genommen, stand er vielleicht dicht an ihrer Seite und hat ihre Hand ergriffen, sie zwischen seinen Händen in der Herbstluft gewärmt? Welcher neunjährige Junge aus einem Mennonitendorf würde auf diese Weise die Aufmerksamkeit auf sich ziehen, bei einer Beerdigung, umgeben von allen Menschen, die er kannte? Mam war mit Sicherheit zu klein, um sich daran erinnern zu können; Pah muss es ihr erzählt haben, viel später, oder die Familie oder die Gemeinde hat sie damit aufgezogen – aber wo waren alle die Tanten und Cousinen, was hat mein Großvater Daniel Knelsen gemacht, als sein jüngstes Kind weinte? Irgendwo hier, wo später Maiflieder dicht wie ein zu Purpur gewordenes Parfüm in buschigem Gras steht, zwischen kleinen Mulden, die nichts preisgeben, als dass hier einmal Erde abgesackt ist, Körper verwest sind, hier, irgendwo vor mir, liegt das hundert Jahre alte Grab meiner Großmutter Susanna Knelsen, und ich versuche, Jahrzehnte von Familiengeschichte in Bezug zu stellen zu dem, was an diesem Ort geschah, kurz bevor die jungen Männer des Dorfes Schaufeln nahmen, um Erde hinabzuwerfen, ihren Sarg zu bedecken: zu einem kleinen Mädchen, das weinend am Grab seiner Mutter steht und dem sich ihr zukünftiger Ehemann nähert; zu einer Wärme und Zärtlichkeit, die es in meiner Erinnerung zwischen meinen Eltern nicht gegeben hat.

Kühl und distanziert sagte meine Mutter zu mir: „Wie were je mau tjliene Tjinja." Wir waren ja bloß kleine Kinder.

Als könnte sie sich genau erinnern, aber als habe es nichts mehr zu bedeuten. Diese Kühle drang nicht in die Geschichten über ihren Vater Daniel Knelsen, der zwei Monate nach Susannas Tod wieder heiratete und dessen mennonitisch-patriarchale Zucht an eine Brutalität grenzte, die sie uns ihr Leben lang bedauernd und warnend schilderte. Sie konnte sich an keinen Kuss ihres Vaters erinnern. Wohl aber an jenes Grab – sie beteuerte, die schönsten Erinnerungen an ihre zarte Mutter zu haben, die starb, als sie kaum zwei Jahre alt war, danach jedoch an fast nichts als das Unglück mit ihrer ersten Stiefmutter Tina, die wie im klassischen Märchen ihre eigenen Kinder Maria und Heinrich bevorzugte (zwei weitere starben im Säuglingsalter), und die meine Mutter als Magd und Dienerin für alle arbeiten ließ. Mit sechs melkte sie die Kühe der Familie – bei den Mennoniten traditionsgemäß Frauenarbeit, aber kaum in diesem Alter – kümmerte sich um die Säuglinge und schuftete den ganzen Tag lang in Haus, Garten oder Stall. Nur selten nahm sie am Unterricht in der Dorfschule teil, aber sie war helle und hat sehr gut lesen, schreiben und rechnen gelernt. Unvorhersehbar und ständig wurde sie von ihrem Vater geschlagen, aus welchem vermeintlich berechtigten Grund auch immer, stets, wie sie uns erzählte, mit harter Hand oder einem Stock, mit einem Pferderiemen oder Strick, oft so schlimm, dass sie zusammenbrach, ja sogar blutete.

In der Familie hält sich leise aber hartnäckig das Gerücht, dass Großvater Knelsen Trinker war. Dies war damals in den Dörfern der Mennoniten nur allzu üblich, aber von denen, die etwas Genaueres über meinen Großvater berichten könnten, ist niemand mehr am Leben.

Ende 1913 kehrte mein Vater, der damals fünfundzwanzig Jahre war, von einem vierjährigen unbezahlten Arbeitsdienst für die nationale russische Forstwirtschaft nach Romanowka zurück, den er als getauftes Mitglied der Mennoniten-Brüdergemeinde statt des damals für alle jungen Russen obligatorischen Militärdienstes abgeleistet hatte. Er begann sofort um meine Mutter zu werben, die damals kaum achtzehn war. Bestand ein Teil seiner Anziehungskraft darin, dass er in Mam die Hoffnung weckte, ihrem Vater und ihrer Stiefmutter entkommen zu können? Vielleicht entdeckten sie gemeinsam die Erinnerung an das offene Grab ihrer Mutter; vielleicht sagte er ihr etwas, das sie nicht wusste, aber gerne hörte; das weinende Mädchen und sein kindlicher Instinkt zu trösten, ein Gefühl für sie, das er nie vergessen hatte, oder eine flüchtige Berührung in den Jahren, in denen er sie auf der anderen Seite der Straße aufwachsen sah. Wie ich 1997 selbst feststellen konnte, lagen sich ihre Gehöfte fast gegenüber. Abram Jakob Wiebe war das siebte Kind und der fünfte Sohn, ohne Erbanspruch auf Land, unaggressiv und unter dem Bann seiner älteren Brüder Jakob, Klaus, Peter und Franz. Während der vier Jahre im zweitausend Kilometer entfernten Groß Anadol nahe am Schwarzen Meer, nur unter Männern in Lagern bei der endlos stumpfsinnigen Arbeit, die Wälder des Zaren zu pflanzen, hatte er Katerina Knelsen nicht gesehen. Aber vergessen hatte er sie nicht, und jetzt war sie erwachsen, achtzehn, „alt genug zum Heiraten", wie es bei den Mennoniten hieß.

Mam wurde am 19. September 1913 achtzehn. Heinrich, ihr jüngster Halbbruder, war damals drei Jahre alt und vielleicht ein weiterer Grund für Daniel Knelsen, meinen Vater zu entmutigen: „Ploag die nich. Mett onse Tien loohnt sich daut aul nich." Gib dir keine Mühe. Es lohnt sich nicht, unsere Tina zu heiraten.

Seine Tien konnte hart arbeiten, jawohl, war aber immer kränklich, hatte immer die einen oder anderen Beschwerden, ihr ganzes Leben lang: warum also eine heiraten, die einem sowieso bald wegsterben würde?

Wie oft hat unser Vater dieses Drama harrender Liebe und hässlicher Gesinnung erzählt. Auf dem einzigen Photo, das wir von ihm hatten, saß Großvater Knelsen mit Glatze und Bart auf einem polierten Stuhl neben seiner dritten und letzten Frau, Lena Hiebert, nicht einmal halb so alt wie er, die großen Fäuste nebeneinander auf den Schenkeln, die Füße in glänzenden, kniehohen Lederstiefeln, übereinandergeschlagen. Stiefel, die er sich vielleicht selbst gemacht hatte, weil er, wie Dan mir erzählte, wahrscheinlich Schuster war. Seltsamerweise hält er in seiner linken Faust krampfhaft ein dünnes Notizbuch, während er kerzengerade in die Kamera starrt. Denn natürlich hat sich mein Vater „Mühe gegeben" (ploage: wörtlich „sich plagen, quälen") mit „seiner Tien". Sie heirateten an einem Wintertag in der Steppe am 15. Januar 1914, und nach all den Jahren im Hunger leidenden Russland, nach Krieg, Revolution, Kommunismus, nach den Monaten der Flucht über Moskau, nach Zügen und Flüchtlingslagern, Schiffen und wieder Zügen und nach der endlosen gemeinsam durchgestandenen Mühsal in Kanada, mit schließlich sieben Kindern, die 1975 alle verheiratet waren (außer dem, das gestorben war), mit achtundzwanzig Enkeln und achtzehn Urenkeln und nach über einundsechzig Jahren gemeinsamen Lebens, hat Pah auf seinem letzten Krankenlager in einem Hospital in Alberta lachend gesagt:

„Na, Tien ist 'ne Ploag!"

„Schhh", sagte Mam sanft, unter Tränen. „All die alten Geschichten."

~

Wenn unser Vater während des Zweiten Weltkriegs nach Fairholme fuhr, um eine Kiste Weizen oder ein paar fette Schweine zu verkaufen, vielleicht mit einem Kalb hinten am Wagen oder Schlitten, kam er immer zurück mit dem, was Mam ihm aufgeschrieben hatte: Grundnahrungsmittel, Kleider, Farm- oder Haushaltsdinge. Aber manchmal brachte er auch eine Überraschung mit. Ich erinnere mich, wie er einmal eine schön bestickte Doppelgarnitur Pferdegeschirr komplett mit Hinterzeug dabeihatte, eine, wie wir sie schon für das Fahren auf der Straße hatten, die aber für die Feldarbeit nicht gebraucht wurde. Tatsächlich hatten wir sechs Garnituren, genug für jedes unserer Arbeitspferde, aber mein Vater sagte, diese sei besonders robust. Lagerhalter Rempel habe sie als Sonderangebot verkauft und er werde sie auf dem Kornboden aufbewahren, als Reserve, wenn andere Geschirre mal kaputtgingen, was ja immer wieder passiere. Ja, sagte meine Mutter, irgendwann würden wir ein neues Geschirr brauchen, was wir jetzt aber wirklich bräuchten, sei eine Egge! Was er sich dabei gedacht habe, so viel Geld auszugeben für etwas, nur weil man es irgendwann vielleicht gebrauchen könnte?

Dergleichen Auseinandersetzungen dringen tiefer in ein Kind als nur bis ins Ohr; es sind diese groben Fäden, mit denen die schwierigen Muster in den Lebensteppich einer Familie gewebt werden. Das Geschirr ging zurück; ich weiß nicht, ob schließlich mein Vater nach Fairholme fuhr, ob meine Mutter ihn begleitete, oder ob sie mit Dan hinfuhr; ihr Streit wegen der Kühe unseres Nachbarn Johann Martens jedoch war schlimmer. Ich erinnere mich, wie Liz und ich, vielleicht auch Helen, dreizehn oder vierzehn damals, weinten, wenn die immer mageren Kühe von Bauer Martens wieder in unserem Weizenfeld waren und unser Vater sie zwar hinausjagte, aber Martens und seine Söhne nicht zur Rede stellte, sondern stillschweigend die zertrampelte Saat in Kauf nahm: kommt Zeit, kommt Rat, das kann wieder wachsen, ist ja noch früh im Jahr. Aber wenn diese Jammerviecher von Kühen mal drin waren, kommen sie immer wieder! Die Martens sind doch Kirchenmitglieder, da kann man nicht einfach mit ihnen rumschreien. Wer hat was von Schreien gesagt? Na denn! Genauso wird es sein mit dem Martens, das weißt du genau. Ja, ja, aber...

Und am Ende ging Mam, heißer vom Streiten, mit Helen den Pfad zwischen den Bäumen hindurch zur Farm der Martens und kam niedergeschlagen und in ihrem Zorn von Johann Martens gedemütigt zurück, der ut'je'brellt, der Mam angebrüllt habe, fürchterlich, wie Helen sagte und laut schluchzte: Was meiner Mutter einfiele, daherzukommen und ihm was zu sagen, Vieh sei Männersache und sie hätten es doch rausgeholt, sowie sie's gemerkt hätten, und wenn wir unseren Zaun und Draht nicht in Ordnung halten könnten, dann wären wir schlechte Farmer, sie hätten ihren Teil eingefriedet. Was Mam um so mehr aufbrachte, weil sie überzeugt war, dass die Martens eben nicht ihren Teil getan hatten; darüber hatte man sich schon früher und länger gestritten, aber einmal, lange her, habe Pah ihnen das zugestanden, schön, schön, kann sein, dass die Martens ihr Teil getan haben, warum dann, wollte Johann Martens wissen, soone Fru, so'ne Frau! einfach daherkäme und ihn anschreie? Wenn du alles so genau weißt, geh heim, wo du hingehörst und zeig deinem Mann, wie man 'nen Zaun baut. Unsere Mutter, so'ne Frau!

Der Streit wegen Carlo, unseres schwarzen Hundes mit dem weißen Fleck am Hals und den weißen Pfoten, war noch schlimmer. Er war der perfekte Hund zum Viehhüten, zum Spielen, ob im Gebüsch oder auf dem Hof, zum Zieseljagen, zum Kämpfen auf dem Hof um die beiden großen Bäume herum, wenn er seine dicke Zunge zwischen den blendend weißen Zähnen über sein schwarzes Maul fahren ließ, als lache er. Was schrien und weinten wir Kinder: Carlo hatte sich mit aufgeschlitztem Bein und Brustkorb nach Hause geschleppt, wir dachten, wir könnten direkt in sein klopfendes Herz schauen! Nur die beiden Martens-Bestien konnten das angerichtet haben, und Carlo gab nicht klein bei, nie, und Mam sagte, Pah müsse zu

Johann Martens gehen und mit ihm über die beiden Tiere reden, wir mussten über ihren Hof fahren, um auf die Straße zu kommen, wie sollten wir da den Mund halten und unseren guten Hütehund von diesen bösen Viechern so zurichten lassen? Aber Pah wollte nicht gehen; Hunde wären nun mal Hunde, er wolle nicht „jacht“, wolle sich wegen eines Hundes nicht mit jemandem raufen, der jeden Sonntag auf derselben Kirchenbank säße wie er. Wer hat denn was von Raufen gesagt? Geh einfach hin und sag's ihnen, erklär's ihnen, schau dir nur den armen Carlo an!

Er ging einfach nicht. Mein Vater, so schien es mir damals, ich war kaum älter als sechs, war hoffnungslos, vielleicht sogar ein Feigling. Ich hatte erlebt, wie Johann Martens' Augen hinter seinen Brillengläsern einen stechenden Blick bekamen, wie sein Mund unter dem schönen Schnurrbart brüllte, wie ich noch nie einen Erwachsenen hatte sprechen hören; es war furchterregend. Mrs. Martens war dünn, krumm und besaß angeblich die unglaubliche Fähigkeit, für ihre ganze Familie aus zwei Pflaumen und vier Rosinen Plumemoos, süße Pflaumensuppe, kochen zu können, aber sie hat sich nie in die Familienstreitigkeiten eingemischt. Das war Männersache und der stämmige Johann Martens machte sie sehr gut – aber nicht unser Vater. Er war still, gab klein bei, wenn jemand brüllte, und, was am schlimmsten war, erwartete, dass seine Familie sich alles genauso gefallen ließ wie er. Mam war übertrieben versöhnlich, sie wollte mit ihren Nachbarn in Frieden leben, aber es musste ein irgendwie ausgeglichener, ordentlicher, auf Gegenseitigkeit beruhender Friede sein – nicht einfach ein Dulden und Schweigen von uns. Das war kein richtiges Verhalten unter Christen; besonders keines, das Kinder sich abschauen sollten.

Ich wusste damals nichts über die jahrhundertelange Suche der Mennoniten nach einem Gemeinwesen, in dem sie in Frieden leben konnten; besonders miteinander. Ich kannte auch nicht die plautdietsche Maxime, die unter unseren Leuten geläufig war und sehr gut auf Johann Martens hätte gemünzt sein können:

Willst du einen Juden überlisten,
musst du vor dem Frühstück aufstehen.
Willst du einen Mennoniten überlisten,
gehst du am besten gar nicht ins Bett.

Während ich Helen zuschaute, wie sie in Carlos blutigem Fell nach Wunden suchte, und ihr die geöffnete runde Dose mit Watkinssalbe hinhielt, war mir nur soviel klar: unser Pah hatte kein Rückgrat.

Carlo heilte schnell wieder zusammen, wurde so zäh wie früher, und die Narben verschwanden unter seinem langen Fell. Carlo, auf dessen Rücken ich mich setzte, den ich über unseren Hof zu reiten versuchte, bevor ich unsere schweren Farmpferde besteigen konnte. Auf einem Photo, wahrscheinlich vom Sommer 1941, leuchten die zwei weißen Socken eines jener Pferde im Eingang zum von Unkraut überwachsenen Franka-Stall, und ich sitze rittlings auf Carlo, barfuß und in einem Overall mit großen Knöpfen, und kralle mich zum Galopp fest in sein Fell. Aber er hat sich gewappnet, drückt seinen Rumpf fest auf die nackte Hoferde und wartet geduldig, dass ich absteige. Er rührt sich einfach nicht.

Eigentlich gefiel mir die Unverblümtheit der Martensfamilie. Sie hielten nicht hinterm Berg; alles, was sie taten, war gradlinig wie ihr Wesen. Abe und Henry, die Martens-Zwillinge, waren fünf Jahre älter als ich, nicht helle in der Schule, aber immer für Streiche gut, auf die sonst niemand kam, verrückte Sachen, die ich mir noch nicht ausdenken konnte. Sie kletterten auf Bäume, um Eier aus Elsternnestern zu holen, während die großen Vögel sich schreiend auf sie stürzten; sie steckten ihre bloßen Arme in Zieselbauten, in die wir eimerweise Wasser geschüttet hatten, um den Ziesel, wenn er zappelte und gurgelte und rauswollte, zu packen, und wenn er sich dann zusammenrollte und sie biss, ihre abgehärtete Haut höchstens ein bisschen zwickte, da hielten sie ihn auch schon in ihren harten und schwarzgrindigen Händen wie in eisernen Fallen: Schließlich bekam man im Laden von Voth zwei Cent für einen Schwanz, den sie ihm abschnitten und ihn laufen ließen. Bis zum nächsten Sommer würde vielleicht ein neuer nachwachsen, für den es dann wieder zwei Cent gab.

~

An meinem ersten Schultag, am 16. April 1941, dem Mittwoch nach Ostern, saß Katie Martens mir gegenüber am Kindergartentisch in der hinteren Ecke der Schule von Speedwell. Vielleicht konnte sie weniger Englisch als ich, aber ganz ähnlich wie bei ihren Zwillingsbrüdern kamen ihre unbefangen hergesagten Worte immer in einer Art plötzlichen Staunens heraus, aus dem leicht ein breites Lächeln und lautes Gelächter wurde. Oder in der Pause ein lustiges Abzählliedchen:

Jriepa, Piepa
Jrippt mie nich:
Ess soo ful
Enn deit daut nich.

Fänger, Pfeifer,
Fängt mich nicht:
Er ist so faul
Und tut es nicht.

Außer Jackie Trapp, der nordöstlich der Schule nahe an der Hauptstraße wohnte und dessen Vater ein Deutscher aus Rumänien war, kamen wir sieben Schulanfänger alle aus plautdietschen Familien. Unsere Eltern sahen ein, dass wir englischen Schulunterricht haben mussten, weil Kanada uns auf unserer Flucht vor dem gottlosen Stalin zwar aufgenommen hatte, aber nicht erlaubte, in exklusiven, abgesonderten Kolonien zu leben. Also kamen wir Sechs- und Siebenjährige mit unseren Geschwistern zusammen am festgesetzten Tag in die Schule und setzten uns nieder, wo man es uns befahl, auf Bänken an einem langen drei Kieferbretter breiten Tisch, während die acht Klassenstufen der regulären Schüler ihre Pulte entlang den fünf Fenstern auf der Westseite und um den von Sam Heinrichs aus zwei Dieselfässern zusammengeschweißten Ofen herum vorfanden, der auf drei Seiten von Blechen abgeschirmt war: über dreißig Pulte waren es, die dicht bis an die Tafel heran und den Bücherschrank an der Ostwand standen. Dies alles war das Reich von Mrs. Lucy Bush.

Sie war ein gewaltiges Leuchtzeichen aus hellem Haar, das zu nie zuvor gesehenen Formen aufgedreht war, die wir noch nie zuvor gesehen hatten, eine irgendwie überall im Raum zu spürende Gegenwart von Energie mit einer Stimme immer auf dem Absprung in den Weltraum. Obwohl es nie dazu kam, während wir sieben um unseren Tisch herumsaßen, weil wir nach dem „God Save the King", dem Vaterunser und dem Namensaufruf aufgefordert wurden, das Schulgebäude verlassen und, vorbei an der zweisitzigen Mädchentoilette und dem, was nach dem Winter von den Holzstößen übriggeblieben war, über den

Hof in die Lehrerwohnung zu gehen und uns um den ehrwürdigen Mr. Bush herum auf dem Fußboden niederzulassen. Kein Wort, Ruhe!

Das Lehrer-Blockhaus bestand aus zwei winzigen Räumen, mit einem auf einem Bord über dem zentralen Ofen aus Backsteinen sauber gemauerten Schornstein, der durch die Decke hinausführte. Die schmale Schlafzimmertür aus wundervoll zusammengenuteten Brettern, die eine unvergessliche Spur von etwas Süßem an den Fingerspitzen zurückließen, war nie offen. Jahre später, in Vancouver, ging mir auf, dass die Tür aus Zedernholz war. Mr. Bush saß in einem Sessel neben dem Tisch; wenn er den Kopf ein klein wenig drehte, konnte er zum Fenster hinaus- und die Straße hinunterschauen, die zwischen Kätzchenweiden hindurch, über den Sumpf und durch den Einschnitt zwischen den Bäumen auf dem nächsten Hügel, weiter nach Süden auf die Kirche zu und hinter Speedwell hinaus in die weite Welt führte. In einer kleinen Maschine mit einer Kurbel drehte Mr. Bush sich auf dem Tisch Zigaretten – sündhaft, sagten unsere Eltern, die aber nichts tun konnten wegen des Krieges und weil es wenige Lehrer gab. Jede Zigarette schnitt er mit einer Valet-Rasierklinge auseinander, weil, wie er sagte, er nur halb so viel rauchen konnte wie früher. Während er uns Fragen stellte, blies er den Rauch zur Decke.

Was geschah auf den Plains of Abraham?[3] (Katie und ich wussten, dass Abraham in der Bibel stand, aber das war nicht die Antwort.)

Welches ist die größte Zahl, die ihr kennt? (Wenn jemand eine nannte, schrieb er die Zahl auf ein Blatt Papier und gleich die nächste dazu, die immer um eins größer war.) Warum sagt man, dass die Sonne am Morgen aufgeht? (Niemand traute sich etwas zu sagen, und als wir später draußen waren, sagte Katie, das sei doch eine dumme Frage, man könne es jeden Tag erleben, aber natürlich sei Mr. Bush in seinem ganzen Leben noch nie so früh aufgestanden.)

Der Fußboden zwischen der Haustür, dem Tisch und dem Ofen war aus hellem Linoleum, immer sehr sauber, weil wir unser Schuhzeug draußen auf der Stufe ließen und viel Platz für unsere Füße und Hintern hatten. Einer von uns aber lehnte sich immer an den Tisch unter dem Fenster; wir wechselten uns dabei ab, weil auf diesem Tisch eine Reihe gelber Dosen mit MacDonald's Fine Cut Tobacco stand, auf denen das ovale Bild einer jungen Frau war, die, wie Mr. Bush uns ein- oder zweimal die Woche erklärte, eine Schärpe mit dem Tartan der MacDonalds trug, dem größten der Schottischen Clans. Eine Miss Harriet MacDonald, erklärte er ausführlich, habe im Schuljahr 1938-1939 in der Schule von Speedwell unterrichtet, im Jahr nach Mr. Edward Lachner Diefenbaker, dessen Nef-

[3] Anmerkung des Übersetzers: Die Plains of Abraham, ein Plateau unmittelbar vor den Mauern der Stadt Quebec, ist Schauplatz der Schlacht am 13. September 1759 zwischen britischen und französischen Streitkräften. Sie war nach kaum einer Stunde entschieden, ein Meilenstein auf dem Weg Großbritanniens zur Vorherrschaft auf dem Gebiet des heutigen Kanadas.

fe Mr. John Diefenbaker sei, ein glänzender Rechtsanwalt in Prince Albert, einem Städtchen am North Saskatchewan River. Edward Diefenbaker jedoch, so fuhr Mr. Bush fort, sei zu ältlich und intellektuell für Speedwell gewesen. Wie jedes Mitglied des Kuratoriums sofort erkennen könne und wie wir alle sehr wohl wüssten, habe Mrs. Bush hingegen große Erfahrung mit Farmkindern und sei die absolut beste Lehrerin für eine Einraumschule, in welchem Bezirk von Saskatchewan auch immer. Natürlich stimmten wir sieben dem zu.

Wir standen abwechselnd vor jenem Tisch, weil auf den Tabakdosen Kugeln aus gekauten Kaugummis saßen, manchmal zwei, manchmal sogar drei auf jedem Deckel; sie glänzten rosa in der Sonne. Jackie Trapp behauptete steif und fest, dass jede Kugel von dem Tag, an dem wir sie uns ausliehen, bis zum nächsten, an dem wir sie zurückgaben, noch eine Menge Geschmack behalten habe. Mr. Bush – aber vielleicht auch Mrs. Bush, wenn sie nicht gerade unterrichtete – mochte am liebsten Dentyne, aber manchmal vermuteten wir, es sei Wrigley's Spearmint, und Elsie Koehn erkannte sogar Doublemint, weil, wie sie sagte, Mr. Schroeder ihr einmal im Geschäft ein halbes Stück davon gegeben habe, es sei also bestimmt Doublemint! Für mich aber waren die Aromen zu schwach; ich kaute zwar, aber ich erinnere mich besser daran, wie die geschlossene Zedernholztür sich anfühlte und duftete, hinter der ein so kleines Schlafzimmer gewesen sein musste, dass ich mich fragte, wie ein Bett darin stehen konnte, das Platz genug für beide hatte, denn Mrs. und Mr. Bush kamen uns sehr groß vor. Katie lachte und sagte, dass das

Zimmer, in dem alle ihre fünf Brüder schliefen, noch kleiner sei. Jackie Trapp lachte nicht, sondern lächelte nur so angestrengt, dass seine Stirn Runzeln bekam und sich sein bleiches Haar aufstellte, lächelte, als könne auch er uns ein paar Dinge über sein Zuhause erzählen, sagte aber doch nie ein Wort darüber. Er war der Älteste in seiner Familie, ich der Jüngste, aber seltsamerweise waren wir gleichaltrig; vielleicht, so dachte ich damals, weil seine Eltern römisch-katholisch sind – was immer das war.

~

Speedwell School gab es, weil Trajchtmoaka Aaron Heinrichs, der jetzt auf dem Friedhof von Speedwell „ruhte", im Frühjahr 1930 beim Erziehungsministerium von Saskatchewan einen Antrag auf einen Zuschuss für ein Schulhaus eingereicht hatte. Die Landkarte des Schulbezirks, den er nach dem kleinen See weniger als eine Meile östlich des „Vorgesehenen Schulstandorts" Pearl Lake nannte, füllte er aus, indem er den „Namen jedes ortsansässigen Gemeindesteuerzahlers" in die einzelnen Quadratviertel eines neun Quadratmeilen umfassenden Landstücks schrieb. Danach fügte er unter jeden Namen die „Zahl der schulfähigen Kinder, wohnhaft auf jedem Quadratviertel" hinzu. Auf seiner Karte von 1930 stehen vierundzwanzig Landbesitzer, einschließlich der zwei Metisfamilien Briere und des ergrauten Junggesellen George Stewart eine halbe Meile westlich der geplanten Schule; alle übrigen Familien gehörten zur Mennoniten-Brüdergemeinde, die fünfunddreißig Kinder im Alter zwischen sieben und fünfzehn Jahren hatten. August Fiedler und George Lemkey hatten jeweils sechs Kinder, die darauf warteten, die Schule zu besuchen; Aaron und Anna Heinrichs hatten fünf.

Es gab keine Zeit mehr zu verlieren. Die ersten Siedler hatten sich 1925/26 auf Heimstätten in Township 53 niedergelassen, vier bis sechs Meilen entfernt von der Jack Pine School in Township 52, und fünf schullose Jahre waren mehr als genug. Im Sommer 1930, offenbar noch bevor sie den üblichen 500$ Zuschuss von der Provinz für den Baubeginn bekamen, hatten die Heimstättner von Township 53 bereits einen vollständigen Keller ausgehoben, Schulbänke bestellt und entschieden, mit lokalem Holz zu bauen, um Geld zu sparen. Der Bezirks-Schulinspektor aus Mervin, D. L. Hicks, schrieb einen verärgerten Brief nach Regina den „Speedwell School District No. 4860" betreffend – woher kam dieser eigentümliche Name? In Pflanzenbüchern steht, dass kleine blaue Blumen mit dem Namen „marsh speedwell", Moor-Ehrenpreis, im gesamten westlichen borealen Wald wachsen, doch noch nie hatte jemand eine solche Pflanze in unserem Bezirk gesehen. Mr. Hicks beklagte sich:

> ... alles wurde ohne Rückfrage bei mir durchgeführt ... Ich würde ganz gewiss kein Blockgebäude empfehlen, weil sie eine Schule brauchen, die für diese Bauweise zu groß ist... Den Schriftführer, einen Mr. Heinrich, bat ich, festzustellen, mit wie viel freiwilliger Arbeitskraft man rechnen könne... Ich bin jedoch ganz ehrlich der Meinung, dass die Freiwilligen ihre Zu-

sagen nicht halten werden. Tatsache ist, dass in diesem Bezirk ein dringender Bedarf für eine Schule besteht, weil dort gegenwärtig zwischen dreißig und fünfunddreißig Kinder im Schulalter sowie eine beachtliche Zahl im Vorschulalter wohnhaft sind. Im gesamten Gebiet sind nicht mehr als 500 Morgen Land unter Bearbeitung (von möglichen 5.760 Morgen), viele der Leute sind sehr arm, manche fast am Rande des Verhungerns und können sich keine großen Hypotheken leisten (um ein Schulgebäude zu finanzieren). Ich weiß keinen Rat, wie dieses Problem zu lösen wäre...

Der Oberschulinspektor in Regina erhielt diesen Ich-halt-mich-raus-Bericht am 3. Januar 1931. Doch schon im September desselben Jahres war Annie Born, eine junge Mennonitin aus Hepburn in Saskatchewan in den Norden gezogen, um fünfunddreißig Kinder in acht Klassen im fertiggestellten Block-Schulhaus zu unterrichten. Trajchtmoaka Heinrichs und seine umbenannte Gemeinde hatten in harter Arbeit und bester genossenschaftlicher Pionier- (und Mennoniten-)tradition das Problem gelöst.

„Annie hat ein Jahr lang in Speedwell unterrichtet", erzählt mir Gust 1995. „Dann heiratete sie meinen Cousin Albert Lobe, aber sie musste ein weiteres Jahr unterrichten, bis man eine neue fand, und das war damals während der Depression wirklich schwer."

„Erinnerst du dich, wie die Schule gebaut wurde?"

„Ich hab die Stämme dafür zugeschnitten, innen und außen flach! Ich hatte ja meinen Ausweis als Dampfmaschinenführer. Wir hatten große Bankskiefern dort, und die ließen wir durch unser Sägewerk laufen, vierzig Fuß lange Bankskiefern."

Großartige Kiefern wuchsen auf jenem von Gletschern geschliffenen Land, das bis dahin von Generationen weniger Jäger bewohnt gewesen war; ganz im Gegensatz zu dem vorsintflutlichen Gebeinfeld des sich bekriegenden Europas, wo, wie George Orwell schreibt, jeder Krümel Erde viele Male in Blut getränkt worden ist. Und obwohl man das Land um Speedwell schon vor Jahrzehnten geräumt und Viehweiden daraus gemacht hat, haben diese zurechtgesägten und aufeinandergeschichteten Bäume bis heute überdauert. Die Lehrerwohnung und die Toiletten, Dach, Decke, Fußboden, Fenster, Türen, der hohe Ziegelschornstein, dies alles ist verschwunden, der Lehmverputz, der lange von Schindelnägeln gehalten worden war, ist schließlich vom Schnee gesprengt und vom Regen abgewaschen worden, aber das verwitterte Rechteck aus grauer Bankskiefer, in dem ich Englisch lesen lernte, steht immer noch Balken um Balken aufgeklaftert über dem rissigen Betonkeller, mit wundervollen Schwalbenschwanzverbindungen an den Ecken, unverrückbar wie Fels. Und jeden Mai übertupfen die Blätter der Espen, die jetzt dicht darum herum wachsen, die Wände nach und nach mit ihrem flickernden Grün. Fast, als wäre diese von Menschen geschaffene Extrusion auf dem weiten Land ein lebendiges Wesen und würde wie ein Kaninchen oder Schneehuhn im Licht des Frühlings wieder seine Sommerfarben annehmen.

Die Tischplatte trägt Spuren von Bleistiften, Farbkreiden, Messern und Rasierklingen; Mrs. und Mr. Bush; rosa Kugeln geschmacklosen, immer wiedergekauten Kaugummis; Blätter; die Buchstaben des Alphabets, mit denen man „rudy wiebe“ oder „jack trapp“ legen konnte und sich nur das „r“ einmal wiederholte: das waren zweieinhalb Monate Kindergarten in Speedwell School. Wenn auf den Steinen an der Straße zur Schule roter ZORN gewachsen ist, so kann ich mich nicht daran erinnern; mir musste niemand mit Gott drohen, um mich die wachsende Macht der Worte spüren zu lassen.

~

Zwei Monate Kindergarten sind mir in lebendiger Erinnerung geblieben, aber vom ganzen ersten Schuljahr weiß ich nichts mehr. Die Akten des Schuljahres 1941-1942 weisen aus, dass Mr. Isaac Braun unser Lehrer gewesen ist, der im folgenden Jahr vier Meilen weiter nach Süden gezogen ist, um an der Jack Pine School zu unterrichten; er verließ also unser Gebiet nicht. Tatsächlich heiratete er Doris Heinrichs, Aarons Tochter, in unserer Kirche, wo Doris meine Lehrerin in der Sonntagsschule war. Ich vermute, Isaac Braun war ein so guter Lehrer, dass seine einjährige Anwesenheit in Speedwell völlig darin aufging, mir alles beizubringen, was ich liebte und brauchte; als wäre ich in einen riesigen Turtle Lake gefallen, wohin wir sommers ein- oder auch zweimal mit Pferden und Wagen sieben Meilen nach Westen quer durch den Busch fuhren, um zu spielen, zu fischen und unter den Bäumen über den Felsen und heißen Steilufern aus weißem, blendendem Sand zu picknicken. Jenes Jahr mit den Anfängen in einer anderen Sprache, mit Lesen, Schreiben, Rechnen, wieder Lesen, mit Nachschlagebüchern, Rechtschreibung, seelischen Erschütterungen, Ärger, Ungeduld, immer weiter vordringendem Lesen, ist eine riesige Lücke, versunken ins Bodenlose. Was aber jene ersten Leseerlebnisse in uns zurücklassen, bleibt uns lebenslang wie das Atmen.

Auf den paar Meilen meines täglichen Heimwegs von Speedwell School, wenn die Mondsichel gegenüber der im Westen stehenden Sonne stand, ging mir der Mund über von Wortwellen, die in meinem Kopf zu singen begannen und die ich auswendig wusste:

> The Moon's the North Wind's cooky.
> He bites it, day by day.
> Until there's but a rim of scraps
> That crumbles all away.

> Der Mond ist das Plätzchen des Nordwinds.
> Er knabbert jeden Tag an ihm
> Bis auf 'nen dünnen Zackenrand,
> Der sich dann auch zerkrümelt.

Und ganz genau erinnere ich mich an den Espenwald. Eineinhalb Meilen lang war der Weg von unserem Haus zur Schule: Er begann hinter dem schneebedeckten Stall, an seinem östlichen Ende, wo Dad und Dan im Herbst einen Anbau in Blockbauweise errichtet hatten als Winterunterstand für das jüngere Vieh, und an dessen Wände sie immer höher Mist häuften, um die Tierwärme drin zu halten.

Er begann, wo in der betäubenden Kälte der frische Morgenmist an den Stämmen hochdampfte, verlief schmal und tief den Viehspuren entlang zwischen den Bäumen hindurch, vorbei an dem Sickerbrunnen mit der Seilrolle und dem Viehtrog voller Eis am Rand unseres Sumpfs, der sich nach Norden bis zum Pearl Lake erstreckte, ein offenes Himmelsoval vor dem winterlichen Horizont; die harte, graue Welt verwandelte sich in weiche, flammende Kälte. Der Schulpfad, gerade so breit wie unsere Fußspuren zwischen den Bäumen, führte nach Westen, bog ganz allmählich nach Norden.

Ich bin sieben, ich bin groß. In meinem Rogers-Syrup-Eimer (die Fünf-Pfund-Größe) trage ich mein Mittagessen – zwei Scheiben Bultje, Weißbrot, wenn ich Glück habe mit Marmelade oder Sirup bestrichen, wenn nicht, mit salzigem Jreeweschmolt, Griebenschmalz – und schere aus der Spur, die Helen und Liz hintereinander legen. Ich stampfe mir meinen eigenen Pfad zwischen den Bäumen entlang einer in den Schnee getretenen flachen Kaninchenfährte, Spuren verästeln sich in alle Richtungen, enden und beginnen in unter dürren Ästen und trockenem Laub versteckten Mulden, wo die Kaninchen sich vielleicht ausgeruht oder geschlafen haben, zusammengekauert in ihrer Furcht vor den Coyoten, hier und da liegt ein Häufchen winziger und so hübsch aufeinandergetürmter Kügelchen, dass man sie fast auflesen und kauen möchte, wüsste man nicht, was sie sind. Kaninchen waren so wundervoll reinlich, ganz anders als die hässlichen Stachelschweine, die sich durch den Schnee pflügen und in die Vs ihrer Spur ihre Geleebohnen aus Scheiße säen. Eine Kaninchenspur lief zwischen dichtstehenden jungen Pappeln hindurch, eine ideale Stelle für eine Falle. Die Martenszwillinge hatten mir erzählt, es gebe dieses Jahr so viele Kaninchen, dass sie Hunderte davon gefangen hätten, und auch bei nur acht Cent für den Balg würde sich das summieren, aber Eichhörnchen seien besser, für die gebe es zwischen fünfzehn und achtzehn Cent, und gar Wiesel, Mensch!, für ein Wiesel könnte man, wenn man ein wirklich Gutes häutete und den Balg richtig trocknete, zwischen siebenunddreißig und sogar fünfundvierzig Cent bekommen, was vor dem Krieg ungefähr dem Tageslohn eines Mannes entsprach. Für Kaninchen bräuchtest du weiter nichts als Draht, aus dem du eine Lassoschlinge machst und in die laufen sie dann rein, klar? Musst dir nur merken, wie viel Schlingen du machst und die Stellen, wo du sie auslegst.

Ich machte Fallen und legte sie aus, und als ich zurückkam, hatten die gefangenen Kaninchen einen Kreis im Schnee getrampelt, so groß wie der Draht reichte. Ihr weißer Pelz war an der Haut zart schwarz geriefelt, ihre verzerrten Körper waren hartgefroren und gestreckt wie Stöcke, die Beine hätte ich einfach abbrechen können. Der Draht hatte sich zu tief in ihren Hals geschnitten, um ihn lösen zu können, solange sie gefroren waren; nur von den beiden Bäumen konnte man ihn abmachen. Die Spur aus den vier Pfoten eines Kaninchens im Schnee war leichter zu lesen als ein Wort in einem Buch, weil sie immer gleich war und eine einzige Botschaft mitteilte, oder höchstens zwei, aber Wörter … Wörter … die vier Regale unserer Schulbücherei waren vollgestellt mit Wörtern, in der Schule werden unsere Augen und Ohren mit Wörtern gefüllt, und sogar hier unter den Bäumen hätte jemand vor hundert oder tausend Jahren schreien, ein Bär sich erheben und brüllen können, und man könnte den mit der Luft zusammengefrorenen Laut nachzeichnen, wenn man nur die richtigen Finger dazu hätte – der Wald war Schnee und Bäume und Stille. Nur ein kaum hörbares Knacken gab es darin, wie eine Erinnerung an ein einst, vor langer Zeit, vernommenes Ächzen. Rings um einen herum standen die großen Stämme der Pappeln, einer neben dem andern, wurden ganz allmählich und zuletzt zu Pappelgrau und Luft soweit du schauen konntest, in allen Richtungen; diese Erde ist ein Ball, und wohin du auch schaust, du bist eingeschlossen in eine Kugel.

Wenn man aber im pelzweichen Schnee flach auf dem Rücken lag und senkrecht in die Luft schaute, reichten die grauen Säulen weit in die Höhe, verästelten sich, bewegten ihre zahllosen Finger in einem Baldachin aus Grau auf Blau: auf dem blauen Meer eines ständigen, kreisenden Rhythmus; alle Bäume auf der ganzen Erde waren immer und ständig in rhythmischer Bewegung. Sie knarrten, sie ächzten, und im Sommer flüsterten sie auch. Oder erschauerten. Immer ging über ihnen der Atem von etwas so Ungeheurem, dass es alle Vorstellung übersteigt. Das konnte nur Gott sein.

Wenn man lange genug still liegen könnte, würde man vielleicht spüren, wie Gott sich in der Luft, im Schnee bewegte.

~

Es gibt in meinem Wesen Züge, die sich während des ganzen Lebens nicht sehr geändert haben; vielleicht ein bisschen verstärkt. Ich brauchte an der Straße zur Kirche keine Steine, die mich anschrien. Noch bevor ich geboren wurde, haben Blut und Atem meiner Mutter mich so geformt, dass ich weiß: Gott ist überall. Was immer und was alles „Gott" bedeuten mag: Es gibt seine Gegenwart.

Hätte ich ihn darum gebeten, mein Bruder Abe hätte mir irgendeine christliche Erklärung für Gott und den Ewigen Zorn gegeben, und warum wir als Menschen geboren und von der Sünde durchdrungen sind, aus der ich „errettet" werden muss. Ein wenig davon hätte ich mit sechs oder sieben vielleicht verstanden. Abe war siebzehn Jahre älter als ich und dreizehn, als die Familie in Kanada ankam; er erhielt kaum drei Jahre Unterricht, bevor er „auf Arbeit" gehen musste, wo immer er konnte: auf Farmen gegen Kost und Logis, in Sägewerken für weniger als einen Dollar am Tag oder beim Gleisbau für die Eisenbahn, oder, als zuverlässigste Einkommensquelle in der Weltwirtschaftskrise, zum Ausdünnen, Hacken und Köpfen von Zuckerrüben – das bedeutete Arbeit für eine ganze Saison – im südlichen Alberta. Aber daneben lernte Abe hartnäckig weiter; er gehörte zur ersten Bibelschulklasse im Winter 1937, als Reverend George Thiessen von irgendwo im Süden heraufkam, um im Lehrerhaus von Speedwell, in dessen zwei Zimmern er mit seiner Frau auch wohnte, sechzehn junge Leute zu unterweisen. Danach besuchte Abe drei Winter lang die Bethany Bible School in Hepburn nahe Saskatoon, die über hundert Schüler hatte. An beiden Schulen wurde auf Hochdeutsch unterrichtet, aber nach und nach einige Kurse auch auf Englisch. Haupttext war die Bibel und sie wurde als die Wahrheit gelehrt: buchstäblich und Wort für Wort „Das Wort Gottes“. Entdeckten einige Lehrer und Schüler, die sowohl Luther als auch King James lesen konnten, einen Doppelsinn oder, noch schlimmer, einen offensichtlichen Widerspruch in diesen Texten, konnten sie dies nur ihrem mangelhaften Verständnis zuschreiben und wandten sich dem zu, was unbezweifelbar eindeutig war, weil es ja nur ein Wort Gottes geben konnte, und dieses war und bleibt für immer und ewig ein und dasselbe.

Für mein kindliches Gemüt war die Botschaft dieses Unterrichts in der Mennoniten-Brüdergemeinde von Speedwell ganz einfach: was aus der Bibel vorgelesen, was gepredigt oder gesungen wurde, zeigte, wie ein guter Mensch, der Gottes Willen gehorchen wollte, zu glauben und zu leben hatte. Diese Erfahrung bündelte sich für mich in der Zahl sechs, die über mehr als sechs Jahrzehnte in meinem Kopf geleuchtet hat: In jenem Winter war ich sechs – dass es Winter war, weiß ich, weil die Petroleumlampe brannte, deren Lichtschein auf dem Wachstuch des Küchentischs lag, und wir aus der Kirche nach Hause gekommen waren und ich meiner Mutter sagte – niemand sonst war dabei – ihr sagte, dass ich gut und nicht mehr böse sein wolle und Jesus im Herzen tragen. Was ich denn Böses getan hätte, fragte sie, und ich sagte nur, ich wolle mich mit Jesus im Herzen gut fühlen.

Mam führte mich in den großen Raum, den wir an die Südwand des Franka-Hauses angebaut hatten. Das ganze Dach dieses Hauses war inzwischen verschindelt, durch keine Decke tropfte mehr der Regen, und in diesem wunderbar verputzten Raum konnte man durch ein großes Fenster nach draußen schauen, wo der Blick zuerst auf den Schnee fiel, der von dem gewaltigen Findling im Hof taute, wo unsere Wagenspur nach Süden bog, den Hügel hinan, am Wurzelkeller vorbei unter die Bäume; es war der völlig weiß gestrichene Raum, in dem meine Brüder schliefen und ich in einem Bettchen neben ihnen, wenn sie zurück von der Auswärtsarbeit oder der Bibelschule waren, derselbe Raum, in dem ich einmal die nackte Brust einer Frau gesehen hatte, die mit ihrem Baby im Arm auf der Bettkante saß und die ich fragte, was das Baby denn mache.

Sie sagte: „Es trinkt."

„Was?"

„Milch."

„Wo kommt die her?"

„Von mir, hier heraus, saugt das Baby hier und sie kommt raus."

Ich konnte die Blasen sehen, wo die Milch aus ihr in den Mund des Babys kam, und ich fragte sie, ob sie innen ganz aus Milch wäre. Sie lachte und sagte: „Die ist nur da drin", hob das Baby ein wenig an und ich sah ihre ganze runde Brust.

In diesem Raum kniete meine Mutter nieder, ich kniete mich auch nieder, und beide falteten wir die Hände vor unserem Gesicht, und meine Ellbogen lagen flach auf dem Bett; sie bat den liebsten Herrn Jesu zu kommen, komm in mein Herz, und dann sagte ich dasselbe. Schon bevor ich es bewusst hörte, hatte ich unser Abendgebet gesprochen, und wir beteten es auch jetzt zusammen, obwohl ich an jenem Abend andere Empfindungen dabei hatte als bisher:

Lieber Heiland mach mich fromm
Dass ich in den Himmel komm.
Hab ich Unrecht heut getan,
Sieh es, lieber Gott, nicht an.
Deine Gnad und Christi Blut
Machen allen Schaden gut.

~

Niemand, so hieß es, habe den geheimnisvollen Fremden beim Malen gesehen, und gesprochen habe er auch mit niemandem. Seine einzigen Worte ließ er in roter Farbe entlang der mittleren Gemeindestraße zurück, vor allem auf den Felsen unterhalb der Kirche, wo jedermann sie sehen konnte, bis der kommende Winter sie langsam abwischte. Und Abe las mir laut das Englische vor, erklärte mir was „Jas. 4:4" bedeutete, so dass ich aus dieser Felseninschrift meinen Nonsense-Rhythmus machen konnte:

James four, ver-si-ty four

Er schlug auch die Stelle für mich auf und las sie mir laut aus seiner Scofield Reference Bible vor, wie sie die Bethany Bibelschule wegen des engmaschigen Registers „aller wichtigen Themen der Schrift" mit Querverweisen verlangte:

Yea adulterers and adulteresses, …

Ihr Ehebrecher und Ehebrecherinnen,
wisset ihr nicht, dass der Welt
Freundschaft Gottes Feindschaft ist?
Wer der Welt Freund sein will,
der wird Gottes Feind sein.

Zu viele Wörter, die sich nicht singen ließen; und auch nicht verstehen. Abe sagte, es hätte mit etwas zu tun, was Leute machten, „Erwachsene, ältere Leute", aber ich sei noch zu klein, um etwas über diese Dinge wissen zu müssen.

Gleichwohl beschäftigten sie mich. „Gottes Feind", der Kopf rauchte mir vor lauter Wörtern, „adulterer, adulteresses", fast ein sangbares Lied. Ich hatte „Jesus im Herzen" und war deshalb errettet, obwohl ich nicht wusste, wovon, ich war wiedergeboren, obwohl ich noch nichts über unsere Geburt wusste, und Jesus tat meinem Herzen gut, wie die Prediger so oft sagten: Geh zu Jesus, und von deinem Herzen wird ein Stein gewälzt werden.

„Gut", sagte Abe zu mir, „Goot. Dann kaunst du nu frooh senne." Dannt kannst du jetzt froh sein.

War ich unglücklich gewesen? Jemals? Ich konnte es nicht sagen, in keiner meiner drei Sprachen.

Die schneebedeckte Erde hielt mich so sanft, als schliefe ich mit dem Kopf im Schoß meiner Mutter, während sie strickte. Die hohen Espen ragten über mir empor, wie große Säulen, die nach dem Himmel greifen, und jede war so dick und hart … aber ich konnte fühlen, wie die Stämme in meinen Händen schwankten, sich gegen mein Gesicht neigten … unter dem Schnee steckten ihre Wurzeln tief in der gefrorenen Erde, und trotzdem bewegten sie sich; nicht nur ihre Wipfel tanzten. Ich drehte alle Kaninchenfallen auf und legte nie mehr eine aus.

4

HENGST

Das beste Wasser ist das, welches man findet, pflegte mein Vater zu scherzen. Aber Wasser auf einer Heimstätte im Busch ist niemals zum Lachen, und wie auf unserer CPR-Farm haben meine Brüder auch auf der Franka-Farm tief in der Erde danach gesucht. Rechteckige Löcher von vier Fuß Durchmesser, so dass man gut Platz hatte für einen kurzstieligen Spaten und die Verschalung; der Mann unten füllte einen Eimer, und einer oben hievte den Lehm hoch und kippte ihn auf den wachsenden Haufen. Ich war die dritte Person, tjliena Schneatjat, der kleine Schurke, fünf, fast sechs Jahre alt, die in jedem Lehmklumpen liebevoll nach Feuchtigkeit tastete, immer entdeckte und sofort laut in das widerhallende Loch nach unten meldete. Was ich für Feuchtigkeit hielt, war aber immer nur Kälte.

In diesem schwarzen, hallenden Loch mit der scharfen Kante, in dieser viereckigen Öffnung, in die ich meinen Kopf steckte, in diesem Schacht, der täglich tiefer ins Dunkel vordrang, sah ich nur den gekrümmten Rücken meines Bruders. Ich traute mich nicht, in jenem Eimer hinabgelassen zu werden – und meine Brüder hätten es auch gar nicht getan: konnte man wissen, was der nächste Spatenstich freilegen würde? Das Beste wäre ein Schwall Wasser wie bei einem Dammbruch – die Martenszwillinge, typisch für sie, erzählten solche Geschichten – oder auch nur ein Fuß schlammiges Sickerwasser am nächsten Morgen. Einmal aber hielt ich einen härteren Klumpen in der Hand, der aus rötlichem Ton zum Vorschein kam, mir in den Fingern in spitze Stücke zerfiel und innen scharf und schwarz glänzte, wie die traurig rezitierte „verborgene Sünde" der reisenden Prediger. Auf meinen plötzlichen Ausruf hin warf Dan, der mit der Hand an der Seilrolle den verschmierten Eimer hinabließ, einen kurzen Blick darauf und erklärte seelenruhig, es müsse sich um ein versprengtes Stück Kohle handeln, wer wisse schon, wie es da runtergekommen sei, in Coaldale verbrannten sie das immer in ihren Öfen, nichts, wovor man sich fürchten müsse.

Aber wenn es brannte, dann war innen drin doch wirklich schwarzes Feuer! Dan lachte. „Ist noch besser als Holz, aber keine Angst, Abe wird da unten nicht die Hölle entdecken."

Was von da unten heraufkam, war unbedeutend genug; nach der ersten Schicht Erde kamen nicht mal mehr Steine zutage – zu dumm, dass unsere Farm nicht unterirdisch ist, scherzten meine Brüder; schwerer Lehm zwar, aber wenigstens keine doofen Steine – und ich konnte aus dem feuchten Lehm Häuser, Burgen, ja sogar Menschen und Pferde formen, die langsam in der Sonne hart, aber auch bald spröde wurden, anders als der wärmende Sand. Lehm, so tief man auch grub, und eines Tages dachte ich: genau diese Handvoll habe ich noch nie zuvor gefühlt; niemand in der Welt hätte sie tief unter unseren Füßen auf unserem Weg zur Toilette am Rand der Bäume gesehen, niemals, wenn wir nicht beschlossen hätten, genau hier nach Wasser zu graben. Auch das kleinste Teilchen von allen Dingen war etwas ganz *Besonderes*, und wenn es noch so häufig vorkam, wie Erde oder Bäume. Und wie dieses feuchte Zeug, das meine Finger zum erstenmal überhaupt berühren und drücken sollten. Und in diesem Augenblick tastete sich genau *diese* Ameise über meine nackte Zehe. Wenn meine Zehe nicht da wäre, worüber sollte sie dann krabbeln? Vielleicht würde sie von unserem Hahn, der gerade neben dem Kornspeicher krähte, aufgepickt werden.

Wenn meine Brüder nicht entschieden hätten, das trockene Loch bei den Bäumen im Westen unseres Hofs sei hoffnungslos, wenn sie es nicht schon wieder teilweise aufgefüllt hätten und es nicht den Lehmhaufen neben den Brettern gegeben hätte, mit denen das Loch abgedeckt war, hätten Tinas Sohn Tony, mein kleiner Neffe und ich nicht eines Sommertags dort gespielt. Und er hätte dann vielleicht nicht versucht mir zu erklären, was ein Mann und eine Frau einander zwischen den Beinen tun, wenn sie miteinander allein sind.

Wie es nun einmal war, Tony hat es versucht. Was er mir auf dem trockenen Lehmhaufen erzählte und was wir versuchten, nachzumachen, als ich es nicht kapierte und er wahrscheinlich auch nicht so gut, um es mir richtig erklären zu können – lag es an meiner Verwunderung, seiner unvollständigen Kenntnis, seiner unzureichenden Sprache, oder schlicht und einfach an dem unbegreiflich lächerlichen Akt, dass mir diese Begebenheit so lebendig in Erinnerung geblieben ist? Es war ein erstaunlicher und unvergesslicher Augenblick; ich weiß aber nicht, welche Sprache wir benützten.

Können wir uns je erinnern, wie wir in die Sprache hineinwachsen? Nicht an besondere Wörter, sondern an das Bad aus Wörtern, in das ein Kind bei der Geburt fällt, an die Riesen, die uns umstehen und den Anschein von Ordnung, den sie über ein unendliches Durcheinander legen, indem sie mit ihrem Mund Geräusche erzeugen? Ins Englische kam ich durch mein kindliches Erfassen des in der Familie gesprochenen Plautdietschen und, in geringerem Ausmaß, durch das förmlichere und sorgfältiger benutzte Hochdeutsch – das die Sprache der Bibel, und deshalb die Sprache Gottes war – und es kann sein, dass ich deshalb keinerlei Erinnerung daran habe, wie ich eine dieser drei Sprachen gelernt habe, weil ich mehr oder weniger gleichzeitig mit den beiden anderen lernte, Englisch zu hören, zu verstehen, zu sprechen und zu lesen. Für ein Kind ist der Erwerb von Sprache vielleicht weniger ein bewusstes Lernen als ein Begreifen, das sich im unaufhörlichen Kreisen unseres Blutes durch Fleisch, Hirn und Knochen ereignet; vielleicht ist Sprache ein Instinkt, der sich besonders kräftig entwickelt, solange wir uns seiner nicht bewusst sind. Und auf ganz besondere und höchst intensive Weise lernen wir sie von anderen Kindern.

Wie Marilynne Robinson sagt: „Ich weiß nicht, wie unser Geist lernt. Ich glaube aber wirklich, dass Sprache schon in uns keimt, bevor wir ein Bewusstsein von uns selbst entwickeln."

Ich kann mich aber erinnern, wie ich einzelne Wörter entdeckt habe. Einmal, als wir Buben in der ungerodeten Ecke des Schulhofs eine Burg aus belaubten Pappelzweigen bauten, rief einer: „Drag them branches over here!" „Zieh mal diese Äste hier rüber!" und bei diesem Wort blieb mir der Atem stehen:

Drag! Zieh!

Das schienen wir gerade zu tun, und dementsprechend zog ich das Wort wieder zu einem Geräusch auseinander, „Dra-a-ag", spürte, wie es sich an meiner Zungenspitze vorbeischob und gegen meine unteren Zähne stieß, misstönend, fast hässlich, aber es fühlte sich auch eigentümlich gut an: Jedes Geräusch, das aus unerfindlichem Grund ein Wort war, fühlte sich gut an in meinem Mund, und mein ganzes Gesicht bewegte sich, um es zu bilden.

„We're dra-a-gging them!", rief ich zurück, „wir ziehen sie her." Und das taten wir, wobei die Zweige, die wir durchs Gestrüpp zogen und schleiften, wie ein Echo in meinem Rücken raschelten, und später, als es zum Unterricht klingelte, lief ich neben Katie, die von den Mädchen herüberkam, ins Schulhaus und erzählte ihr: „We dragged branches for a fort", „Wir haben Zweige für eine Burg aus dem Gestrüpp gezogen." Sie schaute mich verständnislos an und lachte.

„Ach, du", sagte sie, „du Wörterbuch."

Wie ein Wörterbuch funktioniert, entdeckte ich, als unsere Schule zu Besuch bei der benachbarten Jack Pine School war. Troy Fehr, der durch die Freundschaft zwischen unseren Schwestern Helen und Isola später mein bester Freund wurde, obwohl er zwei Jahre älter war, beobachtete, wie ich im riesigen Wörterbuch seiner Schule blätterte, dem schwersten Buch, das ich je gesehen hatte, und fragte mit einem Anflug von Spott: „Weißt du nicht, wie du etwas darin findest?"

Ich stieß nur hervor: „Das ist so groß!"

Er bekam Mitleid mit mir Ahnungslosem. Als ich die Reihenfolge des Alphabets kapiert hatte, beunruhigte mich ein anderer Gedanke: „Was ist, wenn ich es nicht buchstabieren kann?"

„Dann musst du 'nen Schlaumeier fragen!"

Drag war also leicht zu finden, leichter als seine vierzehn verschiedenen Bedeutungen, von denen die erste alles war, was ich brauchte: „Mit großer Anstrengung etwas bewegen." Ich nahm keine Notiz von seiner altnordischen Etymologie *draga* am Schluss, aber als ich es wiederholte, hörte ich das Echo des plautdietschen *droage*, das auf Englisch „carry" bedeutet und im Hochdeutschen zu *tragen* wurde – von denen keines „notwendigerweise körperlich anstrengend" bedeutete, aber bedeuten konnte. Mir fiel auf, wie Klang und Bedeutung von Wörtern sich übereinanderschieben konnten, wenn auch unter leichten Verwandlungen, wie Wind, der über ein Haferfeld oder durch die Wipfel der Bäume weht. Es machte Spaß.

~

Die drei Sprachen, in denen ich lebte, spielten ineinander, besonders während der langen Gottesdienste in der Kirche, wo die Möglichkeit zu Spielereien mit den Wörtern eines Kirchenlieds – Kirchenlieder waren meistens

Hochdeutsch bis auf „besondere Lieder", die gelegentlich von einer kleinen Gruppe junger Leute auf dem Podium mit dem Predigtpult gesungen wurden – mich mit Leichtigkeit durch die langen, sich langsam dahinwindenden Predigten des Reverend Jacob Enns zu tragen vermochte, in denen es immer darum ging, dass man gut sein und den allzeit liebevollen Gott lieben müsse. Selten erzählte er uns eine Geschichte, um das bildhaft zu machen. Auf der ersten Bank, unmittelbar unter seinen gütigen Augen, ließ ich mit den anderen kleinen Buben zusammen meine Füße baumeln, und natürlich war zwei Bänke hinter mir mein Pah, und meine aufmerksame Mam behielt mich immer von der Frauenseite der Kirche aus über den Mittelgang rechts von mir im Auge, aber bestimmte Kirchenlieder konnten mit meinem Mund und dann mit meinem Geist Spiele treiben; nicht einmal die scharfe Kante der Kirchenbank unter meinen Schenkeln brachte mich dazu, hin- und herzurutschen, wenn die herrlichen vierstimmigen Klänge einer Strophe des Liedes „Er bedeckt mich" unsere Kirche erfüllten:

> Wenn des Lebens Wogen brausen,
> Wenn der Stärkste kaum hält Stand,
> Will ich ganz getrost mich bergen,
> In dem Schatten Seiner Hand.

Im Refrain wiederholten die tiefen Männerstimmen das aufsteigende „Er bedeckt mich" der Frauen nach drei Taktschlägen wie Wellenkronen, die schäumend auf den Strand laufen, und das hochdeutsche *Wogen* war wie das plautdietsche *Woage*, das dem Englischen *wagon* ähnelte

– aber wie konnte ein „wagon“, ein Wagen, wohl *brausen* – brausen und klatschen wie die Schaumkronen von Turtle Lake an die Felsen am Indian Point klatschten – oder steckte in einem dieser Wörter eine andere Bedeutung? *Berg-en* musste einfach *viele Berge* bedeuten, was auf Plautdietsch *Boaj* hieß, *hills* auf Englisch und *Hügel* auf Hochdeutsch, wie der große Peeta „Boajch“, Peter Berg, dessen Bass hinter mir stampfte; seine Tochter Julia war in meiner Klasse und saß auf der anderen Seite von uns auf der Bank für die Mädchen, und ihr Haar umfloss ihr Gesicht wie ein Nebel; sie lachte oder weinte immer ganz schnell, wenn sie in der Schule etwas gefragt wurde, nein: Julia war also kein *Berg,* kein englischer *mountain* – „mountain“ aber konnte nicht „hide“ bedeuten, „verbergen“, gut; aber war vielleicht das englische *berg* so etwas Ähnliches wie *iceberg?* Konnte Gott dich verstecken, dich im Eis ver-*bergen,* dich vor dem brüllenden Ozean schützen? Wenn man aber im Eis verborgen und begraben wäre, würde man sterben, und dann würde man wirklich fest und stark stehen, steifgefroren, begraben und richtig mausetot: unmöglich, dass das die Bedeutung des Liedes war, endete es doch mit „In Seiner Hand“!

Aber *Schatten – Schaute – shadow,* und *Hand – Haund – hand* waren so ähnlich, dass man Gottes richtige Hand gar nicht brauchte. Alle sangen, der großartige Rhythmus, die herrliche Harmonie wurden von den verputzten Wänden, der Holzdecke zurückgeworfen und verdreifachte dieses erstaunliche Bild einer Zuflucht mit unglaublicher, priesterlicher Kraft: um ganz und gar bedeckt, beschützt zu sein, bedurfte es nicht mehr als des Schattens von Gottes ausgestreckter Hand – von dieser Hand kam weder Schlag noch Schaden, in ihr fühltest du nichts als Geborgenheit und ihre dich umschließende Güte – aber wenn man dann hinaustrat in Seinen Sonnenschein, warum sollte man dort beschützt werden müssen? Meine vervielfachte, von der Hitze der biblischen Wüste noch ungeschliffene Vorstellungskraft geriet ins Taumeln: Gott war auf immer und ewig hoch droben in Seinem hellen Himmel und nur die turmhohen Wolken oder manchmal Habichte und große schwarze Raben ließen ihre leichten Schatten über mich gleiten, zogen schnell wie sanfter Atem über mich hinweg, wenn sie *whiff! whiff! whiff! whiff!* durch die Luft ruderten... und in der Kirche senkte sich unseres sanften Predja Enns weihevolle Stimme zum üblichen Gemurmel des Schlussgebets.

Ve Predjasch Sehns enn dolle Bolles saul eena
opp'pausse.
Pass auf vor Söhnen des Predigers und tollen Bullen.

Predja und Mrs. Enns hatten vier Söhne. Abe Enns, bester Freund meines Bruders Abe, und Jake und Henry und der kleine Johnny in seinen kurzen Hosen neben mir auf der Bank. Henry, der drei Klassen höher war, trug einen merkwürdigen Schuh mit einer drei Inch dicken Sohle aus mehreren Schichten an seinem kürzeren linken Bein und hinkte ein bisschen auf dieser Seite – ich mochte die Enns-Jungen, alle.

„Amen“, sagte Predja Enns. Sein Kopf war geneigt, weil ich aber direkt unterhalb des Predigtpults saß, wusste ich, dass seine Augen ganz unfeierlich weit offen waren, dass er schon bereit war fürs Plautdietsche nach dem Gottesdienst.

~

Zu den besonderen Freuden der Gottesdienste in Speedwell gehörte das kraftvolle vierstimmige Singen der Kirchenlieder und die geschichtenreichen Predigten, das erregendste Geschehen aber war die Gebetsstunde, die leicht fünfzehn oder zwanzig Minuten dauern konnte, weil jeder in der Kirche so lange laut beten konnte, wie es ihn dazu drängte. Wenn Predja Enns sagte: „Wir wollen uns jetzt Zeit nehmen zum Gebet", erhob sich die ganze Gemeinde, drehte sich um, kniete auf den Boden nieder und beugte sich auf die Bänke, auf denen sie gesessen hatten.

Weil die Bänke nur eine schmale Rückenlehne hatten, schaute man direkt auf die Gesäße derer in der Reihe hinter einem. Da bot sich ein völlig neuer Anblick einer Kirchengemeinde: Blankgewetzte, so abgetragene Hosen, dass fast die Unterwäsche durchschaute, ausgefranste Hosenaufschläge, gerissene und durchgelaufene Schuhsohlen, sogar Löcher in Socken wurden sichtbar, mit denen Mam ihre Familie nie hätte in die Kirche gehen lassen – eher hätte sie eine halbe Nacht lang gestopft. Und dann die Gerüche; Füße, die die ganze Woche in Fußlappen gewickelt in Filzstiefeln stecken, verlieren für den Sonntag nicht ihren heftigen, überwältigenden Geruch.

Diese Anblicke und Gerüche konnten jedoch nicht mit den Gebeten wetteifern, deren Schall durch die Kirche wogte. Der Betende sprach stehend über die kniende Gemeinde hinweg laut und vernehmlich zu Gott, und besonders die Gebete der Frauen, die hier in der Kirche ihrer Not Luft machen konnten, rührten jeden, wenn sie Gott Dank und Lob und Preis sagten, wenn sie von ihm, oft unter heftigem Weinen, Heilung von Krankheit erflehten oder inständig für einen geliebten Menschen beteten, der immer noch in Russland vermisst war, für Kinder, die durch die Welt zogen und verloren waren „auf dem Weg der Sünde". O Gott, hilf, O Herr, sei gnädig. Gebete folgten auf Gebete, wurden zu Äußerungen, welche die Grenzen des Wortes und der Personen überstiegen. Ich erinnere mich, wie dieses Geflüster, die Schreie über uns hinweg, die wir auf jenen Bodendielen knieten, sogar uns kleine, über die erste Bank gekrümmte kleine Jungen zu Tränen rührten.

~

In der Kirche schickten Gust und Tina immer ihren kleinen Tony nach vorne, um neben mir auf der ersten Bank bei den anderen kleinen Jungen zu sitzen. Auf den frühen Photos unserer Familie sind wir unweigerlich zusammen zu sehen, beginnend mit einem auf unserer CPR-Heimstätte, auf dem Tony in weißer Babykleidung lachend auf dem Schoß eines Nachbarmädchens sitzt, während ich, in einer dunklen kurzen, an mein Hemd geknöpften Sommerhose mich gerade umdrehe, als wollte ich mürrisch weglaufen, weil ich mich ärgere, dass er als Baby so viel Aufmerksamkeit bekommt. Ungefähr ein Jahr später sind wir beide in dunklen Sommershorts auf der Heimstätte, die Gust bereits besaß, bevor unsere Familie nach Speedwell kam: Wir stehen an der Ecke des Hauses aus

Stämmen, die er in seiner Sägerei zu Kanthölzern geschnitten hatte, die Ecken sauber auf Schwalbenschwanz verzinkt. Wir stehen eng nebeneinander und Tony schaut zur Seite, aber wir halten uns an der Hand, als wollten wir verhindern, dass der andere wegläuft. Wir konnten endlos zusammen spielen. Unsere Höfe waren riesig, und hinter den Maschinen, zwischen den Heuhocken im Pferch oder dem dichten Weidengestrüpp im Busch konnte man Versteck spielen und sich gegenseitig erschrecken. Meine Schwester Mary schaute uns oft dabei zu; sie schlich uns lieber auf dem Hof hinterher, als ewig Geschirr in einer glitschigen Schüssel zu spülen.

Unter den frühlingshaften Espen hält sie uns fest auf ihren Armen: unmittelbar nach der Rückkehr vom Sonntagsgottesdienst wusste sie, wo wir uns gerade herumtrieben.

In welcher der drei Sprachen unserer Welt redeten also Tony und ich miteinander? Wir hatten unsere eigene, unsere vierte, unsere Kindersprache, die jeden anderen ausschloss, mehr eine Sprache der Gesten und des Körpers, als bestimmter Laute. Die drei Sprachen der Erwachsenen lernten er und ich einfach so und gleichzeitig von meinen Eltern, seinen Großeltern Fiedler, die in ihrer Familie nur Hochdeutsch sprachen, von meinen Schwestern, die uns beiden englische Schulgeschichten erzählten, so dass wir, wenn wir miteinander spielten, jedes Wort aus jeder Sprache einsetzten, das uns gerade einfiel und dabei unsere eigene zusammenbrauten, wie es uns beliebte. Zwischen uns herrschte eine Lebendigkeit gesprochener Sprache, die jetzt genauso verschwunden ist wie unsere Kindheit.

Das Plautdietsche habe ich mir bewahrt. Es fiel mir immer am leichtesten: eine Redensart, Klatsch, eine witzige Bemerkung, kaum gedacht, schon gesagt. So war es mein Leben lang. Es war die klarste Art sich auszudrücken, keine Sorge um Grammatik oder Vokabular und immer das direkteste Mittel, sich von Angesicht zu Angesicht verständlich zu machen. Es ist eine Sprache, die weder niedergeschrieben noch verbessert werden konnte, indem man sie graphisch sichtbar machte.

Sie war also nichts, was man Jahre später wieder finden, in der Hand halten und lesen konnte. Alles, was meine Eltern und ich in den ersten zwölf Jahren meines Lebens miteinander sprachen, ist verschwunden. Ganz im Unterschied zu dem Wunder, dass Helens sauberes Englisch mit den feinen Kreisen über jedem „i" immer noch auf dem Papier ihres winzigen Notizbuchs erhalten ist, das ohne Einband und ungeheftet hier auf meinem Schreibtisch liegt und das einen Teil der Krankengeschichte unserer Familie in weit hinter die Erinnerung zurückreichenden Notizen festhält. Auf der ersten Seite eines Bogens:

> Mrs. Wiebe wurde krank am Freitag nachmittag. Lag eine ganze Zeit im Bett und musste am 5 Apreil ins Hospital. Aperation am 8 Aprail. ging ihr sehr schlecht in erster Woche kam dann nach Hause. 20 april ging es ihr ganz gut

Auf der zweiten und dritten Seite:

> Helen Wiebe wurde krank am 5 Jan. An ihrem Geburtstag ein ganze Zeitlang krank... etc.

Und so weiter und so weiter bis:

> Dan Wiebe wurde krank am Freitag 9 abends 1. November sehr krank ins Hospital 2 nov. Operation (Blinddarm) ... Mom besuchte ihn am 19. als es ihm schon sehr gut ging. Am selben Tag ging Mom zum Doktor wegen ihre falschen Zähnen und bekam sie am Montag ... Dan kam Heiligabend zurück ... etc

Eine mysteriöse „krank, krank, krank"-Litanei, die schließlich auch mich einschließt:

> Rudy Wiebe wurde krank am Samst 22. Juli ungefähr um 5 (Zahl undeutlich) gingen zum Doktor am selben Tag und der war nicht da deshalb zur Krankenschwester und die war auch nicht da deshalb kamen sie in der Nacht nach Hause zurück. Die ersten Wochen sehr krank.

Allem schonungslosen Opp'rieme, Aufräumen, zum Trotz, das meine ältere Schwester nach dem Tod unserer Mutter durchführte, haben Helens Notizbücher überlebt, obwohl es aus der Zeit vor 1950 keinen einzigen Brief in Hochdeutsch gibt – das meine Mutter sehr gut schrieb, mein Vater nie. Es ist gut möglich, dass es diese Notizbücher deshalb noch gibt, weil sie Helen gehörten; ihr Leben war so kurz und Erinnerungsstücke an sie waren so spärlich. Ihr dauerndes Kranksein ließ diese wiederholten Litaneien zur Zerstreuung in ihrer Einsamkeit werden. In unserer Welt der Pferdefuhrwerke, fern jeder ärztlichen Versorgung, gab sie unserem Leben sein Zeitmaß durch Krankheiten, gleichsam den Herzschlag der Familie. Auch ihre eigenen „Herzbeschwerden" notierte sie auf holzreichem Papier, aber mit haltbarer Tinte.

Tatsächlich steht in Helens kleinem Notizbuch zweimal „Rudy Wiebe wurde krank", aber wo ihre Einträge genau dieselben Worte gebrauchen, widersprechen sich die Daten. Einem Eintrag nach war es „1940" und am „Samst 22. Juli", dem anderen zufolge „1939" und am „Samst 27. Juli". Aber diese Daten sind vertauscht: 1939 fiel der entsprechende Samstag auf den 22. Juli, 1940 auf den 27. Juli, beide Daten sind also falsch. In welchem Jahr war ich dann dieses eine Mal krank? War ich fast fünf oder fast sechs Jahre, als ich erfolglos von „Doktor“ zu „Krankenschwester“ geschleppt wurde, um „in der Nacht nach Hause“ gebracht zu werden und „die ersten Wochen sehr krank“ zu sein?

Hätte doch meine süße Schwester, die jetzt schon sechzig Jahre tot ist, ein einziges erklärendes Wort über meine Krankheit hinterlassen. Ich erinnere mich, nur einmal als Kind ernsthaft krank gewesen zu sein, ausgelöst durch jene unverständliche Geschichte, die mir Tony erzählt hat und die er auf dem Lehmhaufen neben dem trockenen Loch unseres Brunnens darzustellen versuchte.

~

Unser bestes, stärkstes Pferd damals war eine schwere Rotfuchsstute namens Bell, und im Sommer, als sie gefohlt hatte, erfand ich ein Spielchen mit ihr. Wann immer sie auf dem Hof stand, um angeschirrt oder geritten zu werden, duckte ich mich und rannte zwischen den Vorder- und Hinterbeinen unter ihrem Bauch hindurch.

Für mich waren die Tierbabys, die es auf einer Farm gibt, etwas Selbstverständliches: Kälber, Fohlen, Küken, Kätzchen, quietschende Ferkel. Als Kind sah ich zwar nie, wie sie geboren wurden – es gibt gewisse Dinge, die zu sehen Mennoniten ihren Kindern vorenthalten – aber ich erlebte sie, wenn sie klein waren, sah, wie sie größer wurden, und beobachtete auch, wie unsere großen Tiere in der Monotonie von Fressen, Saufen, Scheißen und Pissen lächerliche Dinge vollführten. Manchmal hievte sich eine Kuh auf eine andere und stelzte auf zwei Beinen vorwärts, klammerte sich an der Bestiegenen fest und versuchte, mit ihr Schritt zu halten, glitt dann seitlich herunter, nur um andere immer und immer wieder auf dasselbe arme Tier aufspringen zu lassen. Wurde ein Bulle zur Herde gelassen, setzte sich dieses lächerliche Bespringen, die wilden Versuche, aufeinander zu reiten, durch die ganze Herde fort, trotz der riesigen Bäuche und der kurzen, überanstrengten Hinterbeine. Kühe verhalten sich eben so untereinander, wie auch Kälber anderen den Kopf zwischen die Hinterbeine stoßen und versuchen, zu saugen, wo es keine Zitzen gibt.

Da fragt ein Kind: „Warum?“ und schnappt unbekümmert eine kryptische Antwort auf; Ausflüchte Erwachsener sind immer beunruhigender als entspannte Information. Auf einem mennonitischen Bauernhof sind Hühner Sache der Hausfrau: sie füttert sie im Sommer, wenn sie Futter suchen und ihr Gegacker und Gemecker und Geglückse über den Hof schwebt wie der Gesang der wilden Vögel in den Bäumen; die Kinder müssen auf sie aufpassen, damit von den Hühnern keines weggelaufen ist, wenn sie abends gezählt werden; sie müssen auch die Eier suchen, wo immer die Hühner versuchen, sie zu legen und zu verstecken: unter den Kornkästen oder den Heuhocken oder gar unter den niedrigen Weiden am Rande des Buschs. Die Eier wurden nicht gegessen: Die kaufte Mr. Schroeder, für acht oder neun Cent das Dutzend, die mit unserem Ladenkonto verrechnet wurden – gutes Geld, wo ein Mann vielleicht einen Dollar am Tag verdiente, wenn er Arbeit in einer CPR-Gleisbaurotte fand, oder Mom und Kinder vierzig bis fünfzig Cent für die getrockneten Senegawurzeln bekamen, die sie im Frühling an einer guten Stelle an einem Tag ausgraben konnten; dementsprechend passten wir gut auf die Hühner auf. Und natürlich fragte ich eines Tages, warum sich der Hahn mit gesenkten Flügeln seitlich einer scharrenden Henne näherte, die entweder langsam abrückte und ihn seinen lächerlichen Possen überließ, oder, unbegreiflicherweise, sich hinkauerte und ihn auf sich springen ließ und er mit seinen riesigen Klauen ihre Flügel betrampelte und seinen Schnabel auf ihren Hinterkopf klemmte, sie fest mit seinem Körper umfing, sie immer wieder auf den Boden presste, bis er unter hastigem, ungeschicktem Getrappel und Flügelschlagen sich von ihr löste und davonhüpfte. Und nach dieser grotesken Attacke erhob sich die Henne aus dem Staub, schüttelte ihr Gefieder und setzte ihre ruhige Suche nach Futter fort. Der Hahn aber reckte danach den Kopf in die Luft, schaute um sich, gerade so, als hätte man ihn vermisst, weil er eine Weile lang nicht über den Hof stolziert war, sein Hals krümmte sich, sein Schnabel öffnete sich weit, und er krähte; ein winziges Tier auf einem großen Hof, das in den Himmel schrie.

Ich fragte: „Warum macht er das?“ Die Henne hatte alles schon wieder vergessen, pickte in der Erde und gackerte wie zuvor.

Mam antwortete: „Er sagt ihr einfach guten Tag.“

Guten Tag? Und krallt sich dazu auf sie, schmettert sie zu Boden, beißt sie in den Kopf? Die Henne war doch den ganzen Morgen in seiner Nähe.

Die Pferde dagegen gehörten zur Welt der Männer. Ich durfte nicht sehen, was passierte, wenn der Besitzer des Deckhengstes sein Buggy auf unseren Hof gefahren hatte mit dem riesigen, dahinter angebundenen Tier, das wieherte, dessen Hals und schwellende Muskulatur unter Hochspannung waren, aber binnen zweier Jahre lernte ich, zwischen den Ställen zu verschwinden, bevor man mich ins Haus schicken konnte, um hinter der Ecke eines Schuppens zu spähen und darüber zu staunen, was ich sah. Und gewahr wurde, wie mein eigener Körper angesichts dieser Gewalt unerklärlicherweise erschauderte; wie bei Fieber, aber andeutungsweise angenehm. Mit sechs konnte ich mir nicht vorstellen, woher Floß kam, warum sie ein hellerer, schönerer Rotfuchs war als Bell, eine weiße Socke an der linken Hinterhand und eine breite Blesse haben konnte, die von den Ohren bis zu den Nüstern über das ganze Gesicht lief. Sogar die Lippen von Floß waren weiß, und sie ging immer neben Bell, stellte sich schräg, schob ihren Kopf unter Bells Bauch, stieß ihn zwischen ihre riesigen Schenkel und saugte an ihrem schwarzen Euter. Bells Euter war klein, ihre Zitzen im Vergleich zu unseren Kühen kleine Stummel, aber es schien dort genügend Milch für Floß zu geben, denn sie wuchs schnell und ihr Fell fühlte sich samtig glatt an, wenn ich ihr mit meinen Händen über die Flanken strich, die warm wie ein frisch gebackenes Bultje waren. Sie suckelte mit ihren weichen Lippen in meiner Achsel, aber dort gab es nicht, was sie wollte. In einer Welt voller Giganten waren Floß und ich die Zwerge und vielleicht waren es ihre weichen Bewegungen an der Seite ihrer Mutter, die Art, wie ihr schlanker Kopf mit dem offenen, gespitzten Maul unter die bewegungslos dastehende und ihre Lippen erwartende Bell glitt, die den Anstoß für mein Spiel gab, unter ihr hindurchzulaufen.

Farmtiere sind zum Arbeiten da, nicht zum Spielen. Hätte ein erwachsenes Familienmitglied mich so etwas sinnlos Dummes tun gesehen, wie unter einem Pferd durchzulaufen, hätte man mich angebrüllt, mir eine Tracht Prügel gegeben, damit ich's mir merkte, und ich hätte mich heulend getrollt. Tony und ich waren aber allein auf dem Hof, als er versuchte, mir zu erklären, was Männer und Frauen miteinander machten. Ich jedoch hatte ihm nichts zu erzählen – rein gar nichts, was vergleichbar erstaunlich gewesen wäre. Da sprang ich auf, denn ich musste ihm etwas vorführen, wovon ich wusste, dass er sich nicht trauen würde, es mir nachzumachen. Er war fast fünf, ich jedoch fast sechs und viel größer, und würde mich nie so fürchten wie er, vor nichts, und würde immer mutig sein und alles besser wissen. Bell stand frei auf dem Hof nahe am Kornspeicher, und jetzt pass mal auf, Tony, was ich kann!

Da stand also Bell, senkte den langen Kopf gen Boden und rupfte in einem engen Halbkreis nach Pferdeart Gras; ich duckte mich und rannte unter ihr durch. In genau diesem Augenblick aber bewegte sie sich – streckte sie sich nach mehr Gras oder streifte ich ihr volles Euter? – sie machte einen Schritt vorwärts, stieß mich zu Boden und ihr riesiger Hinterhuf landete mit dem vollen Gewicht ihres nächsten Schritts auf meinem Magen.

~

Gott sei Dank nicht auf meinem Rücken, doch daran dachte in jenem Augenblick niemand.

Es war klar, dass ich sterben würde. Ich blutete nicht, schien keine Knochenbrüche zu haben, ich war nur zerquetscht und lag unter schrecklichen Schmerzen im Sterben. Jede Heimstättenfamilie, Stunden von jeder möglichen ärztlichen Hilfe entfernt, konnte das einsehen, besonders Mennoniten aus einem russischen Steppendorf: Kinder leben, Kinder sterben, wer kennt Gottes unerforschliche Wege? Ich hatte den Namen Rudy bekommen nach einem sechs Jahre alten Jungen aus Speedwell, der auf dem Operationstisch im North Battleford Hospital starb, als er nach einer Woche fürchterlicher Schmerzen und angeschwollen endlich dort eingeliefert wurde: als der Arzt den ersten Schnitt machte, spritzte, wie sein Bruder Paul Poetker mir Jahre später erzählte, der Eiter durch den ganzen Raum. Ein entzündeter und geplatzter Blinddarm hatte ihn aufgebläht. Wer hätte so etwas voraussehen oder verhindern können?

Es war der Wille von ons leewa Gott, unserem liebenden Gott. Bell hatte mich zerquetscht und Trajchtmoaka Aaron Heinrichs, dessen Hände alles ertastet und gewusst hätten, lag schon zwei Jahre auf dem Friedhof. Und doch weinte und betete meine Familie, ich sei halt immer so gedankenlos, so impulsiv, o Gott, sei barmherzig.

Ich rollte mich zu einer Kugel zusammen und nicht einmal meine Mutter durfte mich auch nur berühren – Lot mie toch, Lasst mich in Ruhe! Aber sie wusch mein Gesicht mit Wasser, sie hielt mich wach und am Schreien und irgendwer galoppierte zum Laden von John Schroeder, der auch sofort mit seinem Lastwagen kam – oder war es sein Auto? – und in dem dicken Fenster eines Fahrzeugs bewegt sich ein Schatten wie von umgekehrten Bäumen, ich liege zusammengerollt in der nutzlosen Wärme des Schoßes meiner Mutter und wir rumpeln auf den Hof des Reverend George Thiessen südlich der Bahnlinie in Fairholme – was konnten er und seine schluchzende Frau schon helfen? – und dann ging die Fahrt irgendwohin weiter östlich, es findet sich aber niemand, der, außer in Tränen auszubrechen, Hilfe wüsste, von einem Hof mit geiferndem Hund schickt man uns weiter zu einem anderen, und ich habe keine Ahnung, warum sie in Glaslyn nicht Doc Coghlan finden können – ob er beim Fischen ist? – aber bis dorthin quälen wir uns über all diese Buschwege und den Schotter, bis es schließlich sommerdunkel wird und wir wieder zu Hause sind in dem nach Norden gelegenen Raum unseres Hauses, ich gekrümmt im Bett meiner Eltern liege und, wer weiß wie lange, in den „ersten Wochen" „sehr krank" bin, deswegen aber nie von einem Arzt untersucht werde, und da von heftigen Schmerzen selten mehr in Erinnerung bleibt außer Schreien, scheint es, als sei ich nach einiger Zeit wieder völlig gesund geworden.

Aber schließlich bin ich noch nicht einmal sechs. Natürlich mache ich Dummheiten und müssen Unfälle passieren, wenn ich in diesem Alter jeden Tag, an dem die Sonne scheint, auf dem Hof und im Busch, zwischen den Tieren und bei den Ställen herumtolle. Gott in seiner Barmherzigkeit war mit seinem Schitzenjel, seinem Schutzengel, zur Stelle: es war nur der Bauch, nicht mein Rücken oder der Kopf.

Fünf Jahre später entdeckte ein Chirurg in North Battleford, dass mein Blinddarm unnatürlich an meinem Magen festgewachsen war. Bells Huf hatte offenbar die Ordnung in meiner Bauchhöhle durcheinandergebracht, und die erste Folge davon war eine Neigung zur Übelkeit. Wenn ich, selten genug, auf dem Rücksitz eines Autos saß, musste ich mich erbrechen, und schon beim Einsteigen stieg Magensäure in meinen Hals, aber in unserer fast autolosen Welt fuhr ein Kind niemals auf dem Vordersitz; das Beste, was ich tun konnte, war an der Tür zu sitzen, im kritischen Moment meinen Kopf aus dem Fenster zu strecken und weit genug zu zielen, um das Auto nicht vollzuspritzen, was für mich überhaupt nicht schwierig war. Ein überfüllter Bus nach North Battleford war schlimmer, und die schlimmste körperliche Erniedrigung kam Jahre später für den Erwachsenen in Propellerflugzeugen. Meine Mutter aber, die ihr Leben lang körperliches Elend durchzumachen hatte, wusste für alle unkontrollierbaren Körperentleerungen, egal wo sie einen erwischten und beschämten, einen Spruch:

> Beta enne wiede Welt aus emm enjen Buck.
>
> Besser in die weite Welt als im engen Bauch.

Dieses Übelsein meiner Kindheit beschränkte sich nicht auf die äußerst seltenen Fahrten in Bus oder Auto; mir drehte sich auch der Magen, wenn wir im Winter in unserem pferdegezogenen Kabinenschlitten fuhren, einem Schlitten mit einem Verdeck aus Segeltuch und einem kleinen Holzofen, der uns auf langen Fahrten durch die Kälte warm hielt. Mit acht wusste ich, dass es oft besser war, auszusteigen und in den Schlittenspuren hinterherzulaufen oder auf den Kufen zu balancieren und mich am Segeltuch festzuhalten, wenn die Pferde im Schritt gingen. Mir waren die kalte Luft, die riesigen froststarren Bäume und Felder lieber als die dicke Luft unterm Verdeck, wo man redend und atmend Knie an Knie saß. Die klare Kälte krallte sich in dein Gesicht, züngelte wie Eis die Nase hinauf, und du wusstest, dass jede einzelne Faser deines Körpers im Innern deines Kapuzenparkas, deiner Unterwäsche und deiner Wollhosen und Filzstiefel und doppelten Fäustlinge aus Leder und Wollstrick arbeitete, dass du stark und lebendig warst, dass die bitterste arktische Kälte dir nie etwas anhaben konnte. Mam öffnete die Verdecktür einen Spalt und fragte: „Na?“, aber ich winkte nur ab und rannte weiter.

Eines Sonntags im Winter fuhr ich auf der linken Stahlkufe auf dem fünfzehn Meilen langen Heimweg überland von Livelong, wo meine Schwester Mary und ihr Mann

Emmanuel Fiedler eine Missionskirche betreuten, als Emmanuel seinen Platz unter dem Verdeck verließ, in der rechten Kufenspur weiterging und mir mehr von dem erzählte, womit Tony begonnen hatte.

„Die Bibel nennt das ‚the way of a man with a maid', ‚eines Mannes Umgang mit einer Jungfrau' ", sagte er in der Sprache der King James Bibel. Das winterliche Abendlicht lag golden auf dem Schnee zwischen den bleichen Stämmen der Pappeln, den Kreisen, die Wind und Sonne an ihren Füßen ausgehöhlt hatten. „Nicht einmal der weiseste Mann in der Bibel kann es erklären, so wunderbar ist es."

Wunderbar? Der kleine Tony hatte mir zwei Jahre zuvor erzählt, dass Männer ihre Pisser in die Frauen stecken, was ich immer noch für doof hielt. Warum sollten sie das machen? Wo? Und Tony hatte mit seiner simplen Bemerkung: „Weil sie es wollen, und Frauen haben ein großes Loch, und es macht ihnen Spaß" diese Fragen nicht wirklich beantwortet. Ich weigerte mich, etwas so Abscheuliches zu glauben; Pipi ist Gift, sagte meine Mutter, und noch bevor ich denken konnte, war mir beigebracht worden, mein Schwenjeltje, mein kleines Henkelchen, nur allein und im Verborgenen rauszuholen, in unseren Nachttopf zu pissen oder in die Toilette oder an einen Platz, wo niemand schaute; zuallermindest ein paar Schritte zur Seite zu treten wie ein großer Mann und mich umzudrehen. Wie also konnte eine erwachsene Frau so verrückt sein und einen Mann das tun lassen?

Tony hatte daraufhin noch überzeugter geredet, denn er wusste: weil Männer sie dazu bringen, sich hinzulegen, ich zeig's dir – ein Mann legt sich hin zum Pissen? Welche

Sprache wir auch benützten, wir benützten immer das eine Wort, weil es in allen drei Sprachen dieselbe Konstruktion erlaubt: „piss" war sowohl als Substantiv wie als Verb zu verwenden. Also legte sich Tony hin und spreizte seine kleinen Beine hoch in die Luft, komm schon, sagte er, Frauen haben nichts, womit sie zielen können – zielen? – klar, die Frau hat ein Loch und der Mann geht runter auf sie und steckt seinen Pisser rein, soll ich in dich pissen?, nein, ich hab da ja kein Loch, klar, auch Jungen haben ein Loch, und du hast eines, aber das ist zu klein, aber Frauen haben ein anderes ...

Tony lag auf dem Lehmhaufen neben dem trockenen Loch, in dem meine Brüder Wasser zu finden hofften, auf der vom Haus abgewandten Seite. Einladend wedelte er ein bisschen mit seinen nackten Beinen und Füßen. Tatsächlich brachten wir nicht viel zuwege: er hatte seine kurzen Sommerhosen an, wollte aber, dass ich meinen Overall aufknöpfte und mein kleines Henkelchen rauszog, er wollte mir soviel wie möglich zeigen, die Frau flach auf dem Rücken und der Mann zwischen ihren Beinen, so tun sie's gern, sagte er. Das war, als ich dann wegrannte über den Hof und unter Bells Bauch und sie auf mich trat.

~

Ich wusste, dass die Welt voller Unterschiede war, sogar auf unserer Buschfarm, und konnte es oft genug feststellen. Ich wusste, dass meine Schwestern keinen Penis hatten wie ich, vermutete aber nie, dass sie eine große Öffnung haben könnten. Wenn sie nach mir in den Badezuber stiegen, um sich zu baden, sah ich kaum eine Falte. Was die

Bullen anging, so wurden die Säcke zwischen ihren Hinterbeinen groß, aber die Säcke der Kühe wurden viel größer, und die bei den Bullen hingen anders, sie bekamen nie Zitzen wie Kühe, aus denen man Milch rausholte. Mit sieben wusste ich alles über die Hitze von Kühen an meiner Wange und Schulter, die schwellende Wärme ihrer vier Zitzen im Wechselrhythmus meiner kleinen Fäuste, die bald weh taten, aber immer stärker wurden beim Drücken; meine Arbeit war es, die beiden besten Milchkühe morgens und abends zu melken. Sie mussten dann nur noch von Mam am Schluss ausgestrichen werden, damit sie wirklich ganz leer waren.

Kühe waren riesig, aber mit Carlos Hilfe und lautem Geschrei konnte man sie leicht zu einer Herde zusammentreiben, und schon ein kleiner Junge konnte winters seine bloßen Finger beim Melken im Stall wärmen, man konnte sich Milch in den Mund spritzen und soviel schlucken wie man wollte, während die Katzen vom Stallgebälk herunterkletterten, wo sie geschlafen hatten, und sich in den Gang setzten und bettelten, auch mal dranzukommen, miau, bitte! Ein Bulle aber war unnütz, was tat der schon? An ihm war nichts, das man gerne berührt oder gehalten hätte, nur ein großer herabhängender Sack und immer spritzte er sich schmutzig in der Mitte seines Stalls, nicht wie die Kühe, die ordentlich über die Rinne hinter sich rückten. Und Pferde rubbelten einen mit ihren Nasen, die zart wie Fingerkuppen waren – aber Hengste – ein Hengst musste etwas aus einem Nachtmahr sein. War das nicht das Wort für ein weibliches Pferd, Mähre? Nachtmahre konnten schrecklich sein, das wusste ich.

~

Meine schöne, blonde Schwester Mary heiratete Gusts Bruder, Emmanuel Fiedler, als sie achtzehn war. Helen notierte in ihrer winzigen Schrift:

> Emmanuel und Mary verlobten sich am 18. Oktober 1942 – sie wurden in der Kirche getraut am 25. Okt. um halb sieben abends und fuhren weg am 9. Nov. nach Stump Lake in die Missionsarbeit.

Vor der Hochzeit aber war schon folgendes geschehen: Troy Fehr und ich hatten im Gang von Fehrs Stall gestanden und das mächtige, graugesprenkelte Hinterteil eines Percheron-Hengstes angestarrt. Die große Hinterfalte des Pferdes war bedeckt von einem kurzen, gestutzten Schweif, aber seine riesigen Beine und Füße mit den weißen Socken waren weit auseinandergespreizt und mitten in der schweren Kerbe seiner Schenkel, in die sich der doppelte Wulst seiner Hoden schmiegte, hing dieser unglaublich lange und dicke Penis mit grauen und weißen und roten Spiralen bis zu seiner knotigen Spitze. Der Hengst hatte gerade uriniert in einem gelben Strahl, der auf den Stallboden platschte und seine Beine und die Bretterwand bespritzte. Troy beugte sich nach vorne, um besser sehen zu können und auch ich konnte nicht widerstehen: Diese riesige Säule aus Fleisch musste ja immer da sein, nur versteckt im Körper des Hengstes. Sie war wie ein langes Tier, das sich baumelnd um den Baum im Garten Eden schlang, wie die reisenden Prediger erklärten und sich jetzt im schweren Gestank des Stalls in Gänze zeigte: die umrandete purpurrote Spitze mit ihrer geschlitzten Öffnung, aus der Gift tropfte, war dicker als mein Bein und baumelte unter jenem gewaltigen Bauch hin und her, als ob sie winkte. Ein erschreckender Anblick … aber unmöglich, nicht hinzuschauen.

Troy grinste mich von der Seite an, der ich nach vorne gebeugt war und starrte. Er hatte mir schon einmal erklärt, wie ein Wörterbuch funktioniert, und jetzt hatte er noch viel erstaunlichere Informationen auf Lager.

„Was er mit Stuten macht", sagte Troy auf seine vertrauliche, dreckig-heimliche Art, „mit diesem Schlong – das will Emmanuel mit deiner Schwester machen, verstehst du?"

Hinter einer Stallecke stehend, wo ich nicht hätte sein sollen, hatte ich beobachtet, wie dieses mächtige Tier unsere Stute Bell besprang, seine gelben Zähne in ihren Hals schlug und sie stieß, als wolle er sie mit seinen Keulen in den Boden hämmern, während sie sich dagegen stemmte, die Hufe in die Erde grub. Meinten sie das mit „screwing", „schrauben", weil sich der „Schlong" des Hengstes in das Loch der Stute schraubt, und wie ein gewaltiger vierbeiniger Schraubenzieher versucht, auch gleich ihren ganzen Körper in die Erde zu schrauben – meinten Emmanuel und Mary das? Das würde sie sich nie gefallen lassen!

„Das ist doch dumm! Was redest du da?"

Troy lachte mir laut ins Gesicht. „Knirps, du hast keine Ahnung. Sie wollen es im Bett immerzu."

„Sie werden heiraten!"

„Na also, und so macht man Babys! Woher glaubst du, dass die kommen?“

Ich hatte noch nicht viel darüber nachgedacht. Mam sagte, sie kämen von Gott, okay, aber was hatten Menschenbabys mit diesem dicken Prügel zu tun, der jetzt wieder zurück in sein Versteck rutschte? Das Pferd bewegte sich, kniff die gewaltigen Hinterbacken wieder zusammen und senkte den riesigen Kopf ins Heu seiner Krippe. Niemand von unserer Familie blieb stehen, um Tieren beim Urinieren zuzuschauen – obwohl wir auf langen Fahrten oft genug nicht anders konnten, wenn unsere Pferde stehenblieben, wenn keine Befehle mehr etwas nützten und der Wallach auf die Straße sprenzte oder die Stute es genau auf das Zuggeschirr fließen ließ – genauso wenig wie wir jemandem nachschauten, der sich in die Büsche schlug. Die Akte der Ausscheidung, über die man nicht sprach, umgab eine Aura sowohl des Privaten als auch des Unanständigen. Außer der offenkundigen Schmutzigkeit dessen, was aus deinem Körper herauskam, blieb noch ein Gestank in der Luft zurück, der so unerklärlich wie die Sünde war: Dein Körper vollbrachte zwar diese schmutzigen Verrichtungen, ja, aber man erledigte sie allein und so schnell wie möglich, als ob es sie gar nicht gäbe, man knöpfte seine Hose zu oder zog sie einfach hoch und wischte die Hände ab, wenn man konnte, und schon war der Körper wieder unter Kontrolle, bedeckt und sauber: Nichts war geschehen. Aber wie jedes Kind wusste auch ich, dass es nicht ganz so einfach war: Sich zu entleeren war angenehm, ließ im Körper über die eigentliche Erleichterung hinaus irgendwie ein gutes Gefühl zurück, besonders an den Körperteilen, die man immer besonders sorgfältig bedeckte. Um richtig zu urinieren, muss ein Junge seinen Penis halten und manchmal fing meiner an, seine Form zu verändern, noch während ich ihn hielt und entleerte, ich spürte, wie er in meiner Hand ein bisschen dicker wurde und später noch etwas anderes, eine Empfindung wie von einer Berührung, die sich flüsternd durch meinen Körper fortsetzte, bis ich merkte, dass sich meine nackten Zehen gekrümmt hatten, als wollten sie sich fest in die Erde krallen.

Undeutlich hatte ich vielleicht schon geahnt, dass im Leben „das Schöne und das Hässliche" nahe Verwandte sind, dass aber die Liebe „ihre Wohnung am Ort des Exkrements" errichten sollte, überstieg mein Verständnis; und überstieg Troys Möglichkeiten, zur Erklärung dafür etwas anderes als plumpe, lächerliche mechanische Einzelheiten anzubieten bei weitem. Der baumelnde Penis eines Hengstes, der Anus oder die gefältelte Vagina einer Stute – die ich beide unter aufgestellten Schweifen in allen Zuständen und Funktionen schon gesehen hatte – konnten ganz bestimmt nicht zur Erklärung dafür herhalten, was im Bett geschehen würde zwischen meiner schönen, jähzornigen Schwester und ihrem Gatten, dem zärtlichsten, überschwenglichsten Mann, den ich in meinem kurzen Leben kennengelernt hatte.

Aber. Es war mir verboten worden, zuzuschauen, wie dieses gewaltige, gekrümmte Pferd sich in das andere schraubte; wie der „Schlong" zwischen den Beinen des Hengstes verschwand, als lüde er seinen riesigen Körper für den nächsten Angriff auf eine andere Stute auf: Dabei wurde mein eigener Penis vorübergehend steif. Wie war das gekommen? Manchmal war er morgens beim Aufwachen so erigiert, dass ich ihn kaum nach unten drücken konnte zum Urinieren. Warum? War er immer so hart, wenn ich schlief, egal wo, dass es mir nie mehr aus dem Kopf ging, nachdem es mir einmal aufgefallen war? Liefen im Land des Schlafes alle so steif herum? Und dabei konnte ein Junge ihn nicht einmal verstecken, wie jeder Hengst.

Damals hielt ich das für einen möglichen Grund, warum Menschen es im Bett taten, im Dunkel der Nacht – und auch von hinten, wie Tiere. Der kleine Tony machte es falsch, dachte ich, als er so dalag und mich anschaute. Wenn Menschen es machten, dann würden sie sich bestimmt nicht dabei anschauen wollen und noch mehr schämen müssen.

Aber in jenem Winter, als ich neun war, als wir zusammen auf den Eisenkufen unseres Kabinenschlittens von Livelong nach Hause durch die Kälte fuhren, lachte Emmanuel nur. Er riss Witze und erklärte, dass „eines Mannes Umgang mit einer Jungfrau" eine sehr viel kompliziertere Angelegenheit war, als wenn John Vallentgoed ein- oder zweimal im Jahr seinen Hengst auf den Hof brachte und ihn ein paar Stuten bespringen ließ. Und schöner. Mary war eine nervöse Frau, sagte er, und was immer er damit gemeint haben mag, ich wusste, dass sie von uns allen am schlagfertigsten war und das hitzigste Temperament besaß, und er liebe sie so sehr, sagte er, dass er für immer mit ihr zusammenleben wolle. So war es zwischen den Menschen; sie liebten einander in wahrer, nimmer endender Liebe, weil Gott uns so erschaffen hat: damit wir einander lieben.

Das hatte ich mein ganzes Leben gehört: Gott und nimmer endende Liebe. Liebe war, wenn Mam mich mit einer langen Umarmung küsste, wenn Pah lächelte und mir seine große Hand auf die Schulter legte – aber anscheinend begann die Liebe ihr Wesen zu verändern, wenn man älter wurde. Soweit ich sie jetzt verstand, wurde sie geradezu brutal.

~

In den späten Dreißigern und den ersten Jahren des Zweiten Weltkriegs verließen einige Familien Speedwell, darunter die Ladenbesitzer William Voth und John Schroeder. Die Welt schien leerer zu werden, nach Süden hin auszusickern, näher an die Sonnenbahn, wo offenbar wärmeres Wetter war. Und schließlich zogen August und Pauline Fiedler mit ihren vier Söhnen und einer noch unverheirateten Tochter nach Vancouver; sie hatten Pah geholfen, nach Speedwell zu kommen, hatten uns ein Haus gegeben, in dem wir im ersten Jahr wohnen konnten; wir waren zweifach mit ihnen verschwägert, und sie waren Mams und Pahs beste Freunde. Wie sollten wir zu unserem alljährlichen Picknick an den Turtle Lake fahren ohne sie?

Mrs. Fiedler wusste, wie man Jackfish putzte und am besten briet, nämlich über einem Feuer zwischen drei Steinen, und ihre Söhne wussten, wo man ganze Bootsladungen davon fangen konnte. Sogar Mams herrlicher Kartoffelsalat und Schnetje, Schichtkekse mit dicker Sahne dazwischen, wären ohne Mrs. Fiedlers Fisch wie ein Weihnachtsfest ohne Plätzchen gewesen.

Im Früjahr 1942 begann dann auch unsere Familie auseinanderzugehen. Helen notierte es in ihren ersten Aufzeichnungen, die nicht mit „wurde krank" begannen.

> Gust und Tina fuhren am 30. Aprail weg um 12.30 vormittags. Waren noch eine Woche zu Hause

Wie sein Vater hatte auch Gust seinen Farmbetrieb in Speedwell aufgegeben, weil ihn ein anderer Ort lockte: Coaldale, Alberta. Im Tausch gegen Waren erstand er einen Lastwagen, einen Graham, Baujahr 1927. Helen notiert, dass sie ihre letzte Woche bei uns damit verbrachten, ihn sorgfältig zu beladen.

Mit unserer Box machten wir Photos von der Familie oder den Paaren, die sich am Lastwagen aufstellten, der immer voller wurde, von meinen Schwestern, die den Tränen nahe waren und noch einmal Carol, das neue Baby, halten wollten, das bis zur Nase in Decken eingewickelt war, und daneben Anne oder Eldo oder Tony. Wir liebten sie, sie gehörten zu uns, und jetzt fuhren sie davon. Alle weinten, sogar Gust, bis es schließlich soweit war: Der volle Lastwagen quälte sich langsam in der ausgefahrenen und ausgewaschenen Wagenspur südlich am Wurzelkeller vorbei den Hügel hinauf und verschwand zwischen den grauen Aprilbäumen.

Wir standen auf dem Hof und lauschten. Dieser dumme Lastwagen. Am leeren Hof der Dunzens, am Haus der Biechs vorbei wie Rauch, der sich verzieht, und verschwunden waren sie … nein! Eben fuhren sie den Kirchhügel hinauf … aber dann waren sie fort. Fort.

Ein Leben ohne Tony war überhaupt nicht vorstellbar. Eine Woche lang hatten Liz und Helen Annie und die kleine Carol herumgetragen und hatten plötzlich keine Babys mehr zum Spielen und Herzen; immer wieder brachen sie plötzlich in Tränen aus und verkrochen sich irgendwohin. Mit meinen Schwestern war beim Spielen im Sandhaufen noch nie viel los gewesen, aber was sollte ich nur allein mit mir anfangen? Carlo jagen, versuchen, eine Katze zu fangen, durch Kuhfladen rennen, platsch!

~

Trotzdem wurde es wieder heller Frühling: Blauer Himmel und heiße Sonne und eine Hochzeit ließen die Welt wieder ergrünen. Helen hält es lakonisch fest:

> Abe Wiebe und Gilda Heinrichs (Aarons Tochter) verlobten sich am 15. Februar und 1942 fuhr Abe nach Pierceland und blieb dort bis zum 1. Mai, und am 24. Mai war ihre Hochzeit gingen danach nach Hepburn und blieben dort eine Zeitlang

Pierceland war ein einsam gelegenes Dorf im borealen Wald jenseits von Meadow Lake; Abe und Gilda sollten für die nächsten acht Jahre dort eine Mission der Mennoniten-Brüdergemeinde betreuen.

Von ihrer Hochzeit ist in meiner Erinnerung nur ein Schwarz-Weißbild zurückgeblieben: Gilda in ihrem (für mich Zwerg) unglaublich langen Kleid und Tiaraschleier,

Abe im dunklen gestreiften Anzug, wie sie aus der Kirche von Speedwell kommen, vor deren Stufen sich die ganze Gemeinde drängt. Später wurde in einem Atelier in Saskatoon noch ein Photo von ihnen gemacht, in denselben Kleidern; jener Maisonntag aber muss strahlend schön gewesen sein. Die Bäume, die Straße, die kleinen Lichtungen auf dem Hügel und im Tal unterhalb der Kirche, wo zwischen Weiden und Pappeln hindurch der Bach floss, glänzten in einem goldenen Grün, als seien Himmel und Erde soeben erschaffen worden, in Gottes sieben Vierundzwanzigstundentagen, wie Abe sein ganzes Leben lang über die Genesis predigte: „Und siehe, es war sehr gut."

In jenem Jahr, als ich acht wurde, war die Ernte hervorragend, und um Geld zu sparen und die Garben trocken zu halten, bis die Dreschmaschine kam, holten Dad und Dan unsere Frühgerste und die Hafergarben vom Feld und hockten sie im Hof auf. Garbenhocken waren anders als die langen, brotlaibähnlichen Heuhocken hinter dem Stall; sie wurden im Kreis übereinandergetürmt wie Bienenkörbe, und zwar nahe beim Kornspeicher, um sie leicht in die Dreschmaschine werfen zu können. Zwischen ihnen konnte ich mir mit einem neu entdeckten Spiel die Zeit vertreiben. Gust hatte mir zum Spielen einen abgefahrenen Reifen geschenkt, den ich unermüdlich über den Hof rollte, den kleinen Hügel vom Wurzelkeller hinunter, dann wieder hinauf, ich ließ ihn über Baumstämme hüpfen und gegen Bäume und Zaunpfosten stoßen, sogar gegen die Stalltür knallen, wenn niemand es hören konnte. Dann fand ich ein eisernes Speichenrad von irgendeiner Maschine. Wenn ich einen Stecken durch das Achsloch steckte, konnte ich gebückt den Stecken an den beiden Seiten halten und das Rad – meine Arme waren gerade lange genug, dass es nicht mein Gesicht berührte – auf dem Hof herumrollen. Das war etwas anderes, als einen schweren Reifen zu treiben und zuzuschauen, wie er überall hineinkrachte – dieses Rad konnte ich unter Kontrolle halten, wenn ich mich ganz tief darüberbeugte und unter lautem Gebrüll Achter zwischen den runden Hocken fuhr, wie die Fiedler- oder Lobebrüder, die immer so interessante Sachen hatten wie Gewehre oder ein bockendes Pferd und ein Motorrad, das wie ein kleines Fohlen ihrem großen Auto hinterherfuhr, das erste, das jemals in Speedwell gesehen wurde – mit gesenktem Kopf also und so schnell ich konnte, drehte ich auf meinem Einachs-Motorrad um die Hocken herum und auf dem Hof meine Kreise, brrrrrrmmmmmm!

Ich dachte nicht an die vier Drähte, die als Zaun über den Hof gespannt waren, um die Kühe von den Garbenhocken fernzuhalten. Dicht über das Rad gebeugt, unter Gebrumm um die Hocken sausend und Richtung Haus rennend, fuhr ich kopfüber in den Stacheldrahtzaun und riss mir das Gesicht auf.

Wieder Geschrei. Meine Schwestern und Mutter liefen herbei und diesmal floss so viel Blut, dass es wirklich schlimm aussah. Blut jedoch kann man abwischen und Mam wusste, dass es unter meiner gebräunten Sommerhaut genug davon gab. Deshalb gab es keine verzweifelte abendliche Suche nach einem Arzt, der den Riss sauber vernähte, sondern nur ihren festen Verband aus von Tüchern abgerissenen und kreuzweise über mein Gesicht gewickelten Streifen. So wild herumzutoben! „Etj woa die aunbinje mett'n korten Strang": „Ich werde dich mit einem kurzen Seil an einen Pfosten binden", sagte sie mit Blick auf meinen Mumienkopf. Sie wusste auch, dass ich schnell heilte, und als das neue Schuljahr begann, gab es keine Verbände mehr, zu denen Miss Hingston, unsere neue Lehrerin, eine Frage hätte stellen müssen.

Aber der Körper erinnert sich, und einige Erinnerungen bleiben zeitlebens der sich verändernden Haut eingezeichnet und jedem sichtbar, der einen aus der Nähe und liebend betrachtet: die flache, unregelmäßige, wulstige Narbe von einer Operation, die unterhalb deiner Rippen beginnt und im Schamhaar verschwindet; die schwache, weiße Schrift von Stacheldraht auf deinem Gesicht schräg über dem Nasenrücken, zwei längere und tiefere Zeilen unter deinem rechten Auge. Was das ist? Es ist eine Geschichte, die immer wärmer wird, je intensiver man sie erzählen will.

~

Weil es keinen Lehrer gab, begann 1942 die Schule spät, nämlich am 19. Oktober. Das war der Montag, nachdem in der Mennoniten-Brüdergemeinde von Speedwell die Verlobung von Mary Wiebe mit Emmanuel Fiedler verkündet worden war. Die genauen Daten kenne ich durch Helens Notizbuch. Am 18. Oktober war die Verlobung verkündet worden, und die Hochzeit fand am darauffolgenden Sonntag, dem 25. Oktober, um 6.30 abends mitten im Melken und den Hausarbeiten statt, als die Herbstdunkelheit schon einsetzte und in der Kirche die beiden Schirmpetroleumlampen entzündet werden mussten – warum die plötzliche Eile?

Nicht der übliche Grund für eine schnelle Heirat. 1942, nachdem Gust und Tina weggezogen waren und Abe und Gilda geheiratet hatten, zog unsere Familie von der Frankafarm in Sektion 9 auf Gusts Heimstätte im Südwestviertel von Sektion 5. Gusts Felder waren so gut wie die der Frankafarm, das Haus aber viel besser, und ihr Brunnen galt als der beste im gesamten Bezirk von Speedwell-Jack-Pine. Von diesem Umzug ist mir nichts in Erinnerung geblieben, aber das Hochzeitsphoto aus jenem Oktober mit unserer wiedervereinten Familie ist vor dem Haus aufgenommen, das Gust gebaut hat. Zur Hochzeit ihrer Schwester und seines Bruders kamen er und Tina eigens aus Coaldale.

Das Hochzeitsphoto zeigt, dass die kleine Carol schon alt genug ist, um auf Tinas Arm sitzen und über Emmanuels Schulter schauen zu können. Bis auf Dan, der photographiert, ist unsere ganze Familie auf dem Bild.

Wind und Regen haben den Verputz von den Balken bis herunter zu den Fenstersimsen gewaschen, und nichts war getan worden, um das Haus für eine Hochzeit richtig herzurichten – vielleicht auch wegen der Eile? – ganz zu schweigen für den Winter: Helen, Liz und die kleine Anne jedoch posieren in ihren kurzärmeligen Kleidern. Niemand, weder Braut noch Bräutigam, nicht einmal wir kleinen Kinder, schauen besonders fröhlich drein. Meine Schwester Liz behauptet sogar, Mary habe den ganzen Tag geweint.

Wie es in den Sprüchen heißt, war „des Mannes Umgang mit einer Jungfrau“ allzu „wunderbar“, als dass Agur von Massa sie hätte verstehen können. Es kann sein, dass Salomon, der Sohn Davids und König von Israel, Agurs Bekenntnisse aus sehr persönlichen Gründen seinen Weisheiten hinzufügte; ganz gewiss aber leuchtet mir ein, dass Salomon mit jeder neuen Frau, die er den Hunderten zufügte, die er gehabt haben soll, vielleicht immer weniger von dem zarten Geheimnis verstand, das zwischen einer Frau und einem Mann gestiftet werden und seinen körperlichen Ausdruck finden kann.

Verstanden, verstehen; ich glaube nicht, dass Emmanuel mir an jenem dunkler werdenden Nachmittag, als wir hinter dem Kabinenschlitten herliefen, in dem unsere Familie warm und geduldig nach Hause fuhr, etwas davon hat verständlich machen können oder wollen. Rechts und links von uns ragte der boreale Wald, ein Stern nach dem anderen, blitzend wie Eis, erschien im schmalen Himmelsstreifen, aber der gewundene Pfad führte uns zuverlässig; und mit der Luft der winterlichen Wildnis wie kaltem Stahl in unseren Nüstern hätten wir sehr wohl über Geheimnis und Unvereinbarkeit von Gegensätzen nachdenken können. Ich wusste, dass in unseren Familiengesprächen ein Unterton von Traurigkeit mitschwang: Mary war nicht glücklich, Emmanuel geheiratet zu haben. Der Mann, den sie wirklich gewollt hatte – „falling in love", jenen Ausdruck der Hilflosigkeit, der Unbeherrschbarkeit gibt es weder im Plautdietschen noch im Hochdeutschen – war einer seiner Cousins aus der Familie John Lobe. Ich wusste nie genau, welcher es war, es gab mehrere unverheiratete Söhne, die alle groß und gutaussehend waren und eine Haltung zeigten, als kennten sie alles in der Welt, was zu kennen sich lohnte, und dass sie, wann immer sie wollten, es sich holen könnten. Aber auch die Lobes hatten Speedwell verlassen – und waren nach Cold Lake, Alberta, gezogen, wo die Sägewerke der Lobes größer wurden, als der Krieg eine Steigerung der Produktion verlangte – und irgend etwas war geschehen, oder war nicht geschehen, was hätte geschehen sollen, und plötzlich, vielleicht aus Enttäuschung, wie getuschelt worden sein könnte, willigte Mary ein, Emmanuel zu heiraten, der seit langem um sie geworben hatte. Sie aber hatte ihn immer nur lachend gehänselt. Sie hatte eine besondere Art zu lachen und lachte sehr gerne; er erzählte immerzu Späße – die aber nicht wirklich pfiffig oder ironisch, sondern volkstümliche Schwänke, oder lange, sich bedächtig entwickelnde Geschichten waren, manchmal gut, manchmal aber Anlass für sie, vor lauter schlechter Laune fauchend wegzulaufen, die schönen Lippen verächtlich gekräuselt. Aber nichts konnte Emmanuel Fiedler entmutigen; er war einfach nicht unterzukriegen. Er war nicht groß, aber wir alle hielten ihn für gutaussehend. Er hatte nicht die scharfe Zunge der sehr selbstbewussten Lobes: er war vielmehr unfehlbar freundlich, ein besonnener Mann, den meine Mutter ganz besonders gerne mochte, weil er, wie sie sagte, ein so truhoatija, so ein echter, im Wortsinn treuherziger Christ sei. Die launische, spitzzüngige Mary hätte keinen besseren Mann finden können. Obwohl das wahrscheinlich stimmte, hat es Mary nicht zwangsläufig glücklich gemacht. Wenn überhaupt.

Es war typisch für Emmanuel, dass er die warme Kabine verließ und mit mir durch den Schnee lief. Im Sommer davor hatte ich kurze Zeit bei ihnen auf ihrer Mission in Livelong nahe am südlichen Ende von Turtle Lake verbracht und im Laufe einer Woche hatte ich in seiner täglich stattfindenden Ferien-Bibelschule die Namen sämtlicher Bücher des Alten und Neuen Testaments auswendig gelernt. Bis heute kann ich die großen und kleinen Propheten noch hersagen, ein köstlicher Vorbeigalopp schnell heruntergesagter hebräischer Namen. An jenem Wintertag liefen wir nebeneinander her und redeten, unterwegs auf einem Pfad durch die Wildnis, der schließlich in die Lichtung unserer Farm münden würde. Ich hatte noch nie an einem anderen Ort auf dieser Erde gelebt oder einen anderen gesehen: Dieser war Heimat. Der synkopierte Ruf einer jagenden Eule „Huu huu huu – huu huu“ flog über uns hinweg, als wir durch eine kleine, mondhelle Lichtung fuhren, und Emmanuel sagte: „Gott hat alles gut eingerichtet;

alles, was ein Mann und eine Frau zusammen tun wollen, ist sehr gut.“

Die Glöckchen und das Pferdegeschirr klingelten, die Kufen knirschten über den Schnee, und durch meinen Kopf kreiste die aufsteigende Melodie eines Kirchenlieds:

> Herr Jesu, ich wäre so gerne ganz heil,
> Und hätte Dich gerne zum bleibenden Teil! …

Sein Refrain enthielt das Paradox von Jesu sowohl warmem und reinigendem Blut, das sich mir unauslöschlich eingeprägt hat:

> O wasche mich, mache mich weiß wie der Schnee.
> Weiß wie der Schnee, ja, weißer als Schnee …

Der Herr Jesus war für mich bereits der Jäger, der mich lebenslang begleitende, unablässig mich umkreisende, immer gegenwärtige, immer sein Blut vergießende – hier, wasch dich – nein, das ist nicht genug – solange du lebst, soll es dir nie genug werden – hier, wasch dich reiner.

Emmanuel redete weiter. Was Hengste mit ihren gewaltigen Körpern den Stuten taten, was Bullen und Hunde und Eber und Kälber und Hähne taten, seien ihre Wege, die Gott ihnen vorgegeben hätte. Und genauso sei es mit den Menschen, und sogar noch mehr, weil Gott den Menschen und jedes noch so kleine Teilchen und Stückchen, aus denen er besteht, aus dem Lehm dieser Erde mit seinen eigenen Händen und nach seinem Ebenbilde gemacht habe. Wenn also, sagte er, Menschen sich liebten, sei alles, was sie mit Geist, Seele und Leib gemeinsam tun wollten, auch gut, sogar sehr gut.

Und wenn sie sich nicht lieben, was dann?

Es geht nur mit Liebe.

~

In dem tiefen Loch auf der Franka-Farm, neben dem der kleine Tony jene damals noch unglaubhafte Geschichte nachzuspielen versuchte, fanden meine Brüder schließlich Wasser. Aber das Wasser schmeckte weder gut noch reichte es aus, und ein wesentlicher Grund, auf Gusts und Tinas Land zu ziehen, war der wunderbare Brunnen, den es dort gab. Er traf in nur zwanzig Fuß Tiefe auf eine Quelle, so dass sein Wasserspiegel immer auf acht Fuß blieb, egal, wieviel man rausholte. Trinkwasser aus einer lebendigen Quelle tief in der Erde.

Im Winter war ein guter Brunnen natürlich nicht so zwingend notwendig. Wenn man Pferde gut fütterte, konnten sie ohne Schwierigkeiten Schnee fressen, und noch unter dem dicksten Eis auf dem Sumpf gab es immer Wasser; wenn man ein Loch hineinschlug und es jeden Tag offenhielt, stieg das Wasser bis zum Rand, so dass alle Tiere morgens und abends aus ihren soden- und schneebedeckten Ställen dorthin ziehen und saufen konnten. Und was die Menschen betrifft, so stand die Welt voller Bäume und in unseren großen Öfen, die wir brauchten, um unser Essen zu kochen und unsere Häuser zu heizen, konnten wir einfach größere Feuer machen und Schnee schmelzen.

Und dafür hatte ich zu sorgen: als ich acht geworden und in der zweiten Klasse war, musste ich jeden Tag das Brennholz hereinholen. Das Holz war auf Herd- und Ofenlänge gesägt, wir hatten es gespalten und in langen, hohen Reihen auf dem Hof aufgesetzt, damit es gut trocknete. Jetzt erwartete es mich unterm Schnee. Hatte ich mit meinem Schlitten genug Vorrat bis zur Haustüre gezogen, nahm ich einen Armvoll und ging hinein, schob mir mit den Zehen die Überschuhe von meinen Filzstiefeln und setzte die Scheite hinter dem Ofen in unserem Wohnzimmer und neben dem Herd in der Küche auf. Um so wenig wie möglich Wärme entweichen zu lassen, musste ich die Außentür öffnen und schließen so schnell ich konnte. Mam kochte das Abendessen, Helen setzte die Zentrifuge zusammen für die Milch dieses Abends, Liz deckte den Tisch, und wenn ich schließlich genug Holz für die Nacht aufgesetzt hatte und alle um mich herum arbeiteten und redeten, schlurfte ich zum Ofen, lüpfte mit dem stählernen Spiralhaken den vorderen Ofendeckel und warf ein zum Dreieck gespaltenes Holzscheit hinein. Auf dem hellen Bett der Glut entzündeten sich seine bleichen Kanten, vor meinen Augen wurde das gefrorene Holz in flackerndes Feuer verwandelt, zu dünnem, in Kringeln zum Abzug steigendem Rauch, zu Ascheflocken.

Die Wärme der Menschen, die vom borealen Winter begraben in unserem Haus lebten; das immer im Stahlkessel singende heiße Wasser, bereit für Pripps oder Tee; das warme Wasser im Schiff in der Herdseite, aus dem wir eine Kelle voll in die Waschschüssel schöpften, um uns Hände und Gesicht zu wärmen und zu waschen; der Backofen, in dem Mam den goldenen Tweeback buk, die von unseren Vorfahren übernommenen und durch Jahrhunderte über drei Kontinente getragenen Doppelsemmeln; der riesige Topf mit Borscht hinten auf dem Herd, eine herrliche Suppe, die die Ukrainer uns schätzen gelehrt hatten, mit Groffbroot en Jreewe'schmolt, grobem braunem Brot und Griebenschmalz, stellte eine komplette Mahlzeit für einen Wintertag dar – obwohl wir sie lieber mit Mennonitenkohl mochten als mit ukrainischen roten Rüben – und dennoch musste ich am offenen Herdfeuer erkennen, dass in dem Holz, das ich hereintrug, die Hölle selbst wohnte.

Wenn auch verborgen umgaben uns die Flammen der Hölle im Wald von Speedwell, den ich liebte. Ähnlich wie das ewige, drohende Wort Gottes, in schwarzen Windungen übereinandergeschichtet in unserer Deutschen Bibel, die geschlossen und so harmlos auf dem Harmonium neben unserem Schaukelstuhl im Wohnzimmer lag. Immer gegenwärtig und bereit, aufzulodern. Und dennoch war das Feuer in unserem Ofen, in unserem Küchenherd, vor dem wir sonntagnachmittags und oft auch an den langen Winterabenden bei unseren wechselseitigen nachbarlichen Besuchen essend, lachend, dösend, lesend, streitend oder Dame spielend und immer plaudernd zusammensaßen – das Feuer in Herd und Ofen war etwas ganz sonderbar und wundervoll Gutes. Leben, Glück, *gentillesse* in Familie und Gemeinschaft, ohne Feuer gäbe es sie nicht.

5

STALIN

TÄGLICHES
ANWESENHEITSREGISTER
DER
SCHÜLER IN
SPEEDWELL S. D. Nr. 4860
FÜR DAS SCHULJAHR VOM 1. JULI 1942
BIS ZUM 30. JUNI 1943.

Vor über sechzig Jahren hielten die Mäuse von Speedwell unsere Schülerliste in Miss Hingstons Schreibtischschublade für süßes Naschzeug. Wie ich heute erkennen kann, nagten sie den unteren Teil davon in eine Form, die der Küstenlinie des Polarmeeres im kanadischen Mittelwesten ähnelt. Auf dem linken Buchrücken des Eintragungsbuchs beginnt die Linie hoch oben bei den Baillie Inseln im Amundsen-meer (71 Grad Nord), stürzt nach unten und schießt wieder hinauf, läuft dann in einer Schlangenlinie in südöstlicher Richtung über die Perry Halbinsel, an der Küste der Melville Hills entlang hinunter zum Coronation Golf, bis sie schießlich auf der rechten unteren Ecke in die Tiefe des Bathurst Fjords nahe dem Polarkreis fällt (66,5 Grad Nord). Lange, bevor es mir bewusst wurde, war ich schon für den Norden bestimmt.

Die Mäuse sind der Grund, weshalb ich eine vollständige Kopie dieses Anwesenheitsbuches besitze: der Bezirks-Schulinspektor lehnte es ab, das angenagte entgegenzunehmen; wie könne er ein Mäusenest ans Erziehungsministerium in Regina schicken? Er ließ unsere Lehrerin Miss Hingston das ganze Anwesenheitsbuch abschreiben – zwei Tage sorgfältiger Arbeit, wie sie mir erzählte, danach wurde es in einer Blechkiste aufbewahrt – deshalb besaß sie 1971 bei unserem Wiedersehen immer noch das beschädigte, und als sie es mir zeigte, amüsierten wir uns beide über zwanghaftes Verhalten von Mäusen und Menschen.

In jenem Anwesenheitsregister sind zweiunddreißig Schüler in acht Klassen aufgelistet, einschließlich der Kinder der Familie Wiebe: Helen in Klasse sieben, Elsie (Liz) in Klasse fünf und Rudy in Klasse zwei. Über Miss Hingstons andere Namen, Elizabeth Frances Georgina, die darin auch verzeichnet waren, wussten wir nichts, auch nicht, dass sie eine befristete Lehrerlaubnis als Lehramtsanwärterin von einer Normalschule in Saskatoon besaß und dass die „Dauer ihrer Lehrerfahrung“ ein Jahr umfasste. Die Welt befand sich schon mehr als zwei Jahre im Krieg, und es war fast unmöglich, für die Tausende von Einraumschulen in Saskatchewan für ein „gegenwärtiges Jahresgehalt von $800“ Lehrer zu bekommen. Den Kuratoren Sam Heinrichs, der den Vorsitz hatte, Peter Berg und

John Dick war im Oktober 1942 klar, dass eine Verzögerung des Schulbeginns um lediglich sieben Wochen bedeutete, dass wir großes Glück hatten. Besonders, wie ich selbst merkte, mit einer Lehrerin wie Miss Hingston.

War, Tjrich, Krieg – schon das Wort klang böse. Unsere Eltern sagten, das sei so wie die Kommunistische Revolution in Russland, wo Männer sich gegenseitig töteten, so viele sie nur konnten, um herauszufinden, wer zuerst die meisten Toten hatte; diese Partei habe dann verloren. Verstehen konnte ich das nicht. Ich war in eine Welt hineingeboren, in der ich erlebte, wie zahllose Tiere wie Hühner und große Schweine schnell getötet und gegessen wurden, und ging mit auf Beerdigungen, wo in Särgen tote Menschen in ihren besten Kleidern lagen, für die gebetet wurde, bevor sie, umgeben von traurig singenden Menschen, hinaus auf den Kirchhof getragen und begraben wurden, während alle weinten. Aber Männer, die in Gruppen andere Männer töteten – dazu fielen mir nur die Hunde von den Martens ein und Carlo und gefletschte Zähne ... vorstellen konnte ich es mir nicht. Versuch's gar nicht, sagte meine Mutter, denk nicht darüber nach.

Das war natürlich unmöglich. Während jeder Minute, die wir in der Schule waren, starrte uns der Krieg an. Wenn wir durch die Tür traten, unsere Kleider für draußen an die Haken gehängt hatten – Knaben links, Mädchen rechts – und neben unseren Schulbänken strammstanden, sah uns der Krieg von den Tafeln entgegen mit dem Union Jack, der Weltkarte, dem Bild. Nachdem wir durch das gemeinsame laute Beten des Vaterunsers und das Absingen von „God Save the King" Gott und König die Ehre erwiesen hatten, setzten wir uns, um beim Namensaufruf „Hier" zu sagen, aber es war das Bild, das den Krieg schlaglichtartig ins Zentrum rückte.

Es war, wie Helen sagte, kein großes Bild von König Georg dem Sechsten wie früher einmal. Vielmehr hing in der oberen Ecke neben den westlichen Fenstern ein gerahmtes und verglastes Bild des Königs in Marineuniform, mit Königin Elizabeth ganz in Weiß zu seiner Linken und daneben in einem schwarzen Anzug, klein und gedrungen, Winston Churchill, dessen massiges Gesicht in unaussprechlichem Mut wie zu Stein erstarrt war. Man hatte uns erzählt, dass Mr. Churchill am 4. Juni 1940, einen Monat, nachdem er Premierminister geworden war und sechsunddreißig Tage, bevor die Schlacht um England begann, die erste seiner größten Reden gehalten hatte:

> Wir werden bis zum Ende gehen, wir werden in Frankreich kämpfen, wir werden auf den Meeren und Ozeanen kämpfen... wir werden unsere Insel um jeden Preis verteidigen, wir werden auf den Stränden kämpfen, wir werden auf den Landeplätzen kämpfen, wir werden auf den Feldern und auf den Straßen kämpfen, wir werden auf den Hügeln kämpfen; wir werden uns nie ergeben...

Mennoniten „zogen nicht in den Krieg, um Menschen zu töten", sagte mein Vater. Was aber wäre, wenn der Krieg zu ihnen käme, wie er auch, der Lehrerin zufolge, zu König George und Königin Elizabeth und Mr. Churchill gekommen war?

Mr. Churchill, hieß es, hatte das Gesicht einer Bulldogge. Ich hatte noch nie eine Bulldogge gesehen; ich saß in der ersten Bank in der zweiten Reihe zwischen den westlichen Fenstern und Miss Hingstons Pult, und das Bild hing direkt vor mir. Mr. Churchills Gesicht war das Gesicht des Krieges.

Niemand in Speedwell, weder Eltern noch Lehrer und schon gar nicht irgendein Schüler, konnte wissen, dass in Europa Ende Oktober 1942 die Flutwelle des Zweiten Weltkriegs fast ihren Höhepunkt erreicht hatte. Über Japan wussten wir nur sehr wenig – oben auf der Weltkarte hing es wie ein Krummsäbel, Chinas Bauch damit aufzuschlitzen, aber über die riesenhafte blaue Fläche des Pazifiks waren zu viele Inseln verstreut, als dass wir hätten verstehen können, was sich dort abspielte, selbst wenn wir Wiebes ein Radio gehabt hätten – was damals noch nicht der Fall war – obwohl uns die Nachrichten von den schlimmsten Ereignissen schließlich über den *Free Press Weekly Prairie Farmer* erreichten, den Mrs. Lucille Handley, die das Postamt von Speedwell leitete, aus Winnipeg bekam. Die Nachrichten von der Kapitulation nie gehörter Länder wie Indonesien und Burma vor den japanischen Soldaten erzeugten eine unbestimmte Angst, genauso wie jene braunen Männer mit Augen wie Schlitze und brüllenden Mündern auf den Plakaten, die Mrs. Handley regelmäßig an den Wänden ihres Postamts aufhängte. Die Handleys waren Engländer, und zwei ihrer Jungen, Archie und Charlie, waren als Soldaten in der kanadischen Armee mit Gewehren übers Meer nach England verschifft worden, und wie man hörte, konnte der junge George, der erst sechzehn war, es kaum abwarten, selbst Soldat zu werden.

Der Überfall der deutschen Wehrmacht auf die Sowjetunion jedoch weckte Furcht und Schrecken in den Herzen der Mennoniten, die erst vor so kurzer Zeit aus dem kommunistischen Russland geflohen waren. Das herrliche St. Petersburg, das jetzt Leningrad hieß, wurde enjetjetelt, im Wortsinn „eingekesselt", belagert, und Moskau fast umzingelt, die Siedlungen der Mennoniten in der Ukraine wurden überrannt bis ans Westufer der Wolga: Wie war der unaufhaltsame Hitler aufzuhalten? Und sollte man ihn aufhalten? Warum? Stalin, der böser als der Teufel war, hatte Hitler ganz bestimmt verdient, wenn nur das arme russische Volk nicht ... und all unsere Verwandten, die immer noch dort waren. Aber in den letzten vier Jahren hatte keiner einen einzigen Brief erhalten. Draußen vor dem Postamt – Joe Handley sollte nicht schon wieder anfangen, über England zu reden – vor dem Geschäft der Harders, oder nach dem Gottesdienst vor den Kirchställen, wo die Männer ihre Pferde angebunden hatten, tauschte man Vermutungen aus, weil alle sich Sorgen machten über unsere Verwandten in Russland, für die man jahrelang gebetet hatte, sie mögen irgendwie überlebt haben, trotz Revolution und Kollektivierung und Hunger und Geheimpolizei, ohne Prediger oder Kirchen in sibirischen Arbeitslagern, ach!, und jetzt diese Invasion, Millionen Soldaten, die mit ihren Gewehren und ihren Panzern Menschen töteten, wo Bomben aus heiterem Himmel fielen und explodierten – würde nie Schluss damit sein, dass die Welt immer schlechter wurde?

Und auch wir mennonitischen Kanadier, die wir nur aus Gottes unerklärlicher Barmherzigkeit vor diesem Land des Terrors sicher waren, erfuhren von diesen Ereignissen, manchmal erst Jahrzehnte später durch die wenigen Tanten und Onkeln und Cousins und Freunde, die dies alles durchgemacht und doch irgendwie überlebt hatten. Freilich oft mit unermesslichen Schäden an Leib und Seele.

~

Nicht in der Öffentlichkeit, aber zu Hause sagte Pah: „Diese Deutschen sollten mal gut aufpassen. Stalin hat viel Übung, der weiß, wie man Leute umbringt."

„Sag so was nicht", schimpfte ihn unsere Mutter. Sie versuchte, über Leiden oder Töten nicht zu sprechen; nur in ihren langen Gebeten abends, bevor wir zu Bett gingen, bekamen wir etwas mit von ihren unendlichen Ängsten.

„Und wenn dein Bruder Heinrich immer noch in Stalins Armee ist, dann sollten sie noch besser aufpassen!" Pah lachte, aber nicht so, als habe er es scherzhaft gemeint.

Mam sagte nichts dazu; sie wandte sich ab und der Pfanne mit „Kottletten" zu, flachen Frikadellen, die im schwimmenden Fett auf dem Herd ausgebacken wurden; neben rohen Kartoffelscheiben, die goldbraun gebraten wurden, meine Leibspeise. In der Schachtel mit den Familienphotos war auch eine Aufnahme von Heinrich Knelsen in Rotarmisten-Uniform und mit dem Roten Stern auf seiner spitzen Militärkappe (vgl. S. 54). Über seinen vollen Lippen trug er einen gepflegten schmalen Schnurrbart. In meiner Vorstellung war er irgendwo in jenem Russland, das sich wie ein aufgedunsenes Ungeheuer über die halbe Weltkarte in unserer Schule erstreckte, ein Soldat, bestimmt der Tapferste unter den Tapferen und mit einem großen Gewehr gegen die Deutschen kämpfend, obwohl ich mir kein Bild machen konnte, wie. Was machten Soldaten einer großen Armee, wenn sie kämpften? Was passierte, wenn eine Kugel sie traf? Explodierten sie dann, platzte ihnen der Kopf, auch wenn sie eine Uniform trugen? Ich hatte noch nie einen Mann in Uniform gesehen, nur Bilder davon, nicht einmal die Brüder Handley – obwohl Dan mit Bill Handley zusammen den ganzen Winter für die Lobes am Cold Lake arbeitete, waren wir nie bei den Handleys zu Besuch, und sie nicht bei uns – und als Abe Fehr seine .22 brachte und zum Schlachten unser großes Schwein erschoss, hatte das Schwein nur ein winziges Loch in der Stirn. Obwohl es umfiel und Pah ihm danach den Hals aufschneiden konnte, aus dem wie aus einem umgekippten Eimer dickes Blut herausfloss, würde doch Menschen im Krieg zu erschießen viel schrecklicher, die Kugeln viel größer sein und Körper würden explodieren. Vielleicht gab es in einem Buch in der Schule ein Bild von kämpfenden Armeen, aber Helen sagte nein, nein, das Bild von Onkel Heinrich habe auch etwas ganz Schreckliches. Wieso denn, bei so einem netten, traurigen Gesicht? Na, wie könne er nur für diesen Stalin diese Uniform tragen? Und außerdem hatte Onkel Heinrich mit einer dünnen Feder in wunderbar ausgeführter deutscher Schrift auf die Rückseite geschrieben:

Als Rotarmist... mit Artelistengrüßen,
Euer Bruder, Schwager und Onkel,
Romanowka, x, xi, 1931

„Was bedeutet ‚artelistisch'?"

„Das ist ein kommunistisches Wort; Mam will es uns nicht sagen."

Ich betrachtete die wunderbar geschnörkelte, unleserliche Unterschrift meines Onkels Heinrich; die kommunistischen Wörter „Rotarmist" und „Artelistengrüße". Da stand aber auch noch „Onkel" und von diesem Wort ging etwas Warmes aus wie von Prediger Onkel Jacob Enns, wenn er von seinem Predigerpult herunterlächelte. Und wenn Onkel Heinrich bei Stalin war, würde er jetzt gegen Hitler kämpfen, und vielleicht würden Hitler und Stalin sich gegenseitig töten, und alle könnten fröhlich nach Hause gehen. Das verstehst du noch nicht, sagte Helen, und außerdem gibt's da noch einen Onkel Johann.

„Was ist mit Onkel Johann? Ist er auch ein Rotarmist?" wollte ich wissen.

„Nein, nein, der ist älter", erklärte mir Helen. „Er war im Ersten Weltkrieg Sanitäter."

„Was ist ein ‚Sanitäter'?"

„Er hat verwundete Soldaten aus dem Krieg ins Lazarett gebracht, aber jetzt hat ihn Stalin nach Sibirien verschleppt, ins Gefängnis."

„Aber warum, wenn er Soldaten geholfen hat?"

„So ist halt der Stalin", sagte Helen. „Onkel Johann war ein Lehrer, aber jetzt ist er angekettet wie ein Hund und friert in einem Lager."

„Sibirien ist auf der großen Karte. Wo in Sibirien?"

„Vielleicht ist Onkel Johann schon tot. Das kannst du noch nicht verstehen."

Noch nicht! Ich war der jüngste in der Familie, und musste deshalb alles von den anderen lernen und immer gab's dieses ‚noch nicht'. Aber irgendwann würde ich auch etwas wissen, bald würde ich alles wissen, was ich wollte, würde soviel wissen, dass ich die Hälfte davon vergessen könnte und immer noch mehr wüsste, als jemand mich fragen konnte, vielleicht sogar, wenn ich wollte, soviel wie Mr. Kriegs-Churchill, der so finster dreinschaute auf jenem kleinen Bild in der Ecke der langen Tafel, die die gesamte Nordwand der Schule einnahm und die Hälfte der Ostwand, genau bis zum Bücherschrank unter dem kleinen Fenster; das Bild neben den beiden großen, rechteckigen Karten von Neilson Chocolate, eine von Kanada und eine von der ganzen Welt, mit den Kommunisten, einschließlich Sibirien in Grün – glaubte ich wenigstens, obwohl ich nie jemanden gefragt hatte – und über alle blauen Ozeane verstreut, in Rot natürlich, weil Kanada auch rot war, das British Empire, in dem die Sonne nie unterging, noch nicht. Und das werde sie auch nie, sagte Miss Hingston. Wenn es einmal soweit war, würde ich alles wissen, würde ich genau wissen, was zwischen Heinrich und Johann, den Brüdern meiner Mutter, so schrecklich schiefgelaufen war in Russland.

~

Die fünf großen Westfenster ließen das Licht von links auf unsere Schulbänke fallen. Dies war Prärieschulen-Standard, weil alle mit der rechten Hand schreiben und zeichnen mussten; wer als Linkshänder auf die Welt gekommen war, wurde durch Erlass des Erziehungsministeriums, vom Schulinspektor durchgesetzt, einfach gezwungen, mit der rechten Hand zu schreiben. Im Frühling und Frühherbst, wenn die meisten von uns barfuß in die Schule kamen, schrieben wir zum Zeitvertreib mit unseren Zehen oder mit Stöckchen, die wir dazwischen steckten, in den

Staub. Wir entdeckten, dass unsere Füße ähnliche Fertigkeiten besaßen wie unsere Hände.

Es kann Wesley Dunz gewesen sein, der in der zweiten Klasse einmal sagte: „Schau, ich kann mit meinem linken Fuß besser schreiben als mit meiner rechten Hand."

Jemand sagte mir, sein Familienname bedeute auf Englisch „dumm".

„Das sollst du nicht sagen", sagte Helen. „Er tut sich nur ein bisschen schwer beim Lernen."

Wie man in unserer Familie auch von meinem Bruder Dan sagte, obwohl ich heute glaube, dass daran hauptsächlich seine unregelmäßige und kurze kanadische Schulausbildung schuld war; er war jedenfalls ein hervorragender, hart arbeitender Farmer, der, wenn er von seiner Auswärtsarbeit zurück war, mit Mam zusammen unsere Farm besser führte als Pah. Dan war neunzehn und musste wie Abe und Emmanuel bei der Regierungsstelle in North Battleford vorsprechen. Ich wusste, dass unsere Kirche und unsere Familie nichts von Gewehren hielten; die einzige Ausnahme, bei der mein Vater ein kleines Gewehr auf dem Hof duldete, war zum Schweineschlachten, sonst aber nicht einmal ein Jagdgewehr. Und obwohl die Fiedlers und die Lobes große Gewehre hatten und auf die Jagd gingen und im Herbst Wild aßen: vom Töten von Menschen hielten auch sie nichts, nicht einmal, als die kanadische Regierung beschloss, es sei gut, Leute übers Meer zu schicken, um Deutsche zu töten, und die Mounted Police würde einen nicht ins Gefängnis werfen, wenn man es täte, vielmehr würde man ein Held und dem König vorgestellt werden, damit er einem einen Orden an die Brust heften konnte. Bilder davon konnte man ziemlich oft im *Free Press Prairie Farmer* sehen.

Unsere Familie stellte in den Kriegsjahren keine Soldaten. Mit seinen vier Kindern war Gust zu alt, Abe und Emmanuel waren Pastoren in Missionskirchen in kleinen Städten von Saskatchewan: Abe und Gilda in Pierceland im Norden, Emmanuel und Mary zuerst in Livelong, dann in Sandy Lake; Dan wurde befreit wegen Unabkömmlichkeit auf der Farm. Wir produzierten zwar nicht mehr Getreide, weil auch das Land auf Gusts Heimstätte so steinig war wie überall in Speedwell, aber wir hatten mehr Vieh, und zwar sowohl Milchkühe für die Rahmerzeugung, als auch Bullen und Schweine für den Verkauf als Schlachtvieh. Weil die Lebensmittelpreise während des Krieges so stiegen, konnte unsere Familie 1942 endlich die letzten hundert Dollar ihrer Reisekosten zurückzahlen, die fast alle Mennoniten der CPR schuldeten, weil diese sie in den Zwanzigerjahren auf Kredit von Europa nach Kanada befördert hatte.

Pah besaß ein vier Seiten langes gelbes Formular, auf das die genaue Reiseroute mit den Daten aufgestempelt, und das ihm am 7. Februar 1930 von der deutschen Polizei in Prenzlau ausgehändigt worden war:

Personalausweis Nr. 157. Passersatz

Es erklärte ihn zum „Staatenlosen“, der Russland am 1.12.1929 verlassen hatte, und dessen gegenwärtiger, vorläufiger Aufenthaltsort das Flüchtlingslager in Prenzlau, Deutschland, war. Auf Mams gelbem Passersatz Nr. 158, unmittelbar über und rechts von ihrem Namen standen die Namen ihrer fünf Kinder in der Reihenfolge ihrer Geburt. Auf dem Photo ist unsere Mutter, die vierunddreißig Jahre alt ist, ausgemergelt und hohläugig; vielleicht hat sie bis dahin nicht gewusst, wie man lächelt.

Manchmal holte mein Vater an einem Wintersonntagnachmittag „de Papiere", wie er sie nannte, aus der Kiste von dem kurzen Brett herunter, das über den Kleidern in einer Ecke des Schlafzimmers angebracht war, und legte sie auf den Küchentisch. Dann kniete ich mich neben ihn auf die Bank und beugte mich in das Licht der Lampe, um diese seltsamen, traurigen Dokumente zu betrachten, ja, sogar zu berühren, die so lang wie unsere gefalteten Papierbögen in der Schule waren, aber dicker, und gelb, und in doppelter Ausführung, mit auseinandergebrochenen Falzen und unverständlichen Wörtern. Die Namen waren gut lesbar, fein mit Feder und Tinte geschrieben, wohl die meiner Eltern und Schwestern und Brüder, aber mit diesen vielen Stempeln überall auf den freien Stellen und langen, leeren Seiten: Der runde Stempel von der Polizei Prenzlau und der absolut entscheidende vom „Department of Health Canada 10 Feb. 1930", die Rechtecke des „Government of Canada Civil Inspection Hamburg", und des „Immigration Officer Grimsby", schließlich das mirakulöse winzige Oval: „Immigration Canada St. John N. B. Feb 24 1930". Und unmittelbar unter diesem der letzte unerlässliche Stempel in hohen Großbuchstaben: C.P.R, gefolgt von dem handschriftlichen Eintrag: „#19622".

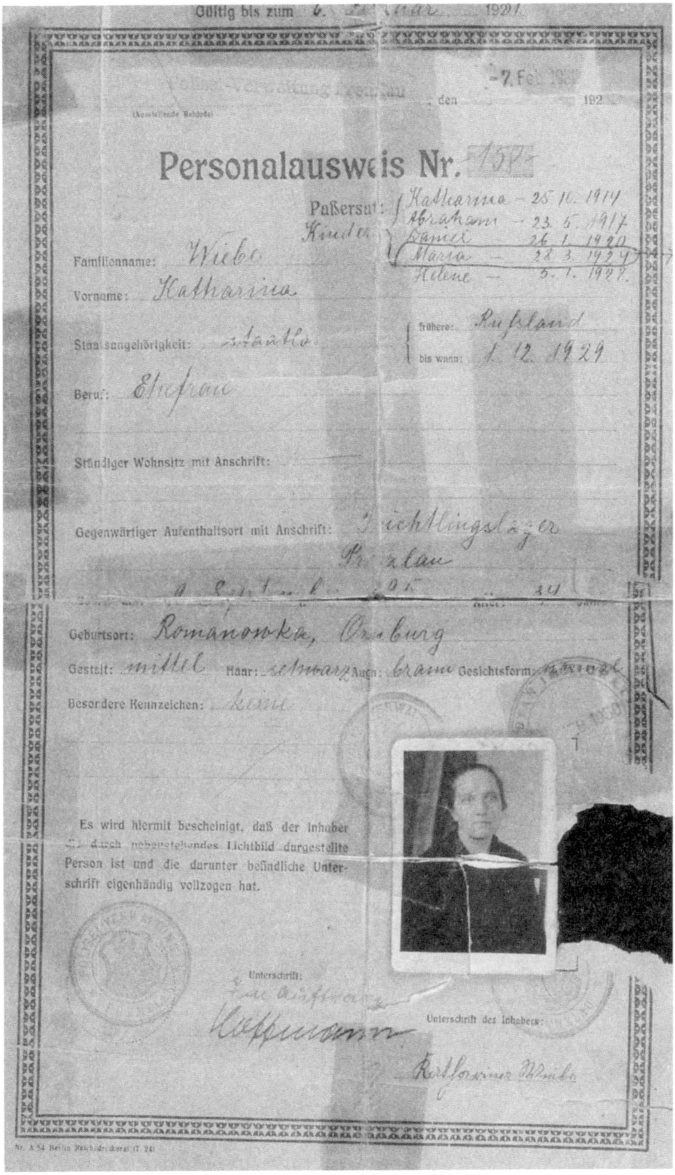
Gültig bis zum 6. ... 1927.

... den -7. Feb 19... 192

(Ausstellende Behörde)

Personalausweis Nr. 158

Paßersatz: Kinder: Katharina – 25. 10. 1914; Abraham – 23. 5. 1917; Daniel – 26. 1. 1920; Maria – 28. 3. 1924; Helene – 5. 1. 1927.

Familienname: Wiebe

Vorname: Katharina

Staatsangehörigkeit: staatlos — frühere: Rußland — bis wann: 1. 12. 1929

Beruf: Ehefrau

Ständiger Wohnsitz mit Anschrift:

Gegenwärtiger Aufenthaltsort mit Anschrift: Flüchtlingslager Prenzlau

Geburtsort: Romanowka, Orenburg

Gestalt: mittel Haar: schwarz Augen: braun Gesichtsform: normal

Besondere Kennzeichen: keine

Es wird hiermit bescheinigt, daß der Inhaber die durch nebenstehendes Lichtbild dargestellte Person ist und die darunter befindliche Unterschrift eigenhändig vollzogen hat.

Unterschrift: Im Auftrag Hoffmann

Unterschrift des Inhabers: Katharina Wiebe

Nr. A 54 Berlin Reichsdruckerei 17. 24.

Auf der ersten Seite des Passersatzes klebte ein kleines Schwarz-Weiß-Photo, dessen obere Ecken von der Polizei Prenzlau und der Canadian Immigration Hamburg gestempelt waren. Das gestempelte Passbild meines Vaters wirkt fast unwahrscheinlich: da ist ein Mann in einem schwarzen Rollkragenpullover, mit gestutztem Schnurrbart und kurz geschnittenem Haar, mit so weit aufgerissenen Augen geradeaus blickend, als sei er vor Schreck erstarrt; sogar noch in Deutschland, weit außer Reichweite von Stalins Fängen.

In Speedwell, Saskatchewan, vierzehn Jahre später, saß mein Vater, den Kopf in den Händen, die Ellenbogen aufs Wachstuch des Küchentischs gestützt, gedankenversunken über „de Papiere", genauso wie er über der Bibel saß. Er starrte auf seine ausgemergelte Familie, die sich vor irgendeiner Bretterwand in Moskau im November 1929 aufgestellt hatte, auf die kleine Helen fest in Mutters Arm, doch mit einem Gesicht, das die eiserne Realität des Lebens bereits umwölkt.

Und Deutschland war so gut zu uns gewesen, hatte uns, die wir lediglich Sommerkleider hatten, im Winter auf unserer Flucht vor den Kommunisten aufgenommen, uns Essen und Papiere gegeben, so dass uns die CPR auf Kredit nach Kanada bringen konnte, weil man wusste, dass Mennoniten immer ihre Schulden bezahlen... Was für ein Land ist dieses Kanada, was werden wir dort tun ohne einen Pfennig und mit allen unseren Kindern? Insgesamt siebenhundert und zwanzig Dollar Reiseschuld: für sieben Personen im Zug von Prenzlau nach Hamburg, per Schiff ins englische Grimsby, mit dem Zug nach Liverpool, auf dem CPR-Schiff SS *Metagama* nach Saint John in Kanada, mit der Eisenbahn nach Montreal und Calgary, und schließlich zu dem kleinen Bahnhof einer Präriestadt, auf dessen Mansardendach „Disbury“ gemalt war; fast ein Monat Reise, vom 8. Februar bis 4. März 1930. Und jetzt, 1942, sollten Abe und Dan Kanada dabei helfen, Deutsche zu erschießen?

Zuverlässigen Statistiken zufolge waren im Zweiten Weltkrieg etwa 12.000 Männer, die sich als Mennoniten auswiesen, bei der kanadischen Regierung registriert. Von ihnen dienten 4.500 in den Streitkräften, und 7.500 leisteten als anerkannte Kriegsdienstverweigerer einen Ersatzdienst. Aus Speedwell gingen drei Söhne aus mennonitischen Familien zum Militär: Abe Kopp, der im Sanitätskorps Dienst tat, Henry Koehn, ein Sohn unseres Kirchendiakons von Speedwell, und Orville Fehr, der älteste Bruder von Isola und Troy, mit dem ich mich anzufreunden begann. Eines Sonntags im Sommer erschien Orville in einer khakibraunen Uniform mit Koppel in der Kirche, und ich betrachtete ihn, als er sich mit einer Gruppe junger Leute in seiner selbstsicheren „Ich-hab-so-ziemlich-alles-was-es-gibt-gesehen“-Art unterhielt. Viele Abzeichen waren auf seiner Jacke, und auf dem Ärmel war über dem Handgelenk ein großes „GS“ aufgenäht. Ich war etwas verwirrt, traute mich nicht, nachzufragen, flüsterte später aber Troy zu: „Dieses ‚GS‘ da: Ist Orville wirklich ein deutscher Soldat, a German Soldier?“

Über meine übliche Ahnungslosigkeit musste Troy laut lachen: „Du Dummkopf! Gegen die kämpfen wir doch! Es bedeutet ‚General Service‘, Allgemeiner Dienst.“

Eines der großen Wunder Kanadas, genauso groß wie dass es genug zu essen und immer irgendeine Arbeit gab, und man nur einmal in zwölf Jahren einen Polizisten sah, dem man etwas zu trinken anbot, eines der großen Wunder war, dass meine Brüder nicht gezwungen wurden, auf jemanden zu schießen; weder im Namen Kanadas, noch Großbritanniens oder von sonst jemand. Selbst noch im Ausnahmezustand des Krieges wurde in diesem Land ihr persönliches Gewissen respektiert. Jeder konnte sich als Kriegsdienstverweigerer registrieren lassen und in annehmbaren gemeinnützigen Jobs für fünfzig Cent am Tag arbeiten, wovon sie ans Rote Kreuz monatlich einen Betrag abführten, dessen Höhe zwischen den Führern der traditionellen Friedenskirchen (Mennoniten, Quäker, Brethren in Christ) und der Regierung von Premierminister Mackenzie King ausgehandelt wurde. In der *Free Press* wurde darüber berichtet, in Speedwell aber sagte keiner ein Wort darüber, nicht einmal Joe Handley, und 1944 zeigte uns unsere nächste Lehrerin, Miss Klassen, ein Photo von Mr. King, Mr. Churchill und Mr. Roosevelt eng nebeneinander sitzend vor den Mauern von Quebec City. Nie aber sahen wir ein Bild von Mr. King neben König George und Königin Elizabeth, deshalb wurde das Quebec-Bild nie über der Tafel aufgehängt. Mackenzie King hatte kein Kriegsgesicht.

~

Jede Zahl, jedes Wort konnte mit weißer Kreide auf die große Tafel geschrieben, jedes Bild gezeichnet werden. Die längste Zahl der Welt ebenso wie Zahlen, die kleiner als Null waren, oder sämtliche Wörter der englischen Sprache. Ich blätterte im Schulwörterbuch und schaute auf die Tafel: Seit der Gründung der Schule von Speedwell – in der zweiten Klasse hatte ich keine Ahnung, dass sie gerade zwölf Jahre zurücklag, sie hätte genauso gut schon immer existiert haben können – waren zahllose Wörter darauf geschrieben und wieder ausgelöscht worden. So dünn diese Kreidestriche auch waren, wenn sie nicht mit dem FILZLAPPEN ausgelöscht worden wären – was für ein schönes Wort, so schnell und knapp, wie einmal über die Tafel GEWISCHT, und sie war BLITZBLANK – wenn also die Wörter immer übereinandergeschrieben worden wären, dann würden vielleicht die letzten, die Miss Hingston schrieb, weit genug hervorstehen, dass Kreidestaub auf ihr Pult rieselte! Auf die Tafel schreiben war wie sprechen, mehr und immer noch mehr Wörter konnten aneinandergereiht werden, man konnte sie in unendlich vielen Kombinationen schreiben und sehen und sagen, sie schreiben und auslöschen und vergessen, so oft man wollte, so blitzschnell sie da waren, so schnell waren sie wieder weg. Mit Büchern war es anders.

Ein Buch sagte immer genau dasselbe: Die Wörter in einem Buch, das man in die Hand nahm, waren zum Anschauen: sie konnten nicht ausgelöscht, verändert oder vergessen werden. Wenn man *Highroads to Reading* aufschlug, Buch 3, Seite 224 – Buch 3 ging einen zwar noch nichts an, aber trotzdem schaute man natürlich über den Gang in Wilfred Heinrichs Lesebuch für Klasse drei – so sah man dort:

SILVER

Slowly, silently, now the moon
Walks the night in her silver shoon ...

SILBER

Langsam, leise, durch nächtliche Ruh
Geht der Mond in silbernem Schuh ...

„Was ist ein ‚shoon'?"

„Woher soll ich das wissen?" sagte Wilfred.

„Das ist ein ganz altes Wort für Schuhe", sagte Miss Hingston, die neben meiner Schulter aufgetaucht war, „so alt, dass es nicht mehr benützt wird, es ist tot."

Wörter konnten sterben? Aber warum war es gestorben, es hörte sich besser an als „shoes", es zischte nicht am Ende; Bücher konnten also Wörter sagen, die schon tot waren –

„Rudy! Lies, was ich dir befohlen habe", sagte Miss Hingston im Luftraum über mir.

Das hatte ich schon getan, sieben Mal. Aber ich flitzte zurück zu *Highroads to Reading*, Buch 2, Seite 229, zum letzten Abschnitt mit der Überschrift: „Mehr Spaß (Für gute Leser)", wo mein Blick immer auf „4. Der Fischer und seine Frau" fiel. Auf Seite 230 war das Bild des barfüßigen Fischers, wie er einen riesigen Fisch auf den Strand zog; die schwarze diagonale Linie der Angelleine zwischen seiner rechten Hand und dem weit aufgerissenen Maul des Fisches schnitt durch die winzige schilfgedeckte Hütte weit weg hoch über dem Strand. Und wie der Fisch mit dem Haken im Maul rief:

„Oh, iss mich nicht. Wirf mich zurück ins
Meer, und du bekommst alles, was du dir
wünschst.
Schnell warf der Fischer den Fisch zurück
ins Meer.
„Wer will schon einen Fisch essen, der
sprechen kann?“ sagte er.

Nur zu wahr. Aber als er nach Hause kommt, schimpft seine Frau ihn eine Gans! Und schickt ihn zurück, um sich was zu wünschen. Widerwillig gehorcht der Fischer; langsam wandert er am Meer entlang und singt ein Lied, das mir seither in Erinnerung geblieben ist, Wort für Wort:

Oh, Man of the Sea,
Come listen to me,
For Ilsa, my wife,
The plague of my life,
Hath sent me to ask a gift of thee.

Mauntje, Mauntje, Timpete,
Buttje, Buttje in der See,
Myne Fru, de Ilsebill,
Will nich so, as ik wol will.

Ihr erster Wunsch ist eine „hübsche kleine Kate“, aber mit keinem Wunsch, der ihr erfüllt wird, gibt sich die Frau zufrieden: Als nächstes wünscht sie sich ein großes Schloss; dann wünscht sie sich keine Häuser mehr, sondern will Königin werden vom ganzen Land; sogar das erfüllt ihr der Fisch, als aber ihr vierter Wunsch kommt, ist das Meer schwarz und Donner rollt darüber hin. Als der Fischer, der sich jetzt fürchtet, sein Lied in die tobende Brandung singt,

> Da stieg der Fisch aus einer Welle.
> Der Fischer sagte: „Meine Frau will die
> Macht, Sonne und Mond auf- und unter-
> gehen zu lassen, wann sie es will."
> „Geh in dein kleines Haus", sagte der Fisch.
> „Dort bleib und sei zufrieden."
> Und dort sitzen der Fischer und seine
> Frau bis zum heutigen Tag.

Ich wusste, dass es so ausgehen würde. Jedes Mal. Ich blätterte schnell zurück zum Lied des Fischers:

> For Ilsa, my wife,
> The plague of my life ...
>
> Denn Ilsa, mein Weib,
> Die Plage meines Lebens...

Plague, Plage. Als Pah Mam heiraten wollte, hat mein Großvater, wie er erzählte, zu ihm gesagt: „Ploag die nich met ahr", plag dich nicht mit ihr herum. Heute ist mir klar, dass dieses Wort in der Übersetzung verändert wurde; im Lied bei den Gebrüdern Grimm heißt es wörtlich: „Meine Frau, die Ilsebill, will nicht so wie ich wohl will", eine Meinungsverschiedenheit, die entsteht, weil sie zuerst Königin, dann Kaiserin, ja sogar Papst werden will und am Ende verlangt, Gott zu werden, und damit alles zerschlägt. Aber ich lernte Englisch, und dies war die vorletzte Geschichte in Band 2, und ich las heraus, dass mit vier schnellen Wünschen eine Ehefrau so gierig werden kann, dass sie für ihren Mann zur „ansteckenden, pandemischen Erkrankung“ werden konnte. Hier, wie Miss Hingston manchmal sagte, war wirklich etwas faul.

Ich erinnere mich so gut an die Zweite Klasse wegen Miss Hingston: ihr war es wichtig, dass wir armen Speedweller mit unserer verwitternden Schule aus lehmverputzten Holzbalken – das vier Meilen entfernte Jack Pine hatte jetzt eine schöne, sahnegelb gestrichene Bretterverkleidung mit braun umrandeten Tür und Fenstern – stolz auf uns waren. Deshalb machte sie von jeder Klasse Photos, und als wir ihr sagten, dass wir noch nie ein Softball-Spiel gegen Jack Pine gewonnen hatten, trainierte sie uns jeden Mittag und nach der Schule für den einmal im Jahr stattfindenden Sporttag: In jenem Frühling 1943, da die Martenszwillinge abwechselnd warfen und fingen, gewannen wir beide Spiele, zuerst auf unserem Spielfeld, dann auf ihrem. Als 1971 das CBC-Fernsehen einen Dokumentarfilm über meine Kindheit drehte, kam Miss Hingston eigens aus North Battleford, und zusammen lehnten wir uns aus einer der Fensteröffnungen – das Gebäude war seit fünfzehn Jahren nicht mehr benützt worden, aber Wände, Dach und Fußboden standen noch – und schenkte mir eine Kopie des von Mäusen angefressenen Anwesenheitsregisters der Schule. Der Bücherschrank aber, der immer unter dem hohen Fenster an der gegenüberliegenden Wand gestanden hatte, war verschwunden und kein einziges Buch war mehr da.

~

Ich betrachtete das Maul des riesigen Jackfischs, den Dan Zug um Zug aus dem Turtle Lake in unser Ruderboot zog. Ich stand am Bug, um mit einer Tomatendose das eingedrungene Wasser auszuschöpfen; die Sommersonne glühte blau über den Zacken der Schwarzfichten am fernen Ufer; erhitzt vom Rudern hatte Dan sein Hemd ausgezogen. Ich beobachtete, wie seine riesige Hand, die von endloser schwerer Arbeit breit geworden war, den zappelnden, sich gegen die Bootsplanken werfenden Jack am Hals packte, wie seine eine Hand sich spannte, seine andere unseren Farmhammer griff und ihn dem Fisch einmal genau auf den flachen glatten Schädelknochen schlug. Krschsch. Der Jack hatte so heftig auf den Schlepphaken gebissen, dass Dan den Unterkiefer aufschlitzen und eine Zange benützen musste, um an den spitzen Zähnen vorbei hineinzukommen und ihn herauszuholen. Sein flinker Schnitt zerstörte das Maul des Fischs: wie hätte ein Fisch, obwohl er Zähne so spitz wie die einer Säge hatte, dessen Unterkiefer aber gespalten war, etwas zu mir sagen können?

Aber ich beobachtete ihn, während Dan zurück ans Ufer am Indian Point ruderte, wo Mam in einem Ring aus Steinen schon ein Feuer angezündet hatte, um ihn darüber zu braten. Die Fiedlers waren fort, es gab kein Picknick mit frischem Fisch und Kartoffelsalat mehr, das vor unseren beiden Familien ausgebreitet werden konnte; nur ein paar Kinder, nämlich Liz und Helen und Herta Klassen von unseren Nachbarn, die überhaupt nicht lustig war, spielten auf den langen goldenen Sandbänken, über denen der See als so dünner Film stand, dass es aussah, als liefen sie auf dem hellen Wasser. Kein Tony, kein kleiner Eldo und keine Annie zum Necken und im Sand Vergraben. Ich musste in der Hitze sitzen und Wasser aus diesem lecken, knarrenden Schrottkahn schöpfen, musste zuschauen, wie dieser schimmernde Fisch starb. Er war so glatt wie eine Kugel mit Flossen; seine zerrissenen Kiefer bewegten sich leicht, es gab Fischwörter, Fischgeschichten aus der schwarzen Tiefe des Sees zu erzählen, Geschichten, seltsamer als Schlösser und Päpste, hätte ich nur die richtigen Ohren gehabt, um sie zu verstehen. Wie viele Geschichten es hier in Turtle Lake geben musste – kein Mensch, so erzählte man sich, habe je messen können, wie tief er war – und wie viele andere Geschichten mochte es jenseits der Fichten geben, die über den Thunderchild Hills im Westen in den Himmel übergingen.

Jahre später sollte ich erfahren, dass sich die Leute in Livelong am Südende des Sees immer noch von einem Ungeheuer erzählen, das jemand, den sie kannten, einmal gesehen haben soll, und das jederzeit wieder aus den Tiefen des Sees auftauchen könne; auch, dass die Cree vom Thunderchild Reservat westlich des Sees wissen, warum er den Namen Schildkröte trägt, „Turtle“: Es ist das Tier, auf dessen Rücken, wie in ihren Geschichten überliefert wird, der ganze Kontinent ruht. Aber damals wusste ich davon noch nichts; meine Schule und die Bücher, die sie hatte, sagten mir nichts über meinen Ort auf dieser Erde. Ich war, wo ich war, ein Kind, einsam auf ein paar Planken zwischen Luft und Wasser, schaukelnd in einer göttlichen Welt so unermesslich wie ein unbekannter Ozean.

Was ich aber so dicht vor mir sah, dass ich es hätte berühren können, war Dans brauner Rücken, mir und dem Ufer zugewandt und rudernd: wie er sich krümmte und zog, wie seine langen Arme sich streckten und wie sich sein blonder Kopf nach hinten warf und wie unter der sonnengebräunten Haut seines Rückens die Muskeln spielten. Für mich war mein großer Bruder der größte, stärkste Mann in Speedwell, mit Schultern so breit wie die eines Bullen, und im blendenden Gegenlicht sah ich über dem See den riesigen Kopf eines Bullen, mit dichtem, schwarzem Haar zwischen zwei glänzenden Hörnern: Der Minotaurus! Wenn er sein Maul öffnen und brüllen und sich aufbäumen würde, dann würde die Welt erbeben.

Unser Hammer und das Fischmesser lagen im Wasser, das sich um den Fisch herum sammelte. Unter Dans Fuß platschte Wasser. „Heh! Beweg die Dose wieder!"

Theseus im Kampf gegen den Minotaurus; ein Schlag des Hammers auf den Kopf und ein Stoß mit dem Messer zwischen die Schulterblätter, und er läge tot im Boot, bevor er noch ein weiteres Wort sagen könnte, und nie wieder würde er eine Jungfrau verschlingen, keine einzige!

Eine Geschichte aus einem Buch in der Schulbücherei. Die tiefstehende Wintersonne suchte sich das kleine Buch aus, das sich zwischen den Lesebüchern auf dem Regal fast versteckt hatte, ein Buch, so blau wie *Highroads to Reading*, aber seine Geschichten über griechische Helden waren länger und komplizierter, und von allen Helden war Theseus der größte. Mit einem Schnurknäuel ähnlich dem Knäuel Strickwolle meiner Mutter drang er ins Labyrinth des Minotaurus und zerriss das Untier mit bloßen Händen, brauchte weder Hammer noch Messer. Nachts im Bett unter dem Dach aber, wenn Dan neben mir im Schlaf atmete, hielt mich die Begegnung des Theseus mit Prokrustes wach: War das Eisenbett des Prokrustes ein Bett wie das von Dan und mir hier unter den Dachbalken, war es ein dünnes Bettgestell aus gedrehten Eisenstäben mit einem Strohsack auf einem Bettrost, der zur Mitte hin so durchgelegen war, dass Dan mich immer in die Kuhle schob, ohne dass einer von uns etwas davon merkte? Langsam wurde es dunkler unter dem spitzen Dach über mir, und ich zog mir das Laken übers Gesicht. Dan schlief in seinem schweren Körpergeruch. Er würde zu lang, und ich bestimmt zu kurz sein. Prokrustes würde Dan oben und unten abhacken, das Hacken würde so schnell gehen wie der Schlag einer Axt, mir aber würde er ein Seil um Hals und Fußgelenke legen und mich geradeziehen wie einen Baumstamm, und Stückchen um Stückchen wurde ich zum Quietschen des Bettes gestreckt, bis der Schmerz des immer Längerwerdens unerträglich wurde, und ich mir das Laken in den Mund stopfte, um meinen Schrei zu ersticken.

Wie lang war das Bett des Prokrustes? Nur ein einziger Mann hatte je darauf gepasst; ein bisschen länger, und ich wäre dieser Mann gewesen, hätte die ideale Größe gehabt – was machte das schon, wenn man nur lebte, um auf ewig der Sklave des Prokrustes zu sein? Man konnte wegrennen, in Speedwell schnell und leicht in den nahen Busch, im Moor konnte einen nur ein Indianer aufspüren, sagte man. Indianische Wagen fuhren manchmal auf dem Erschließungsstreifen vorbei, hielten aber nie an unserem Haus an. Aber es gab viele Bäume zum Verstecken ... Dann war ich eingeschlafen.

„Nichtsnutz", sagte Dan, die Ruder einziehend. Wir waren am Strand, ich schien auf einem Brett aus Wasser zu sitzen. „Steig aus, bevor du ersäufst."

Ich habe nie gerne geangelt. Ein Fisch war zu schön, um ihn quälen, aus dem See ziehen und töten zu dürfen. Und dennoch, stachelig wie der Jack auch war: Immer wieder, wenn Mrs. Fiedler oder Mam einen gebraten hatten, schmeckte man, wie unmöglich es war, sich vorher seinen köstlichen Geschmack vorzustellen.

~

Während ich allmählich der Welt jenseits der Familie und Speedwell gewahr wurde, war Krieg, nur Krieg. Das war „de groote Welt", die große, weite Welt, sagten meine Eltern, und es passte genau zu den brutalen Hungergeschichten, die ich unsere Nachbarn erzählen hörte, wenn sie an Sonntagnachmittagen oder Winterabenden zu Besuch waren und von Russland erzählten, aus dem wir, durch Gottes Barmherzigkeit, hatten fliehen können. Aber selbst hier, verborgen in den stillen borealen Wäldern Kanadas, konnten wir uns nicht dem Jahrhundert entziehen, in dem Menschen das Schlimmste ertragen mussten, was Menschen je einander zugefügt hatten: brüllend stürzte es sich aus dem Himmel in eine Wirklichkeit, die wir hören und sehen konnten.

Anscheinend war das abgelegene Speedwell auf dem geographischen Gitternetz ein Punkt im Übungsbereich von Kriegspiloten. Die Maschinen des British Commonwealth Air Training Plan, die auf einem Flugplatz in der Nähe von North Battleford stationiert waren, donnerten über die Baumwipfel am südlichen Horizont und im Tiefflug über unsere Schule, als ob die winzigen glotzäugigen

Köpfe in diesen sich durch die Luft hämmernden Apparaten es irgendwie darauf abgesehen hätten, uns Kinder mit ihrem Blick zu durchdringen, die wir in der Pause starr vor Schreck vom Softballplatz zu ihnen hinaufstarrten. Dies geschah viele Male, und die kleinsten von uns gerieten jedesmal in Panik und rannten in die Schule, um sich unter unseren Schulbänken zu verstecken. Keines von uns Kindern winkte ihnen jemals zu; diese Apparate, die von Männern durch die Luft gesteuert wurden, wohin sie wollten, erschienen mir unwirklicher als ein Minotaurus.

Wie Kugeln oder Bomben waren sie urplötzlich und wie aus dem Nichts im klaren blauen Himmel: Von allen zum Töten von Menschen gemachten Apparaten waren sie die entsetzlichsten. „De groote Welt“, sagte meine Mutter fast unter Tränen, „soo ess daut“ – so ist das nun mal.

Trotzdem verbindet sich meine intensivste Erinnerung an die Fliegerei weder mit diesen Trainingsmaschinen, noch mit dem Grauen, auf das ihre Piloten vorbereitet wurden; vielmehr bezieht sie sich auf ein Paar neuer königsblauer Hosen mit den schärfsten Bügelfalten, die ich je getragen hatte. Eines Tages im Frühling, vielleicht Anfang Mai, ging ich auf dem Weg zum Knabenklosett an den Resten eines langen Holzstoßes vorbei, die nach einem langen Winter unser Schulofen übriggelassen hatte. Auf den in vielen Jahren von Knabenhintern glattgewetzten Brettern betrachtete ich meine neue Hose. Ich hatte mich zum Austreten in der üblichen wortlosen Art gemeldet, indem ich meine Hand mit ausgestrecktem Zeige- und Mittelfinger erhob – ein Zeichen, das Mr. Churchill als Siegesgruß berühmt machte, für uns aber immer noch notwendigerweise: „Nummer Zwei, bitte schnell!“ hieß – deshalb konnte ich mir auf dem Rückweg Zeit lassen und stehenbleiben und „Hmmmhmmm Pilot“ summen. Es war nicht so sehr wegen der scharfen Bügelfalten meiner Hosen, als wegen des goldenen Aufnähers auf ihrer linken Tasche: FUTURE PILOT, Zukünftiger Pilot.

Dies sang ich auf dem Rückweg vor mich hin, und ich weiß nicht, warum „future“ sich in „hmmmhmmm“ verwandelte. Vielleicht war es der Rhythmus, in dem ich summte, dass ich so hoch und tief singen und alles so oft wiederholen konnte, wie ich Lust hatte, aber die Bedeutung des Ganzen lag in dem Wort PILOT, auch wenn ich keine Vorstellung davon hatte, was Piloten im Krieg eigentlich machten; aber es reichte, dass sie Flugzeuge lenken, schneller als ein Habicht durch die Luft fliegen, im Sitzen über Farmen und Felder und Busch streichen und in einer Minute über Turtle Lake sein konnten: „Hmmmhmmm Pilot.“

In den Jahren 1942/43 las unsere Familie die *Mennonitische Rundschau*, eine hochdeutsche kirchliche Wochenzeitschrift, die immer eine kurze Kolumne mit „Welt“-Nachrichten enthielt, aber noch im selben Jahr abonnierte Dan den *Free Press Weekly Prairie Farmer* und brachte ein Batterie-Radio mit nach Hause, weil er Bescheid wissen wollte, was im Krieg passierte. Vielleicht hat uns Miss Hingston etwas über die Zerstörungen der Luftangriffe in der Schlacht um England erzählt, ich bin mir aber sicher, dass Miss Anne Klassen, die im Januar unseren Unterricht übernahm, nichts von Kanadas RCAF Bomber-Gruppe hätte berichten können, die jeden Abend große

Verbände viermotoriger Sterling-, Lancaster- und Halifax-Bomber über den englischen Kanal zu schweren Nachtangriffen auf deutsche Städte schickte. Jedenfalls wussten wenige kanadische Zivilisten, dass sie nicht nur Explosivbomben dabeihatten, sondern auch die noch tödlicheren neu entwickelten Brandbomben, mit denen absolut verheerende Feuerteppiche gelegt wurden. In jenen Flugzeugen saßen keine Männer aus den Schulbezirken von Speedwell und Jack Pine; und kein Zivilist konnte damals wissen, dass bei diesen Bombenangriffen mehr als 10.000 Kanadier sterben würden – Piloten, Navigatoren, Bombenschützen und Heckschützen – und auch wenn es kein Grab für sie gab, wurde jeder einzelne Name in regierungsamtlichen Listen verzeichnet und schließlich, wie es sich gehört, auf Ehrenmälern in ihren Heimatgemeinden verewigt. Andererseits kannte niemand die Zahl jener Kinder – Kinder so alt wie ich, also zwischen acht und zehn – die durch Feuer, Explosionen, Überschwemmungen, einstürzende Gebäude getötet und zermalmt wurden, als jene Flotten erbarmungsloser Flugzeuge ihre „Eier" auf angsterfüllte Städte abwarfen; ganz zu schweigen ihre Namen.

Ich jedenfalls ging ein paar Tage lang in meinen blauen Hosen mit den scharfen Bügelfalten zur Schule und summte mein „Hmmm-hmmm Pilot", und in der mir vertrauten abgeschiedenen Welt des Buschs ging das Leben im Wechsel von Tag und Nacht und Arbeit und dem unvermeidlichen Wetter weiter wie bisher. Endlich kam ein zögernder Frühling, die eintönigen Pappeln trieben ihre Blattknospen aus, auf der Sonnenseite der Hügel spross Gras, und eines Morgens hatte sich die Welt in leuchtendes Grün getaucht zum Konzert von Fröschen, die im Schilf der überfluteten Sümpfe sangen. Unter den Bohlenbrücken plätscherten die Bäche laut wie schnatternde Enten, und ehe ich es richtig merkte, waren meine gebügelten Hosen zerkrumpelt, weil ich sie nicht hoch genug aufgerollt hatte, als ich durch den moosigen, nachgebenden Morast watete, der schlammig und schleimig vom Froschlaich war. Nachdem die starken Arme meiner Mutter sie im Bottich und auf dem Waschbrett durchgewalkt hatten und ich sie durch die Wringmaschine gekurbelt hatte, bekamen sie nie wieder jene erste, wesentliche militärische Bügelfalte. Aber immer noch glänzte der goldene Aufnäher: FUTURE PILOT.

Damals wusste ich noch nicht, dass ich nie ein Pilot hätte sein können; ich brauchte lange, um Rot-und Grüntöne erkennen zu lernen, und manchmal kam ich völlig durcheinander, wenn es um ihre feineren Abstufungen ging und Grün manchmal ins Blaue tendierte. Wie erkennt man eigentlich Farben? Kein Farbenkundiger hat es je brauchbar beschrieben. Gelb war wunderbar für mich, meine Lieblingsfarbe, weil absolut sicher zu erkennen: der Goldfink ist mir immer noch der schönste Vogel.

„Das sind die Rottöne“, sagte Katie Martens, ohne eine Sekunde zu zögern, und hielt sie natürlich schon in der Hand und mir entgegen, nachdem ich die achtundzwanzig Wachsmalkreiden auf dem Tisch verteilt, miteinander verglichen und mindestens sieben andere Möglichkeiten in Betracht gezogen hatte: Gelb und Schwarz und Weiß und Dunkelrot waren eindeutig genug, aber ein paar andere – welche Farben waren das? Warum trugen die Farben keine

Namen, die so auf die Papierhülsen gedruckt waren, dass man sie sehen und lesen konnte, dann wäre auch ich mir ganz sicher!

~

Bei über dreißig Schülern in acht Klassen, von denen mehrere an provinzweiten Fernkursen für Klasse neun teilnahmen, bemerkte Miss Hingston mein Problem mit den Farben nicht. Ich war viel zu emsig mit Lesen, Schreiben und dem Anmalen von Karten aller möglicher Welten in allen möglichen Farben beschäftigt – auch wenn ich nicht fähig war, die Farben zu benennen, konnte ich sie dennoch sehr wohl voneinander unterscheiden – um viel Hilfe zu benötigen. Und sie konnte kein zweites Jahr in Speedwell unterrichten; sie hatte zugesagt, an eine Schule näher bei North Battleford zu gehen, obwohl Samuel Heinrichs, der Vorsitzende des Schulrates, sie bat, zurückzukehren; er erkannte eine gute christliche Lehrerin, wenn er sie vor sich hatte.

Sam Heinrichs war auch der Schmied unserer Gemeinde, ein großer Mann, den lebenslange schwere Arbeit und aufmerksames Zuhören bei Leuten, die kleiner waren als er selbst, gebeugt hatten. Liz und ich gingen jeden Tag quer über Land und Hof der Heinrichs zur Schule, und die letzten anderthalb Meilen gingen die Heinrichskinder Esther, die in Klasse acht war, sowie Louise und Wilfred mit uns. Das Blockhaus mit der Schmiede in der Südecke ihres Hofes hatte den breitesten und schwärzesten Schornstein, den ich je gesehen hatte, und ich stand oft hinter seiner Doppeltür, wo in der Esse unter einem Blechbaldachin als Rauchfang das Feuer glühte. Was da in seinem offenen Kasten lag, war kein gespaltenes Holz, sondern Kohle, in großen Brocken, die so hart wie Stein waren, nicht krümelig wie das Stück, das Abe in unserem Franka-Brunnen gefunden hatte.

„Die kommt aus tiefen Bergwerken", erklärte Sam Heinrichs auf Plautdietsch. „Dort arbeiten Männer den ganzen Tag lang im Dunkeln, brechen sie in Stücke und schaufeln sie weg."

Er zeigte mir, wie man den Blasebalg kurbelte, und langsam fächelte ich die in der Mitte der Esse aufgetürmte Kohle zu massigen Klumpen Glut, nicht zu Flammen; meine die Kurbel in Sam Heinrichs geheimnisvoller Schmiede drehenden Fäuste machten die Kohle als das sichtbar, was sie war: intensives Licht, das mir in den Augen brannte, bis ich nichts mehr sehen konnte außer Licht, das sogar noch hinter meinen zugekniffenen Augenlidern grell weiterleuchtete. Das war ganz anders als ein Holzfeuer, das flackerte, das hin und her lief, in überraschende Farben ausbrach und aufloderte, wo es ihm gefiel, und wieder in sich zusammensank: Dieses im Inneren der Kohle schwarz zusammengerollte Feuer entlud sich immer heftiger, verwandelte die stumpfe Pflugschar nach und nach in seine eigene blendende Helligkeit, als sei der Stahl selbst das Feuer.

Dann hob er ohne Ankündigung die Pflugschar mit Zangen aus der Esse auf seinen Amboss und begann, sie zu hämmern. Der riesige Hammer in seiner rechten Faust klopfte die glühende Pflugschar ins glänzende Schwarz der ursprünglichen Kohle zurück, der Klang von Stahl auf heißem Stahl glich dem Läuten einer stählernen Glocke. Noch nie hatte ich eine Kirchenglocke läuten hören. Die römisch-katholische Kirche in Fairholme hatte einen Glockenturm mit einer von der Kanadischen Nationalen Eisenbahn gestifteten Glocke, aber wir waren sonntags nie dort, um sie läuten zu hören, und seit der Zeit der ersten Verfolgungen im sechzehnten Jahrhundert hatten die Mennoniten nie mehr Glocken in ihren Kirchen gehabt, um zu Gebet und Versammlungen zu rufen – ich stellte mir vor, dass eine Kirchenglocke in einem Turm so klang wie eine Pflugschar, die Sam Heinrichs auf seinem Amboss hämmerte. Ein Klang wie geschmolzener, sich härtender Stahl, unter dem die Pappeln ebenso erzitterten wie dein Körper.

Nach und nach lernte ich in Sam Heinrichs mit seiner langen, breiten Nase, der Lederschürze, der gebückten Haltung, dem Schweiß, den er in jener rauchigen Eisenhitze vergoss, Hephaistos zu sehen, den griechischen Gott des Feuers und der Schmiede. Im blauen Buch las ich wieder seine Geschichte und verstand, warum die lachende, goldene Aphrodite, die unwiderstehliche Göttin der Liebe und Schönheit, schaumgeboren aus dem weindunklen Meer, einen lieben konnte, der so gebückt und schwarz wie Hephaistos war: weil er mit seinem Hammer aus glühendem Stahl alles zu bilden verstand, was man sich vorstellen konnte.

Im August 2004 berichtet mir Frances Hingston Cotcher, die jetzt achtundachtzig Jahre alt ist und in North Battleford lebt: „Im Frühling 1943 bat mich Sam Heinrichs, zum Herbst zurückzukommen. Er war damals schon krank." Und im Friedhofsverzeichnis von Speedwell Church entdecke ich in der Reihe der Männergräber als vorletztes von Norden seinen Namen:

SAMUEL HEINRICHS
DEC. 3 1900 – SEPT. 9 1943

Parallel zu seinem Grab, vier Fuß östlich davon in der Frauenreihe, ist meine Schwester Helen begraben.

Vielleicht konnten die beiden verbleibenden Männer des Schulausschusses vor seinem Tod keine andere Lehrerin finden; vielleicht wurde, wie einige ehemalige Speedweller sich zu erinnern glauben, eine junge Frau namens Friesen von irgendwo im Süden angeheuert, die aber „nicht gepasst hat". Vielleicht ging etwas mit dem Weihnachtskonzert schief, vielleicht kam es zwischen einem Soldaten auf Urlaub und der Lehrerin zu einem Vorkommnis im Stall, während Santa Claus Weihnachtspäckchen an uns kleine Kinder verteilte – gut möglich, dass dies andeutungsweise den Schluss meines ersten Romans vorwegnimmt – Tatsache ist, dass ich mich weder an die Lehrerin noch das Problem erinnern kann; auch nicht, ob wir von September bis Dezember 1943 überhaupt Unterricht hatten. Ich erinnere mich, wie Sam Heinrichs im Sarg lag wie vor ihm sein älterer Bruder Aaron, der Mann, der die Schule von Speedwell ins Leben gerufen hatte und dessen Vermächtnis zuerst Sam und dann sein jüngster Bruder Dave weitergeführt haben. Sam war der letzte Mann in Speedwell, der die Geheimnisse von Feuer und Stahl kannte. Nach seinem Tod mussten wir zehn Meilen bis Fairholme fahren, wo ein Gebäude mit einer Scheinfassade stand und dem Namen „A Tanguay“ darauf, und darunter in dreireihigen Druckbuchstaben aus den Kronkorken von Bierflaschen:

BLACKSMITH
FAIRHOLME • SASK

In ein Gebäude, welches das Sündenmal der Trunksucht so unverhüllt zur Schau trug, hätte meine Mutter nie einen Fuß gesetzt, aber glücklicherweise brauchte sie das auch nie; Pah oder Dan brachten unsere Pflugscharen zum Schärfen.

Irgendwie entdeckte das Schulkomitee Anne Klassen, die Anfang Januar 1944 unsere Lehrerin wurde. Fünfundfünfzig Jahre später, bei einem Empfang in Saskatoon, wo ich aus einem Roman gelesen hatte, sahen wir uns wieder. Ihr gütiges Gesicht dehnt sich zu einem Lächeln, während sie mich mit dem Satz: „Sie waren ein böser Bub!“ emphatisch begrüßt.

Jeder der Umstehenden, der es hört, lacht mit mir. Offenbar waren es nicht die Mäuse, die Anne Klassen bei dem allmächtigen Schulinspektor in Schwierigkeiten brachten, sondern ich. Immer sei ich mit meinen Aufgaben so schnell fertig gewesen, erzählt sie, und hätte Zeit für Unfug gehabt, weil ich schon alle Bücher der Schulbibliothek gelesen hatte. Natürlich nichts Ernsthaftes – bei einem so sittsamen kleinen Jungen (mehr Gelächter), so dass sie nach ihrer Rückkehr für ein weiteres Jahr in Speedwell mir einfach mehr Aufgaben stellte; im Juni 1945 hatte ich das ganze Pensum der Klassen vier und fünf absolviert, und sie versetzte mich in Klasse sechs. Unter seiner Zuständigkeit überspringe kein Schüler eine Klasse, erklärte der Inspektor, er werde es nicht erlauben: Als Miss Klassen ihm aber beweisen konnte, dass ich nichts übersprungen, sondern tatsächlich das Pensum von zwei Jahren in einem bewältigt hatte, stimmte er widerstrebend zu. Begeistert war er davon aber nicht und äußerte sich entsprechend in seinem Bericht.

Alles, was ich ihr im Jahre 1999 dazu sagen kann, ist: „Er hätte Ihnen mehr Bücher für die Schulbücherei besorgen müssen."

Gleichwohl erinnere ich mich an jenes „Überspringen" sehr gut; es beförderte mich in eine Klasse, deren einzige andere Schülerin Nettie Enns war, das stille achte Kind unseres Predigers, und die, wenn sie nicht sowieso schon alles Notwendige wusste, bestimmt wusste, wie und wo man es finden konnte. Drei Jahre war ich in einer Klasse, die nur aus ihr und mir bestand, und ich war nie mehr der Beste. Mit der Zeit blieb mir kein anderer Trost als der Gedanke, Nettie sei nur deshalb immer erste, weil sie so schratjlich jenau war, so schrecklich ordentlich.

~

Mit Ausnahme der fünf deutschen Kinder der Trapps und der drei russischen der Sahars – zu meiner Schulzeit hatten die Metis Briere keine schulpflichtigen Kinder – waren alle Kinder im Schulbezirk von Speedwell russische Mennoniten und besuchten die Kirche der Mennoniten-Brüdergemeinde. Dies galt auch für die Speedwell-Lehrer Isaac Braun, Anne Klassen und später

Sarah Siemens. In der Schule von Jack Pine mit ihrem größeren und gemischten Publikum – einschließlich des englischen Schulkomitee-Mitglieds Joe Handley, dessen jüngster Sohn eines Sommers als Mutprobe die Schule anzündete, oder um, wie man munkelte, nicht mehr zum Unterricht gehen zu müssen – wurden manchmal Volkstänze abgehalten, aber nie, so scheint es, hat im Schulhaus von Speedwell etwas so Gottloses stattgefunden wie ein Ball mit seinen unvermeidlichen Saufereien und Schlägereien und unzüchtigen Handlungen. Vielmehr versammelte sich dort von 1930 bis 1933, als die Holzkirche fertig wurde, die 1926 gegründete Mennoniten-Brüdergemeinde zu ihren Gottesdiensten; danach waren die Weihnachtsfeiern, gelegentliche Bazare oder ein Treffen der Steuerzahler die einzigen Gemeindeveranstaltungen, die in der Schule stattfanden; für alle anderen Ereignisse war die Kirche der Mittelpunkt.

Unsere Familien lehrten uns, dass wir Mennoniten waren, also hart arbeitende, stille und einfache Leute, die um fast jeden Preis versuchen sollten, in Frieden miteinander zu leben, die mehrmals in der Woche zum Gebet in die Kirche gingen, die Bibel lasen, Predigten hörten und, immer mehrstimmig, sangen, sangen, sangen. Immer war es mehrstimmiger Gesang, der die Kirche erfüllte, und den man, wenn die Fenster offen waren, noch Meilen jenseits der waldigen Hügel hören konnte. Und es gab die Besuche. Sie waren die einzige Erholung, die unsere Gemeinschaft kannte, und jeden Sonntag, und manchmal an zwei oder drei Abenden in der Woche, besonders in den langen Wintern, besuchten sich die Familien gegenseitig.

Besuch bedeutete: essen, lachen und Pripps trinken – kein Mitglied der mennonitischen Kirchengemeinde in Speedwell trank Alkohol; es stimmt zwar, dass eine Flasche Alpenkräuter einen höheren Alkoholgehalt hat als irgendein Wein, aber die Reklame dafür in der wöchentlichen *Rundschau* pries sie an als vorzügliche Medizin „zur Reinigung aller Körpersysteme", und zwei Esslöffel davon abends vor dem Schlafengehen waren auch für meine Mutter mit ihren ewigen Magenverstimmungen völlig akzeptabel. Vor allem aber bedeuteten die Besuche Resse riete.

Wie so viele plautdietsche Ausdrücke sind auch die semantischen Feinheiten von „Resse riete" schwer zu übersetzen. Die beiden Wörter bedeuten nicht einfach Geschichten-Erzählen; sie vermitteln alliterativ eine Aura kollektiven Verstehens, kollektiver Erdverbundenheit; seine bloßen Laute erzeugen einen Geschmack in deinem Mund. Das Substantiv „Ress" bedeutet sowohl eine „wohlverdiente Tracht Prügel" als auch „Trick" oder „Streich"; das Verb „riete" bedeutet „ziehen, zupfen, reißen" und konnotiert körperlichen Schmerz (das Substantiv „Rietinj“ bedeutet Rheumatismus), so dass also Resse riete umschrieben werden könnte als das Herausklopfen oder Herausreißen einer guten Geschichte, von der man vor Lachen Bauchweh bekommt, oder die dir einen Stich versetzt, dich gar zu Tränen rühren kann. Für russische Mennoniten, die weder trinken noch tanzen, ist Geschichtenerzählen das A und O geselligen Beisammenseins, und in meiner Generation, der ersten in Kanada geborenen, hat dieses Fabulieren uns schon im Mutterleib geprägt.

Geschichten von der herrlichen Steppe der Ukraine und Russlands, von den wunderschönen Mennonitendörfern, wo alle zusammenlebten, nicht verstreut und isoliert, irgendwo im Busch verloren wie in Kanada, sondern eng beisammen, im Schutz eines tiefen, manchmal steilen Tales, wo immer ein Fluss mit klarem Wasser strömte, wo sich an der einzigen Straße die großen Höfe gegenüberlagen und die Fenster unter den spitzen Giebeln der Dächer durch das dichte Laubwerk von Maulbeerbäumen hindurch Wache hielten. Mit Bäumen, die genau dort gepflanzt wurden, wo man sie haben wollte – die man nie zu Tausenden zu fällen brauchte, um ein Feld zu bekommen, wo man nie auch nur einen einzigen Baum mühsam abhacken und seine Wurzeln ausreißen musste – wo jeden Morgen die Männer mit ihren Pferden und Maschinen hinaus auf ihre großen Felder fuhren, die, von den Dörfern aus leicht ansteigend, sich bis zum Steppenhorizont erstreckten, und die Kinder gingen zur Schule an der Dorfkreuzung gegenüber der Kirche, und abends brachte der ukrainische oder baschkirische Hirte die Kühe des ganzen Dorfes von der Gemeindeweide zurück und jede Kuh mit ihrem Kalb bog in ihr eigenes Hoftor ein, wo Mutter schon mit dem Melkeimer wartete.

Ich saß auf dem Boden in der Ofenecke oder unter dem Küchentisch und lauschte diesen Geschichten aus einer Welt, die ich nicht kannte und nie sehen würde. Gerne legte ich dabei den Kopf auf meine über den angezogenen Knien verschränkten Arme und hatte das Gefühl, eines jener Bilder von winzigen, schilfgedeckten, zwischen den Hügeln an einem Fluss fast versteckten Häusern zu sehen, die in jedem Wohnzimmer von Speedwell und natürlich auch in unserem hingen, und die den Hintergrund für die Losungen der deutschen Bibel bildeten: „Der Herr ist mein Hirte, mir wird nichts mangeln." Es war für mich so wirklich wie meine schmerzenden Muskeln, wenn ich mit meinen Filzstiefeln durch den aufgewehten Schnee zum Holzstoß pflügte.

Doch dann veränderten sich die Geschichten. Der Erste Weltkrieg kam, mit Arbeitsdienst in der Forstwirtschaft für die Männer, mit langen Lazarettzügen, in denen mennonitische Männer und Frauen als Sanitäter oder Krankenschwestern Dienst an Tausenden schrecklich verwundeter Soldaten taten, die in den Waggons an ihren Verwundungen starben und an Nebengleisen ausgeladen wurden – wer konnte wissen, wer da unter die Erde geschaufelt wurde, oder wo – und dann, am allerschlimmsten, die Kommunisten und ihre fürchterlichen, endlosen Revolutionen. Die Menschen von Speedwell hatten in ihren russischen Mennonitenkolonien Tausende Kilometer entfernt voneinander gelebt; zwischen 1923 und 1930 waren sie auf vielen unterschiedlichen Wegen nach Kanada geflohen, aber alle hatten schreckliche Geschichten zu erzählen: von Hunger, Cholera, mörderischen Überfällen durch Banditen, von Prügeln, Feuer und Diebstahl, von fürchterlichen Kämpfen zwischen der Roten und Weißen Armee mit Vormarsch, Rückzug und wieder Vormarsch; von Folter, von Söhnen, die mit vorgehaltener Waffe gezwungen wurden, ihre Väter zu foltern, von Massakern an allen männlichen Dorfbewohnern über fünfzehn ohne einen einzigen Schuss, nur mit Säbeln, und alle Frauen –

Niemand sprach je das Wort „Vergewaltigung“ aus. Ich kannte das Wort jewaultich, das Gott bedeutete, der Allmächtige und Große, der Allwirkende; nie aber habe ich das Wort vejewaultje gehört, übermannt werden, oder gezwungen werden wie bei einer Vergewaltigung. In Kanada brauchte ein Mennonitenkind nicht zu erfahren, dass es so ein Wort gab, O Gott, sei gnädig.

Und in unserer kleinen Familie gab es eine Geschichte um zwei Photos aus Russland, die meine Mutter manchmal unter Gebet und Tränen in Händen hielt: die Photos ihrer beiden Brüder Heinrich und Johann, der eine Soldat der Roten Armee, der andere Kriegsdienstverweigerer und Sanitäter. Zu Besuch bei Nachbarn haben meine Eltern nie über sie gesprochen, und erst Jahrzehnte später habe ich von meinen Cousins in Paraguay und denen, die nach 1982 als Aussiedler aus der Sowjetunion nach Deutschland kamen, mehr über das tragische Schicksal meiner beiden Knelsen-Onkel unter Stalins Kommunismus erfahren.

~

In der Familie August Fiedlers, dic unserer Familie so sehr geholfen hatte und die wir am meisten besuchten, schien es keine solchen Geschichten über ihre Vergangenheit zu geben, ebensowenig bei deren Verwandten Lobe, Dunze, Biech und Leischner. Ihre älteren Kinder waren in den Vereinigten Staaten geboren, die jüngeren in Kanada, und sie sprachen nur Englisch untereinander. Sie hatten keine Geschichten aus Orenburg oder der Molotschna oder Neu-Samara oder Chortiza zu erzählen: ihre Geschichten stammten aus den einsamen Ebenen Nord Dakotas, oder, im Fall ihrer Eltern, aus Bessarabien in der moldawischen Tiefebene – wo immer das war, ich war mir nie sicher – wo auch sie in deutschen Dörfern gelebt hatten, aber selbst August, der dort noch Pauline Lobe geheiratet hat, konnte sich kaum mehr daran erinnern. Und anscheinend wollte er auch nicht; er war gezwungen worden, in der zaristischen Armee drei Jahre im Russisch-Japanischen Krieg zu kämpfen, und als er 1906 endlich wieder nach Hause zu seiner Pauline und der kleinen Olga kam, packten sie ihre Sachen und wanderten so schnell sie konnten in die Vereinigten Staaten aus. Achtzehn Jahre später zogen sie ins nördlichere Saskatchewan, wo sie sich im Busch eine Heimstätte rodeten und brannten und pflügten und ihre sechs Söhne großzogen – für Elsie und Ruth würden einmal Ehemänner sorgen. Dem guten August reichte das zum Nachdenken, vergiss Europa, wo man immer nur Sklave war, wo jeder kleine Gernegroß dir sagen konnte, was du zu tun hattest, warum noch darüber reden?

Jetzt: das war Kanada, und das war hier, und jetzt hatte er auch von Speedwell genug und zog weg, an einen warmen Ort am Ozean zum Sterben.

Mrs. Fiedler lächelte nur selten; ihre Lippen schienen zu dünn dafür zu sein. Sie war immerzu damit beschäftigt, große Schüsseln mit gekochten Kartoffeln und Wurst und sehr kräftigem Sauerkraut auf das Wachstuch ihres Küchentischs zu stellen, an dem mit Leichtigkeit sechzehn oder siebzehn Leute Platz fanden.

Als meine Schwester Mary Emmanuel Fiedler heiratete, wurde mir nicht nur etwas von den Möglichkeiten menschlichen Sexualverhaltens bewusst, sondern auch, dass das Leben der Fiedlers nicht ganz so geradlinig verlief, wie Patriarch August gerne tat. Anscheinend war einer der sechs Fiedler-Söhne gar kein Sohn; vielleicht ein Enkelsohn. Seine Mutter, sagte man, sei Olga, die älteste Tochter der Fiedlers, die später mit Gustav Racho verheiratet wurde, mit dem sie fünf weitere Kinder hatte; sie lebten auf der verwahrlosten Farm auf der anderen Seite unseres Schlittenhügels nördlich der Schule von Speedwell. Durch gewissermaßen osmotischen Austausch von Information in Familie und Gemeinde lernte ich zu verstehen, dass Gott manchmal einem Mädchen ein Kind schenkte, bevor es verheiratet war, es dann aber bei den Eltern lassen musste, möglicherweise für immer. Vielleicht war das eine Erklärung für Mrs. Rachos Gesicht: sie hatte die hübschen Züge wie alle Fiedlers, ihr Gesichtsausdruck aber war oft verbissen oder grimmig, und ihr linkes Auge linste unter einer dunklen Wucherung hervor, die rund und hart wie eine Murmel auf ihrer Augenbraue balancierte. Und damals,

als mir Troy im Stall der Fehrs schlagartig beibrachte, was ein Mann einer Frau beim Sex antat, glaubte ich, die Erklärung dafür zu wissen: dass ihr Ärger sich in dieser Wucherung verbarg, und sie für immer unter ihrer Sünde hervor in die Welt schauen müsse.

~

Nun, solche Dinge passierten vielleicht in den Vereinigten Staaten oder in Bessarabien, nicht aber bei Mennoniten, die aus Russland geflohen waren, um den Kommunisten zu entkommen. So dachte ich damals. Und unsere Eltern sagten oft, es sei Deutschland gewesen, das im Dezember 1929 zu ihnen gesagt habe: Kommt, kommt zu uns aus dieser Stalinhölle. Deutschland gab ihnen Zuflucht, gab ihnen drei Monate lang Essen, machte sie soweit gesund, dass sie alle kanadischen Gesundheitsprüfungen bestanden und die CPR sie hierherbringen konnte… jetzt aber war Deutschland so entsetzlich, und Churchill und Roosevelt nannten Stalin ihren Freund, dessen Teufels-Schnurrboat, sein Schnurrbart, mit ihnen zusammen von der Titelseite des *Free Press Prairie Farmer* grinste. Und die Amerikaner hatten sogar eine Tausende von Kilometern lange Straße durch Kanada nach Alaska gebaut, über die sie Kanonen und Lebensmittel schleppten, um ihm zu helfen – was war da passiert? Innerhalb weniger Jahre?

„Das ist der Krieg", sagte Mam. „Der Krieg stellt alles Gute auf den Kopf. Im Krieg wird das Gute plötzlich das Schlechte, und das Schlechte das Gute."

Dan sagte: „Hitler hätte uns nie nach Deutschland geholt."

„War es Mr. Churchill?", fragte ich.

Pah lachte schallend, meinte es aber nicht lustig. „Hah! Aul dee groote Manna", sagte er. „Wann et doaropp auntjemmt, saje dee bloos, ‚Etj sie fe Dootscheete.' " Hah! All diese großen Männer! Am Ende sagen sie immer nur „Ich bin dafür, dass man sie totschießt."

Was aber, wenn sich Stalin bekehrt hätte und jetzt wirklich gut wäre? Gott konnte alles, und in der Bibel stand, Er könne sogar ein Herz aus Stein verwandeln – Stahl wäre ganz leicht, man musste ihn nur wie Sam Heinrichs ein bisschen erhitzen. Und Stalin kämpfte gegen Hitler, der diesen jüngsten Weltkrieg angefangen haben soll. War also der schlimmste Kommunist der Welt gerettet worden?

An einem Abend im Spätsommer, nach der Moskitosaison, führte ich unsere kleine Herde von ihrer Sumpfweide nach Hause und schaute über sie hinweg zu dem Stacheldrahttor, das unseren Hof vom Erschließungsstreifen trennte, zu den jungen Pappeln, die immer am Zaun entlang aufschossen, zu den schwarzen, gezackten Fichten im Moor auf der andern Seite der Straße hinter ihnen, die fast einer hohen Mauer glichen, die uns vor der Großen Welt vonne groote Manna verbarg, der mächtigen Männer, die immer und ewig auf neue, schreckliche Art Menschen umbrachten. Ich beobachtete unsere armseligen Kühe – ich hatte jede einzelne so genau wie ein Photo im Kopf, die Warzen auf den Beinen, die besondere Drehung eines Horns oder ein verkrüppeltes Ohr – und ich sah zu, wie sie zum Wassertrog zogen, den ich mühsam aufgefüllt hatte, indem ich den hohen Eimer immer wieder in unseren Brunnen hinabgelassen und heraufgezogen hatte. Eine halbe Meile entfernt, jenseits der Bäume im Osten, bellte der Hund der Thiessens, und noch weiter entfernt krähte schwach der Hahn der Ennsens, erst einmal, dann wieder. Die sommerliche Abenddämmerung ging in Dunkelheit über.

Da dachte ich: Okay, der Krieg und die Großen Männer drehen die Welt um: Wie wäre es also, wenn plötzlich ein großer Reisewagen auftauchte und durch unser Tor führe, ein langes Auto mit offenem Dach, völlig gelb mit schwarzen Kanten, und Stalin säße darin. Und er würde auf unserem Hof neben der Kutsche halten und unter seinem Schnurrbart hervor meinem Vater anbieten, ihm sein Land in Orenburg zurückzugeben. Ich wusste, dass mein Vater einundvierzig Jahre alt gewesen war, als sie aus Russland flohen, und dass er dort nie Land besessen hatte; meine Eltern waren immer landlos gewesen, sie hatten für ihre Eltern oder älteren Brüder gearbeitet, die das Familienland erbten, der Kommunismus aber lehrte, dass alle das Gleiche haben sollten. Wenn also Stalin … – Was würde Pah antworten? Plötzlich war ich mir sicher, dass er lachen würde, ungläubig; und wie so oft, ohne ein Wort zu sagen. Oder er würde sagen, er werde es sich überlegen, so versuchte er immer, eine direkte Entscheidung zu vermeiden, und wenn sie allein waren, würde er Mam fragen, was zu tun sei. Oder würde er einfach nur lächeln und erwähnen, dass Stalin doch eine Menge Leute in seinem sagenhaften Gedächtnis haben müsse, und was mit denen wohl sei?

Meine Mutter aber würde sich auf der Stelle und endgültig entscheiden: „Niemols. Wie kome nie nich tridj.“ Niemals. Wir kommen nicht zurück.

Und weil sie nun Stalin vor sich hätte, der ihr auf ihrem Hof ins Gesicht grinste, gäbe sie es ihm jetzt so richtig: „So, du sagst mir jetzt, Joseph Wissarionowitsch, wo mein Bruder ist? Johann Knelsen, der Lehrer von Orenburg, Nummer Acht Romanowka. Woo hast du dem ommjebrocht? Wo hast du ihn umgebracht?“

Und aus Stalins Grinsen würde langsam der Stahl seines Namens werden. Denn ganz bestimmt würde er Johann Knelsen kennen. Stalin müsse sich nie etwas notieren, hieß es, er behalte alles im Gedächtnis, was seine Bolschewiken taten und wem, jeden einzelnen Namen. Gott, sagte meine Mutter, habe ihm diese ständig brennende Hölle eines Gedächtnisses gegeben, das nie und nichts vergessen könne.

Es gab Augenblicke, in denen mir die Erzählungen meiner Eltern und die fernen Explosionen in der Großen Welt, von denen ich in der Schule hörte oder Bilder in der *Free Press* sah, meine nackten Füße fest ins staubige Gras unseres mit Kuh- und Hühnerscheiße überkleckerten Hofes drückten – sommers wuschen wir jeden Abend vor dem Zubettgehen unsere verkrusteten Füße in einer Schüssel, und wenn ich fühlte, wie sauber meine abgehärteten, starken Füße waren, dann empfand ich das als ebenso wohltuend wie das Elf-Worte-Gebet, das ich, zusammengerollt unter meinen Decken, schnell dem Lieben Heiland hersagte – meine nackten Füße auf nackter Erde gaben mir ein Gefühl, als finge mein Körper schon an sich zu merken, was überall auf dem Globus passierte und dass ich eines Tages auch alles verstünde; dass alles, dessen ich gewahr wurde, eine Bedeutung haben müsse und ich, weil ich an Jesus als den Sohn Gottes glaubte – was ich wirklich tat, auf den ich hoffte und an den ich aus ganzem Herzen, voller Zuversicht und ohne den geringsten Zweifel glaubte – irgendwann erfassen würde, was dies alles bedeutete. So selbstverständlich und so klar wie ich wusste, dass ich in der nächsten Sekunde diese Kühe in den Pferch treiben und mit dem Melken beginnen würde.

Das Melken einer Kuh ist eine von starken Empfindungen begleitete, jahrelang täglich wiederholte intime Tätigkeit und von einer Wärme, die man noch Jahrzehnte, nachdem man es zum letzten Mal getan hat, in den Fingern spürt. Durch den Pferch zieht guter, beißender Rauch von dem Feuer, das du angezündet hast, um die Abendmoskitos zu vertreiben, mit deinem kleinen Hintern auf einem einbeinigen, stämmigen Schemel hältst du dich im Gleichgewicht und lehnst jetzt deinen Kopf und deine rechte Schulter an Flanke und Bauch der Kuh. Der Melkeimer steht auf dem Boden (deine Beine sind noch zu kurz, um ihn dazwischen zu halten, wie es Mam macht, oder Dan) genau unter ihrem schweren Euter und du schließt deine linke Hand um die dir nächste vordere Zitze, deine rechte greift die andere gegenüber, und du bist umhüllt von Wärme, liegst vor Anker: Deine Hände können jetzt die Wärme der Zitzen rhythmisch greifen und loslassen und greifen, und die warme Milch spritzt in einem dicken Strahl klingelnd in den Eimer. Jedes Melken ist die Wiederverkörperung deiner frühesten Kindheit, wenn deine Hände und dein kleiner Mund an den Brustwarzen deiner Mutter liegen; Nie mehr wirst du Duft und Gefühl dieses deinen ganzen Körper durchziehenden Behagens verspüren, bis du dein Gesicht zwischen die Brüste deiner Geliebten legst und sie dich umschließt.

Ich wusste nicht genug, hatte in meinen neun Lebensjahren zu wenig von der harten Wirklichkeit erfahren, um zu begreifen, was ich empfand, wenn ich die Kühe tränkte. Wenn ich den Eimer in den Trog kippte, das Wasser herausplatschte, sah ich nur armselige Tiere, die ihre Hälse vorstreckten und deren Haut mit Beulen übersät war, in denen gerade die Larven der Rinderbremse schlüpften; ich wusste nicht, dass ich sogar weniger über meine mennonitischen Vorfahren wusste als über den barbarischen Krieg, der eine halbe Welt entfernt Menschen tötete; dieses Wissen kam erst mit den Jahren und durch das Lesen vieler Bücher, durch die Geschichten von jenen Jüngern Jesu, die als Anabaptisten – als Wiedertäufer, wie man sie geringschätzig nannte – in den zwei Jahrhunderten der Reformation in Europa wegen ihres Glaubens zu Tode gemartert wurden, die aus Friesland, Holland und Flandern flohen, um im römisch-katholischen Polen großzügigen Schutz vor der Spanischen Inquisition zu finden, die dann zweihundert Jahre später vor dem preußischen Militarismus in die ukrainische Steppe im zaristischen Russland, dann erneut im Zwanzigsten Jahrhundert vor dem Kommunismus nach Nord- und Südamerika flohen. Weder meine Eltern noch unsere Gemeinde vermochten mir diese schwere Last unserer Geschichte zu erschließen; sie kannten nur ihre eigenen, besonderen, kleinen Geschichten, die aber für uns alle so normal und üblich waren, dass es fast überflüssig war, darüber zu reden.

Es gab mit Sicherheit niemanden in Speedwell, der mir etwas über ein Genie namens Wybe Adams hätte erzählen können, Adam Wiebe, den friesischen Stammvater aller russisch-mennonitischen Wiebes, der 1616 Harlingen verließ, um auf Einladung der Freien Stadt Danzig ihr Wasseringenieur zu werden, und der Danzig vor den Zerstörungen des Dreißigjährigen Kriegs bewahrte, der zwischen 1618 und 1648 mehr als die Hälfte der Bevölkerung und fast die ganze Zivilisation Europas zerstörte: Er ließ einen hohen, mächtigen Erdwall um die gesamte Stadt legen, den Kanonenkugeln nicht durchschlagen konnten. Um die Erde für diesen Wall aus dem Hügel jenseits des Raduane-Flusses holen zu können, erfand er die Lorenbahn: Eimer, die an einem Seil hingen, das endlos im Kreis über Räder an hohen Stangen über den Fluss lief, das die Erde auf den Wall beförderte und die leeren Eimer wieder zurückholte.

Es ist ein langer und komplizierter Teil unseres historischen Erbes. Für einen Jungen auf einer Heimstätte im Busch, der seine abendlichen Arbeiten verrichtet, bedeutete ein Eimer an einem über eine Rolle laufenden Seil nichts weiter als Wasser im Brunnen; der Eimer musste getaucht werden, bis er voll war, bevor er wieder hochgeholt wurde. Und da kam auch Liz vom Haus herüber am Brennholz vorbei, das am Zaun entlang aufgestapelt war, um Butter und Sahne fürs Abendessen aus der Kühle des Brunnens zu ziehen, und hinter ihr stieg Rauch auf aus unserer Sommerküche – Joseph Stalin in seinem Tourenwagen hatte sich wie ein flüchtiger Nebelstreif bereits verzogen.

Über den Hof einer Henne hinterher lief ein rot-schwarzer Hahn, der nach dem Sommer seinen Zweck erfüllt hatte und morgen Suppe zum Abendessen sein würde.

> Tjemma die nich omm dee Eia, dee noch
> nich jelajt senn.
>
> Zähl nicht die Eier, bevor sie gelegt sind.

Er aber stolzierte über den Hof und setzte so sorgfältig einen Klauenfuß vor den andern, reckte bei jedem Schritt zuckend den Kopf so hoch in die Luft, als könne er die Welt mit seinen Blicken dazu bewegen, ihn ewig leben zu lassen.

~

Während ich munter meinen Weg durch die Schulklassen nagte, war das bei Helen nicht der Fall. In ihrem Verzeichnis vom Oktober 1942 führt Miss Hingston sie auf: „Alter 14, Klasse 7, Entfernung von der Schule 3 Meilen“, aber statt „anwesend“ steht unter den Monaten Oktober, November und Dezember nur der Buchstabe „S“ = sick. Krank. Ihr fünfzehnter Geburtstag war am 5. Januar 1942; die Schule begann am Mittwoch, dem 6. Januar, die Spalte für Anwesenheit unter ihrem Namen bleibt für den Rest des Jahres aber leer: sie kehrte nie mehr in eine Schule zurück.

Sie war die sanfteste Schwester. In ihrem winzigen Notizbuch aus vergilbtem Papier notierte sie ihre eigenen Lebensdaten immer in der dritten Person:

Helen Wiebe wurde getauft am 10. August 1941, um 11 Uhr vormittags im Turtle Lake

Ich erinnere mich an ein graues, inzwischen verlorengegangenes Photo: ein wolkenloser Himmel und ein Seehorizont mit einer Reihe von sieben schlanken Mädchen davor, die auf die Entfernung nicht erkennbar sind, die sich an den Händen haltend aus dem See steigen, dessen Wellen die Säume ihrer weißen Kleider umspielen. Neben ihnen watet ein Mann, der Reverend Jacob Enns sein muss, in Hemd, Krawatte und Hosen.

Und dann enthält das Notizbuch noch eine Andeutung auf etwas anderes:

18. November 1943 John Koehn operiert

John war das vierte Kind von George und Liese Koehn und ein Jahr älter als Helen. Was war zwischen ihnen geschehen – oder auch nicht geschehen – dass sie ihn erwähnen sollte? Was hatte geschehen können, wo Helen so oft bettlägerig war, kaum imstande, für ein kurzes Photo vors Haus zu treten? Bleistiftträume in einem kleinen Notizbuch. Eine leere Zeile weiter, auf derselben Seite, fügt sie die einzigen Wörter hinzu, die nicht unmittelbar mit unserer Familie zu tun haben:

> Koehns am 15. März 1944 von Speedwell nach Swift Current gezogen

1944 waren tatsächlich mehr Menschen aus Speedwell weggezogen als geblieben. 1936 zählte unsere Kirchengemeinde 114 erwachsene Mitglieder, 1944 waren es weniger als sechzig. Und in jenem Jahr machte meine Schwester ihre längste sie selbst betreffende Eintragung:

> Helen Wiebe Übelkeit und Herzprobleme April 1944 musste am 26. April ins Krankenhaus und bis 19. Mai 1944 bleiben / mit Mr. Harder [Hat der Ladenbesitzer sie in seinem Lastwagen hingebracht?]. War einen Monat zu Hause und fühlte sich nicht sehr wohl. Musste am 21. den Arzt in North Battleford aufsuchen. Musste einen ganzen Monat zu Hause bleiben und suchte am 21. Juni den Arzt auf.

Im Morgengrauen des 6. Juni 1944 begann die alliierte Invasion in der Normandie. Inzwischen hatte Dan darauf bestanden, ein Radio mit nach Hause bringen zu dürfen; es stand auf seiner schweren Batterie unter unserem Wohnzimmerfenster neben Helens Bett, und seine Antenne führte durch einen Riss im Fenster zu einem hohen Draht, den er zwischen zwei Isolatoren vom Dachfirst zu einer langen Zeltstange neben dem Garten gespannt hatte. Wenn er den schwarzen Knopf drehte, *Schnapp!*, redeten sofort Stimmen los auf Englisch. Es schien, als sei die leere Luft sogar über unserer Sackgassen-Heimstätte ununterbrochen von menschlichen Stimmen erfüllt, die man mit einem blanken Draht aufspüren konnte. Wenn ich auf die Rückseite des Radios spähte, sah ich darin gläserne Finger – Dan nannte sie Röhren – in deren jeder ein winziger Funke glühte: Ich dachte, Wörter in der Luft seien winzige Lichter, welche diese kleine Maschine in Laute übersetzen könne.

Ich durfte nur ganz bestimmte Sendungen hören, und die „Nachrichten" gehörten dazu. Ich erinnere mich, wie die tiefe Schicksalsstimme von Lorne Greene auf „CBK, Watrous, Saskatchewan" die Landungen in der Normandie meldete und dann „Hier spricht Matthew Halton von der CBC", der direkt, wie seine Stimme sagte, von Juno Beach bei den kanadischen Soldaten berichtete, und wie seine klare Stimme im Lärm der Waffen und im Geschrei der Männer um ihn herum fast unterging.

Helen war mit Sicherheit in ihrem Bett im Wohnzimmer, wo sie neun Monate lang lag, und hörte genauso gespannt zu wie ich. „Ich vermisse es sehr", trägt sie später, als das Radio am 24. Januar „zur Reparatur" weggeschickt worden war, in ihr Tagebuch ein. Besonders fehlte ihr das „Dominion Observatory official time signal … in zehn Sekunden ist es mit Beginn des langen Tons genau elf Uhr Mountain Standard Time". Ob wir aber gemeinsam die Invasion in der Normandie gehört haben, weiß ich nicht mehr, und es gibt auch kein Photo von ihr im Bett.

Die restlichen Seiten von Helens winzigem Notizbuch sind leer, bis auf die Nummern der Lebensmittelkarten, die unsere Familie in der Kriegszeit bekam. Die Liste beginnt mit „A. J. Wiebe – SN-102949“ und endet mit „Rudy Wiebe – SN-102954.“ Meine Nummer ergibt die Quersumme 21 und endet mit einer vier; das sind perfekte Zahlen für ein Flüchtlingskind im Busch von Saskatchewan: Christlich 7x3, Eingeboren 4. Und dank Kanada konnten weder Liz noch ich behaupten, jemals hungrig gewesen zu sein, anders als der Rest unserer Familie.

6

WOHNUNGEN

Daut halpt tjeen Mul spetze,
daut mott jepiept woare.

Es hilft nichts, nur die Lippen zu spitzen,
man muss auch pfeifen.

Das Plautdietsch unseres täglichen Lebens in Speedwell konnte so zynisch oder freundlich oder lustig sein wie jede andere Sprache der Erde, und als ich älter wurde, entdeckte ich, dass ich dieses Gespür für Wortkomik genauso schnell ins Englische übertragen, wie ich den Mund öffnen konnte; ich wusste intuitiv, wie Wörter unbeschwertes Lachen auslösen. Es kam eine Zeit, in der meine Freunde nur darauf warteten, loszulachen, wann immer ich eine Pause machte – ich erwartete es ja auch – als ich aber später anfing, Geschichten zu schreiben, stellte ich fest, dass sie nur selten lustig waren. Es schien, als hätten diese in Einsamkeit und Selbstversenkung immer wieder sorgfältig überarbeiteten Geschichten, diese auf Papier geschriebenen Wörter nichts mit flüchtigen Augenblicken geselligen

Humors, witziger Schlagfertigkeit, frecher Übertreibung, Pointen oder Sprachspielchen gemein. „Wir lesen, weil wir wissen wollen, dass wir nicht allein sind“, hat C. S. Lewis einmal gesagt, und es ist gut möglich, dass ein Schriftsteller aus demselben Grunde schreibt.

Für mich jedenfalls waren wirklich gut geschriebene Geschichten immer auch gesehene Geschichten, Geschichten, die einer in seinem Kopf durch die Augen aufgenommen hatte, genau so. Sie mussten wert sein, dass man über sie nachdachte, dass man über sie ins Grübeln kam, sie mussten Widerhall in unserer Einbildungskraft finden; im besten Falle waren sie "Werke zu hart für den Zahn der Zeit“.

Schon lange bevor ich sie in Sir Thomas Brownes unvergesslicher Formulierung kennenlernte, gehörten diese Auffassung und wirklich ernste Stoffe für mich zusammen. Warum „ernste Stoffe“ für mich nur selten den ungenierten Klatsch und das dröhnende Gelächter einschließen sollten, das in unserer Gemeinde bei den ständigen nachbarlichen Besuchen während unserer Jahre in Speedwell üblich war, verstehe ich immer noch nicht.

Obwohl die Bibel eindeutig viel von diesem Ernst enthielt. Die biblischen Geschichten, wie ich sie erzählt bekam und zu lesen gelernt hatte, zu Hause, in der Sonntagsschule und in der Kirche, die biblischen Geschichten waren nicht lustig. Die Bibel ist Gottes Wort, und das einzige Buch außer der Bibel, das meine Mutter mir je gab, war *Hurlbut's Story of the Bible*, das sie bei Eaton für mich bestellte, als ich in der zweiten Klasse zu lesen anfing und nicht mehr aufhörte: „The Complete Bible Story ... Told in the Simple Language of Today, for YOUNG AND OLD / One Hundred and Sixty-eight Stories … Forming a Connected Narrative of the Holy Scripture": „Die Ganze Biblische Geschichte… Erzählt in der einfachen Sprache von heute, für JUNG UND ALT, in einhundertachtundsechzig Episoden". Die erste Geschichte beginnt so wunderschön, aber innerhalb weniger Minuten sind der liebliche Garten und seine vier Flüsse verschwunden, und unmittelbar danach tötet Kain seinen Bruder Abel, und es gibt Städte, Überschwemmungen, endlose Familienfehden und Wanderungen durch die Wüste, bis Moses vom Berg herabsteigt mit den auf steinerne Tafeln geschriebenen Zehn Geboten: Der Allmächtige Gott, Richter der Lebenden und der Toten: das war kein Witz. Und nicht einmal Jesus, der jegliche menschliche Situation in eine wunderbare Geschichte verwandeln kann, erzählt jemals einen richtigen Witz. Das Leben ist ernst, besonders für Mennoniten, die aus einer vom Kommunismus zerstörten Welt geflohen waren; Gottes Offenbarung unterstreicht nur die traurige, überwiegend mörderische Geschichte der Menschheit.

Und wenn mein Vater versuchte, die Widersprüche seines bisherigen Lebens zwar zu begreifen, seine unerklärliche Brutalität aber zu ignorieren, wie er es oft tat, dann brauchte meine Mutter ihn nur auf die schweren Erinnerungen ihres gemeinsamen Lebens hinzuweisen, um sein Gelächter, seinen defensiven Zorn im Keim zu ersticken. Selten machen Jahre des Leids aus Menschen sanfte Komiker; jenseits von Ironie und Galgenhumor bleibt ihnen als Selbstschutz oft nur Klage oder Vergessen. Vieles aus ihrem schweren Leben hat meine Mutter nie vergessen können, und mein Vater genauso wenig, dem mit dem Alter die Tränen so leicht kamen wie früher das Lachen.

> Ewrem Hund send wie aul;
> nu mott wie bloos noch ewrem Zoagel.
>
> Wir haben den Hund überstanden, jetzt
> müssen wir nur noch den Schwanz überstehen.

Deshalb gab es trotz allen Glücks, trotz allen Frohsinns, fleißigen Arbeitens und unbeschwerten Spiels in meiner Kindheit nichts, was ernster sein konnte als das Leben; was letztlich jeder Tod klar macht.

Auf einer Heimstätte im Busch gehört der Tod zum täglichen Leben. Der Tod ist gegenwärtig, wenn mit dem Beil wieder ein Huhn geköpft werden muss – dessen kopfloser Körper gegen den Hackblock schlägt, als wollte es sich weigern zu sterben, und das sich, wenn man es nicht richtig festhält, unter krampfartigen Reflexen blutspritzend über den Hof wirbelt – oder wenn das Schwein, das du monatelang gefüttert hast, eines Herbstmorgens erschossen, seine Gurgel aufgeschlitzt, sein Blut in einer Schüssel aufgefangen, es schließlich an einem Balken zwischen zwei Bäumen aufgehängt und aufgeschnitten wird, worauf seine miteinander verschlungenen, in der kalten Luft dampfenden Eingeweide und Organe in einem rosa Sturzbach herausquellen. Am Abend desselben Tages kaust du sein zartes, aromatisches Fleisch ohne mehr dabei zu empfinden, als bei Weißkohl, den man von seinem Strunk geschnitten, geputzt und gekocht hat.

„Ein Mensch ist, was er isst", pflegte August Fiedler mit dem Mund voller Fleisch zu sagen und lachte so dabei, dass sein Bauch wackelte. Er war ein ausgezeichneter Metzger, der uns oft beim Schlachten half und danach zum Abschluss des Tages ein gewaltiges Mahl verzehrte, bevor er wieder nach Hause fuhr. Da aber im gesprochenen Hochdeutsch „ist“ und „isst“ ein Wortspiel bilden, war der Witz, dass er auch meinen konnte „Ein Mensch ist, was er ist“, oder „Ein Mensch isst, was er ist.“ So verstand ich ihn anfangs: Im Kanada der vierziger Jahre konnte ein Kind auf einer Heimstätte jedes Stadium dessen, was es war, noch sehen und fühlen und riechen; es gab noch keine Supermarkt-Klarsichtfolie, die es hätte täuschen können.

Leben und Tod und jede Variation von Gesundheit und Beeinträchtigung dazwischen waren nicht auf Pflanzen oder Tiere beschränkt. Geburten, Unfälle, Hochzeiten, Feiern, Partys, Todesfälle: Jedermann in Speedwell wusste über jeden Bescheid. Am 5. Januar 1945, an Helens siebzehntem Geburtstag, erhob sie sich von ihrem Bett, zog ihr bestes Kleid an und trat kurz aus dem Haus, um sich auf den Stufen davor mit Liz und mir photographieren zu lassen; als Geburtstagsgeschenk bekam sie einen Taschenkalender für fünf Jahre, in Kunstleder gebunden, mit einer kleinen Spange, einem kleinen Schloss und Schlüssel. Über die verspätete Lieferung durch Eatons Versand schrieb sie:

> Samstag, 20. Januar: bekam heute diesen Taschenkalender, es war ein verspätetes Geburtstagsgeschenk. Ich hatte es mir immer gewünscht und werde viele Jahre dafür dankbar sein.

Ich stelle mir vor, wie meine liebe Schwester aus dem kleinen niedrigen Watermanfässchen vorsichtig Tinte in ihren Füllhalter pumpt. Obwohl sie schon ihr ganzes Leben lang leidend gewesen war und die vorausgegangenen sechs Monate im Bett zugebracht hatte, gab sie die Hoffnung auf „viele Jahre“ nicht auf.

~

Als sie es bekam, schrieb Helen auf, was sich in den ersten neunzehn Tagen des Jahres 1945 ereignet hatte. Der fürchterliche Blizzard, der den ganzen Neujahrstag über andauerte, führte zu folgendem Eintrag:

> Dienstag 2. Januar: wir erfuhren, dass Mr. Stuirt tot ist. Mr. D. Heinrichs kam und sagte es uns. Ich habe den ganzen Tag über nur Puzzles gelegt.

George Stewart war für uns ein blauet Wunda, ein blaues Wunder. Wo kam er her? Warum nach Speedwell am Ende der Straße? Wer war er? Schon auf Aaron Heinrichs Bezirkskarte von 1930war seine Heimstätte eine halbe Meile westlich der geplanten Schule eingezeichnet. Im Zentrum unserer mennonitischen Gemeinde großer, miteinander verwandter und durch Heirat verbundener Familien, an der Ost-West-Straße hinter einem Wäldchen aus hochaufgeschossenen Kiefern, stand seine Blockhütte, umgeben von dem Trödel, den er auflas, wenn er, dessen graues Haar und Schnurrbart wie Reisig unter der Mütze hervorstanden, eine Garbenschnur mit einem Sack über der Schulter, mit seinem kleinen, haarlosen Hund durch die Straßen des Bezirks wanderte. Der Mann, der durch seine faulenden Zähne hindurch ein so sauberes Englisch sprach wie irgendein Lehrer, war sowohl Junggeselle als auch ein freundlicher, unaufdringlicher Bettler. Wenn er auf einen Hof kam, gaben ihm unsere Mütter etwas zu essen, während sein Hund sich vor Entsetzen vor unseren wütenden, bellenden Biestern zwischen seine Füße kauerte; gleichzeitig beobachteten wir Kinder ihn scharf, besonders, wenn er sich auf einem Hof über die Büsche beugte, wo törichte Hennen versuchten, ihre Eier zu verstecken. George Stewart, ohne Familie, immer hungrig, immer einsam … merkwürdig. Und Engländer. Warum Joe Handley in Jack Pine ihm nicht half?

Auf unserem Weg zur Schule nahmen Liz, ich und die Kinder von Sam Heinrichs oft den Pfad über das Land von Dave Heinrichs und dann den Erschließungsstreifen genau gegenüber vom Kiefernwäldchen des Alten Stewart. Sein einziges Feld, das Dave für ihn bestellte, lag auf dem langen nördlichen Esker, dessen Ausläufer hinter der Schule unseren Schlittenhang bildete; wir konnten zwar nicht seine Hütte sehen, wohl aber manchmal den Rauch aus seinem Ofenrohr. Eines Nachmittags im Frühling, als ich mich allein von der Schule auf den Heimweg machte, stieg ich die Anhöhe hinauf, wo jener lange Hügel sich über die Ost-West-Straße verzweigt, und drehte mich um: Hinter mir trottete ein Tier. Ich war schon hunderte Male allein nach Hause gegangen – aber das war vielleicht ein Wolf mit dieser langen Nase, die er so seltsam in die Luft streckte, dass er aussah, als renne er schräg und als käme er näher – als verfolge er mich.

Noch nie hatte jemand in Speedwell einen Wolf gesehen, aber wie eine Explosion in meinem Körper, die jede Vernunft zunichte machte, packte mich die Angst. Ich kroch in das Gestrüpp hinter dem Steinhaufen am Rande von David Lobes Feld; wenn er angriff, konnte ich mit Steinen nach ihm werfen, ich würde mich verbarrikadieren, mich eingraben … das Tier trottete in der ausgefahrenen Wagenspur an mir vorbei, ohne zu zucken: es war der elende Hund des Alten Stewart. Wie groß hatte er ausgesehen, als ich dachte, er würde mich verfolgen! – Vom ewigen Kampf gegen die Flöhe war seine Haut stellenweise aufgerieben.

Beim einzigen Mal, als ich in George Stewarts Hütte war, lag der Hund auf dem Bett aus Jutesäcken. Eines Nachmittags im Sommer hatten wir uns zu dritt getraut, von der Straße weg um die Bäume herum zu gehen und einfach bei ihm vorbeizuschauen. Er sah uns durch die offene Tür – die kein Fliegengitter hatte – und winkte uns herein. Henry Enns, der Sohn des Predigers, der durch seinen erhöhten Schuh ein bisschen hinkte, war der größte von uns und ihn fragte der alte Mann:

„Du hast Geschichte genommen, oder?"

Gerade so, als ob „Geschichte" eine Pille wäre, die man nach Belieben schlucken könne. Henry nickte schnell und der alte Stewart fuhr fort:

„Die Geschichte sagt, dass die Stewarts einst Könige von England waren, stimmt's? Und ich bin ein Stewart, stimmt's? Ich heiße George Stewart, und das bedeutet, dass ich das Recht habe, König zu sein, häh? Vielleicht mehr Recht als George Windsor, weil ich ein George *Stewart* bin, häh?"

Auf diese Idee war ich noch nie gekommen. Ich wusste allerdings auch nichts von irgendwelchen Stewarts, die einmal Könige von England gewesen seien, ganz zu schweigen vom Familiennamen Georgs des Sechsten – brauchten Könige überhaupt einen? Henry, der offensichtlich Bescheid wusste, nickte, und ich war einen Augenblick lang so verdutzt, mich vielleicht in der Gegenwart eines

Königs zu befinden, dessen Kleider und Haut vor Dreck starrten, dass ich rückwärts gegen einen Koffer neben der Tür stieß und die Kette eines Pferdegeschirrs herunterriss, die klirrend zu Boden fiel. Die Hütte war vom Surren riesiger Modeschietasch erfüllt, wie wir sie nannten, Madenscheißerfliegen, und so vollgestopft mit Gerümpel, dass ich mich an keine Einzelheiten erinnern kann; nur an das Klirren des heruntergerissenen Pferdegeschirrs und wie der kleine Hund – der zum Hüten der Kühe überhaupt nicht taugte – sich auf den dreckigen Säcken des Bettes aufrappelte und sich wütend mit einem Hinterbein kratzte.

Wie es seine Art war, fuhr Stewart fort, als spräche er mit sich selbst: „Also ich will ja nichts nicht gesagt haben gegen den König George, würde ich nie tun, aber ich glaub' nun mal nicht, dass er den Krieg richtig führt, schaut euch doch nur an, was der Hitler mit den armen Schweinen macht. Ich bin nicht gegen George, aber wenn er aus England rüberkäme und zu mir sagte: ‚Stewart, willst du kommen und übernehmen?', nun, da tät ich nicht nein sagen. Zuerst würd ich Schluss mit dem Krieg machen, und zu Hitler würd ich sagen: ‚Hör zu, darüber müssen wir uns jetzt mal unterhalten!' "

Sich über die Dinge zu unterhalten statt zu schießen, schien mir absolut vernünftig zu sein – aber wieso sollte König George den alten Stewart besuchen? Der in diesem Dreck lebte und mit seinem Jutesack die Straßen entlanglief, dem meine Mutter oft einen Knaus Brot und etwas Wurst zusteckte? Und was war mit Mr. Churchill, der all die Kriegsreden hielt? Müsste der nicht auch kommen? Als wir wieder auf der Straße waren, konnten wir die Geschichte nicht begreifen, und, wie sich herausstellte, hatten die meisten Erwachsenen von Speedwell sich schon oft über sie amüsiert.

„Wenn alle George Stewarts in der Welt Könige von England wären“, sagte mein Schwager Emmanuel, „würden sie die Kuhweide mit Thronen füllen.“

Dann kam am 2. Januar 1945 Dave Heinrichs herüber und erzählte uns, dass der alte Stewart tot war: offenbar erfroren während des Schneesturms vor Neujahr, der vier Tage angehalten hatte. Dan holte die RCMP[4] in seine Behausung, und wir bahnten mit unserem Pferdegespann und Schlitten den Weg. Sie mussten den Leichnam an unserem Hof vorbeigefahren haben, aber Helen hat keine Notiz dazu hinterlassen, und ich kann mich nicht daran erinnern. Auch sein armer Hund war erfroren.

Trotzdem: welch ein Traum; was für ein Tod eines Menschen einsam und allein in der Wildnis dieser Welt. Als ich zehn Jahre später im Schreibseminar an der Universität meine erste Geschichte schrieb, handelte sie von George Stewart, und sie machte ihn weder lustig noch lächerlich, was leicht gewesen wäre. Vielmehr versuchte sie das Gefühl eines Knaben für die „Flüchtigkeit menschlicher Größe“ festzuhalten. F. M. Salter, mein Professor für kreatives Schreiben an der Universität von Alberta, der Jahre früher W. O. Mitchell seine erste Veröffentlichung im *Atlantic Monthly* ermöglicht hatte, hielt meinen Versuch „für ein wirklich bemerkenswertes Porträt … und, wenn überarbeitet, für veröffentlichungsfähig“. Ungefähr zehn Jah-

[4] Anm. des Übersetzers: Royal Canadian Mounted Police

re später erschien die Geschichte unter dem Titel „Tudor King“, und einige Jahre danach machte der National Film Board einen elfminütigen Film daraus.

~

Der Ernst – man könnte sogar sagen, der tödliche Ernst – meiner frühen Versuche, Geschichten zu schreiben, blieb. Meine erste veröffentlichte Kurzgeschichte, die in Toronto im September 1956 im *Liberty Magazine* erschien, war über meine Schwester Helen.

Auch diese Geschichte hatte ich für Salters Universitätsseminar im vorhergehenden Winter geschrieben. Damals konnte ich nicht auf Helens Fünfjahres-Taschenkalender zurückgreifen, doch als Liz ihn mir Jahre später zeigte, bestärkten die vielen winzigen, meine Geschichte bestätigenden Einzelheiten, dass ich meinen eigenen Erinnerungen trauen durfte, auch den darin nicht festgehaltenen. Für jeden Tag sah der Taschenkalender fünf Zeilen vor und Helen schrieb ihren letzten Eintrag Anfang März 1945. Den ganzen Februar hindurch hatte sie oft ihre sich verschlimmernde Krankheit erwähnt, dass sie nichts tun könne, außer „liegen und denken“. Dann kommen die letzten Worte in ihremTagebuch:

> 5. März, Montag: Heute fühle ich mich besser, so gut, dass ich am 31. Jan. einen Tintenklecks machte. Der wird bleiben, solange es dieses Buch gibt.

Und es stimmte: Der unförmige Klecks mit einem kräftig nach rechts gerichteten Strich wird seit sechzig Jahren immer blasser.

Die Zeilen vom 6. bis 28. März 1945 sind leer. Ihre letzten geschriebenen Worte stehen auf einem abgerissenen Stück Papier; da konnte sie schon nicht mehr sprechen und aus ihrer einstmals schönen Handschrift ist ein schräges Gekritzel geworden:

> Ich will ins Bett
> lasst uns alle beten
> dass ich mehr Luft und Schlaf bekomme

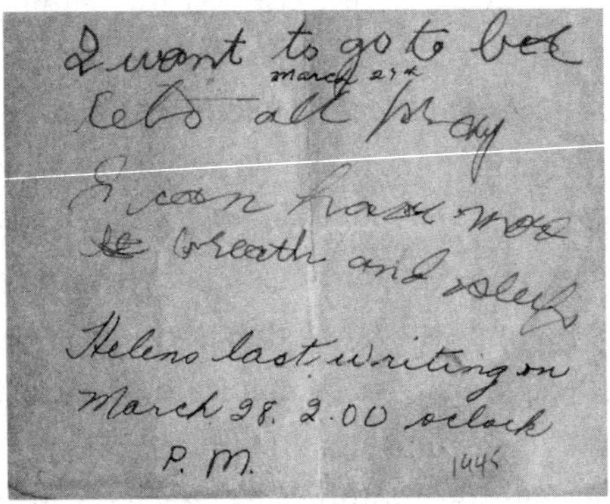
I want to go to bed
march 27th
lets all pray
I can have more
breath and sleep
Helens last writing on
March 28. 2.00 o'clock
P.M.
1945

Sie muss sich dazu aufgerichtet haben, in jemandes Arme gestützt, um besser atmen zu können. Jemand hat „March 27th" unter die erste Zeile geschrieben und auf dem unteren Rand erkenne ich Liz' Handschrift:

> Helens letzter Eintrag am 28. März um zwei Uhr nachmittags

Es sind gleichzeitig die Worte, mit denen die Handschrift der dreizehnjährigen Liz den Fünfjahres-Taschenkalender weiterführt:

> Mittwoch, 28. März: Schwester Helen starb am 28. März. Es zerriss ihr das Herz sie hatte trotzdem einen leichten Tod starb am 28. März 1945 um 2 Uhr nachmittags.

Daten, Uhrzeiten, Widersprüche. Wörter auf Papier bewahren dem Gedächtnis, was über die Jahrzehnte vergessen wurde und nicht mehr in Erinnerung zurückzurufen war.

~

Wie kann man eine solche Geschichte erzählen? Kann man sie singen? Ich kann nicht komponieren ... Ich habe nie tanzen gelernt oder gewollt ... Mein Farbgefühl ist zu schlecht, als dass ich ein Bild malen könnte – aber ich habe einmal versucht, summend ein Lied zu erschaffen. Am ersten Morgen nach Helens Tod, als ich mit Prince zur Schule ritt. Ich war allein. Kein Wort davon habe ich jemals aufgeschrieben, aber ich weiß noch jedes einzelne, ich kann sie jodeln, kann sie ohne nachzudenken zusammenstoppeln:

> Old Dan Tucker in the grand old days
> Swept the floor in the bachelor ways
> He could knock the stuffing out of any guy
> With one big slug of his double-jointed sigh

Old Dan Tucker in der großen, alten Zeit
War unwiderstehlich auf Junggesellenweis
Aus jedem Kerl konnt er die Füllung hauen
Mit einem Riesenschlag seiner gelenkigen Sense

Was hat dieser in mein Hirn gebrannte Unsinn zu bedeuten? Ich stelle mir vor, dass „sigh" „scythe" bedeuten soll, weil wir es damals so aussprachen. Offenbar klangen die Banjosaiten aus einem im Radio gehörten Hillbilly-Song über „Old Dan Tucker" in mir nach, als Prince auf Pfaden trottete, die er so gut kannte, dass er keine Zügel brauchte, während ich meine Phantasie mit einzelnen Wörtern und Klängen jonglieren lassen konnte: „One big slug of his double-jointed scythe"? Natürlich ist das lächerlich, fast Unsinn, aber unter bestimmten Bedingungen auf einer Farm mag „double-jointed scythe" so komisch klingen wie: „gestorben an Zahnschmerzen in der Ferse". An jenem Morgen war jeder Vers, der mich im Sonnenlicht unter den winterlichen, noch kaum knospenden Pappeln davontrug, gut.

Erinnerung ist das, was man im Gedächtnis wiederfindet, ein Rhythmus, ein Irrlicht; Theodore Roethke drückt es vollkommen aus, wenn auch in einem etwas anderen Zusammenhang:

Love ist not love until love's vulnerable...
All who remember, doubt.

Liebe ist keine Liebe,
solange sie nicht verwundbar wird.
Alle, die sich erinnern, zweifeln.

Deshalb will ich diese besondere, mich lebenslang begleitende Ungewissheit genau so wiedergeben wie erstmals elf Jahre, nachdem Helen gestorben und ich einundzwanzig war. Nicht in der Fassung, in der die Geschichte veröffentlicht wurde, sondern in der meines irgendwann im Januar 1956 beidseitig in ein Notizbuch gekritzelten und mit vielen Durchstreichungen versehenen ersten, unsicher tastenden Entwurfs, der heute fleckig und kaum mehr entzifferbar ist:

Acht und die Gegenwart

In der Dunkelheit unter den Dachbalken weckte ihn ein Schreien. Ihm schien, als habe er ihn schon lange Zeit gehört, als reichte er unendlich weit zurück in seinen Schlaf, fast als hätte er ihn schon immer gehört – das schnelle Crescendo, die große Höhe des Tons, und wie er klagend bis zu einem Winseln niedersank. Es war wie der Traum von einem riesigen Baum, der ihn erschlug, und als er sich zwang aufzuwachen, lag nur der große Arm seines Bruders auf ihm, bewegungslos und schwer vom Schlaf. Nur hatte er jetzt nicht geträumt, sondern hatte dieses Schreien schon unendlich lange gespürt, bevor er wach wurde und ihn hörte.

Es war einen Augenblick lang still, während diese Empfindungen durch ihn gingen, und plötzlich wusste er, dass sein Bruder nicht neben ihm auf dem Strohsack lag. Angst ergriff ihn. Unter der Decke rollte er hinüber in die andere Kuhle, die noch warm von dem großen Körper war. Dabei bemerkte er, dass das Ofenrohr umgeben war von Licht, und er setzte sich im Bett auf, vergaß die Dunkelheit und sah, dass durch das Loch um das Ofenrohr herum von unten Licht drang. Er konnte Bewegungen hören. Waren sie alle auf, weil das Licht brannte?

Dann kam wieder das Schreien, nicht wie von einem Menschen. Es war wie ein zugespitzter ... er hörte nichts und fühlte nichts, nur diesen zerreißenden Schrei, als seien dieser und er die einzigen Bewohner eines Universums. Er überflutete sein Gehirn, bis er ihn vor lauter Geräusch nicht mehr hören konnte; dann fiel er schauerlich in sich zusammen zu einem gurgelnden Stöhnen, wie überdehnt.

Er riss die Steppdecke hoch und über sich, aber die warme Dunkelheit war nicht genug. Er wollte nach unten zur Wärme der Mutter. Seinen kleinen nackten Füßen war kalt auf den groben Brettern, während er, sich gegen die Dunkelheit wappnend, nach der obersten Stufe der leiterähnlichen Treppe tastete nahe dem länglichen grauen Schatten, der zeigte, dass unten Licht war. Dann spürte er die vertrauten Stufen und glitt schnellfüßig hinunter. Das Stöhnen war fast erstorben, und er hörte Bewegungen hinter dem Vorhang des Wohnzimmers. Er kroch hinüber und zog ihn zur Seite.

Für einen langen Augenblick wusste er nicht, was er erblickte. Nicht, weil das Licht der Lampe zu stark gewesen wäre für seine aus dem Schlaf geschreckten Augen, vielmehr, weil seine Schwester, die wegen eines vergrößerten Herzens monatelang im Bett in der Ecke des Wohnzimmers gelegen hatte, jetzt, mitten in der Nacht, so steif auf einem Stuhl saß, als sei sie darauf festgenagelt, und sein Vater und Bruder sie niederzuhalten versuchten. Nie hatte er sie mit einem solchen Gesicht gesehen. Es sah nicht wie ein Gesicht aus, eher wie die Halloweenmaske, die er einmal gemacht hatte. Ihr schwarzes Haar hing ihr in feuchten Strähnen über die Stirn, während ihre Mutter ihr mit einem Tuch das Gesicht abwischte; dann sah er, dass in ihrem Mund eine Wäscheklammer steckte und Blut über ihr Kinn lief von ihren Lippen, in die sie sich gebissen hatte. Vor Staunen konnte er nur starren, aber plötzlich schien jenes Geräusch aus ihr hervorzuplatzen, und wieder hörte er jenen Schrei, sah, wie er sich ihrer Kehle entriss und wie die Muskeln an den Armen der Männer schwollen und sich spannten, als sie versuchten, sie auf dem mit Kissen gepolsterten Stuhl festzuhalten.

Plötzlich wurde ihm angst. Er schaute hierhin und dorthin, als dieses Geräusch sich in ihn brannte und war über alle Maßen erleichtert, als seine vier Jahre ältere Schwester Toots, die weinend neben der Tür saß, ihn packte und an sich drückte.

Dieser Schrei dauerte nicht so lang, und er blickte auf, als sein Vater, das Gesicht voller Schweißperlen und Tränen, verzweifelt sagte: „Mutter, wir müssen etwas tun, wir können das nicht aushalten“, und sein Bruder Dan, wie verrückt vor Hilflosigkeit und Liebe zu seiner Schwester, wütend zischte:

„Etwas tun! Wir können das nicht aushalten! Wie hält sie es denn aus? Warum denkst du an uns? Sie verbrennt von innen her.“

Und seine Mutter, die das gequälte Gesicht erneut abwischte, sagte: „Dan, lass das, es nützt doch nichts. Sie beißt sich so schlimm, wenn wir nur ihr Fieber bremsen könnten ... vielleicht sollten wir die Thiessens holen... “

„Mrs. Thiessen fällt bestimmt was ein – kann was tun. Weck Rudy, der soll rüberreiten und sie holen.“

Dann erblickten sie ihn dort, wo er sich mit seiner schluchzenden Schwester hingekauert hatte und nicht wusste, ob er weinen sollte oder nicht. Er wollte nicht, hier vor seinem großen Bruder, weinen war weibisch, und er war erleichtert, als Dan sagte: „Rudy, steig auf Prince und reit zu den Thiessens, schnell.“

Seine Mutter beugte sich tränenüberströmt über ihn. „Ich muss mal aus dem Haus gehen, ich halt's nicht aus, sie so zu sehen, Toots, hol kälteres Wasser und wisch ihr das Gesicht. Ich nehm die Laterne und geh mit ihm in den Stall."

Im Nu war er in den Kleidern und draußen in der Kühle, wo die Frühlingsfrösche im Morgendunkel quakten. Nahe beim Stall hörten sie wieder den Schrei, aber er schien weit weg zu sein und nichts mit ihm zu tun zu haben, fast wie nachts, wenn er im Bett lag und ein Coyote heulte. Er riss die Stalltür auf und die Wärme der Pferde hüllte ihn in ihren lebendigen Geruch. Er streckte sich, langte nach oben, hob die Zügel vom Haken. Seine Mutter stand mit der Laterne in der offenen Tür und weinte.

„Hallo", sagte er leise, „ganz ruhig, Prince, alter Junge", als er den schwarzen Körper in der Einzelbox berührte. Prince bewegte sich, wachte auf, und leise Worte murmelnd betrat er die schmale Box, wie Dan ihm beigebracht hatte, im Dunkeln mit den Tieren umzugehen. Er hatte etwas Mühe, die Kandare in das weiche, aber widerstrebende Maul zu schieben, kletterte deshalb auf die Krippe und mühte sich, sie hineinzuzwingen, dann schob er das Zaumzeug über die weichen Ohren, schloss die Schnalle, hängte das Halfter aus, packte die lange Mähne und zog sich, mit einem Satz, auf den nackten Rücken hinauf. Prince bewegte sich rückwärts, und er sagte:

„OK, Mom, geh aus dem Weg."

Er sah, wie die Laterne zur Seite schwang und lenkte das Pferd rückwärts aus der Box, zog das Tier scharf herum und ritt, über die linke Seite hängend und sich mit angezogenem rechten Arm und Bein festklammernd, durch die niedrige Tür ins Freie.

„Was soll ich sagen, Mom?" fragte er.

Ihre Stimme war halb erstickt: „Sag ihnen, dass Helen stirbt – sie sollen schnell kommen und helfen."

Irgendwie spürte er in der Art, wie sie diese paar Worte sagte, ihr jähes Bedürfnis nach jemandem, mit dem sie diese schreckliche Nacht teilen konnte – er hatte keine Ahnung, wie er sie je aus den Betten bekommen sollte, wusste aber, dass das jetzt seine Aufgabe war, gab Prince heftig die Fersen, und als das Pferd sich in Bewegung setzte, hörte er sie sagen: „Pass gut auf, mein kleiner Sonnenschein", und dann wie ihre Stimme in ein stöhnendes Gebet überging, noch bevor sie sich vom Stall entfernte. Er war so damit beschäftigt, Prince zum Galopp anzutreiben, dass er den nächsten Schrei nicht hörte, als er durchs Tor hinaus auf die Straße einschwenkte.

Die Wolken rasten über den Mond, sein Licht flackerte über die Landschaft wie von heftigen Winden gepeitscht, aber unter den Bäumen war alles still, und er hörte das rhythmische Klappern der Hufe, spürte, wie es durch ihn hindurch in die Nacht stieg. Nachts mochte er die Fichten nicht, sie waren ganz purpur und fassten nach ihm, und er trat das Pferd, damit es ihn schneller an dem Sumpf vorbeitrüge. Wenn das Mondlicht krampfartig flackerte, schienen die schwarz zusammengeballten Schatten zu ihm hoch- und ihn anzuspringen, sich um ihn herum zu ergießen; geschah das nicht, herrschte überall Dunkelheit. Das letzte Stück war ein undurchsichtiger Tunnel; Angst würgte ihn, hüllte ihn ein, den der Widerrist des Pferdes, voll Kraft und Leben, durchschüttelte. Als er fast das Ende erreicht hatte, schien aus der Schwärze der Bäume der Schrei in seinen Ohren nachzuhallen. Entsetzen packte ihn, er galoppierte um die Kurve, aus dem Wald hinaus und zu den Pappeln, die auf einer Seite die Straße säumten, und das flache Schwarz des Thiessenschen Feldes breitete sich vor der helleren Schwärze des bewegten Himmels aus.

Von dieser helleren Dunkelheit eingehüllt, rasten seine Gedanken mit dem galoppierenden Pferd dahin. Das war so, wie er es manchmal geträumt hatte, durch die Nacht zu eilen, um Hilfe zu holen – ganz allein, genauso wie er es in *Black Beauty* gelesen hatte. Nicht viele Knaben, nicht einmal die meisten Männer hatten jemals so etwas getan – allein jemanden zur Rettung zu holen, Helen musste wirklich krank sein, dass sie so schrie, Thiessens würden ganz bestimmt helfen, und er würde sie holen.

Jetzt kam die Baumgruppe, dann die Holzbrücke über einen rauschenden Frühlingsbach zwischen zwei Sümpfen, wo in aufgeblasener Wichtigtuerei die Frösche quakten. Zweimal klang der Hufschlag hohl, dann war er auf der anderen Seite, und einen Augenblick später sah er die Umrisse des Thiessenschen Tors. Dort bog Prince ab und er ritt den Weg hinauf. Vor ihm lag dunkel in geheimnisvollem Violett und Grau die Farm.

Die Hunde, aus dem Schlaf gerissen, bellten heißer, als er an die Tür hämmerte. „Mr. Thiessen!“ Wenn die Hunde nicht so laut gewesen wären, hätte er nicht den Mund aufbekommen und gegen die Nacht anschreien können. Endlich näherten sich Schritte und die Tür knarrte seltsam.

„Mr. Thiessen – “, doch dann sah er das lange Nachthemd. „ – Mrs. Thiessen... Helen ist furchtbar krank und Mom sagt, Sie müssten kommen und helfen.“

„Was ist los?“

„Sie – sie – “ – er wusste nicht, wie er es sagen sollte, „sie beißt sich, sitzt auf einem Stuhl... “

„Reit schnell nach Hause, sag, dass wir sofort kommen. George ... “, wandte sie sich ihrem Mann zu, der jetzt hinter ihr in dem kleinen Vorbau vor der Haustür erschienen war.

Im Nu führte er Prince zum Wagen, der im Hof stand, kletterte hinauf, sprang von da auf den Rücken des Pferdes und galoppierte zurück. Mit abnehmender Erregung wurde ihm kälter, und die Spitzen der Bäume im Osten hüllten sich gerade in Blattgold. Weil Prince den Weg nach Hause wusste und zielstrebig galoppierte, hatte er für nichts mehr ein Auge und hielt sich nur fest. Das Klippeti-Klop schien nicht enden zu wollen, das Pferd schien mit aller Kraft zu rennen, und er fühlte sich völlig durchgeschüttelt und schrecklich müde. Die Fichten nahm er diesmal nicht wahr.

Seine Mutter erwartete ihn im Hof. „Sie kommen sofort“, sagte er. Sie wartete auf ihn, als er aus dem Stall trat, und nahm seine Hand.

„Ich bin einmal hineingegangen, aber es ist so schrecklich – oh, mein Sonny, sie verbrennt und ich kann ihr nicht helfen. Es ist einfach so passiert – so schnell – und sie verbrennt. O Herr, Herr, sei barmherzig.“

Sie waren jetzt neben dem Holzstoß und sie sank neben den Holzscheiten auf die Knie und er spürte ihre verzweifelte Umarmung auf seinem kleinen Körper, während sie weinte und betete. Er versuchte, etwas zu sagen: „Ach,

Mom, es wird ihr wieder besser ... ", wusste aber nicht, was er sagen sollte. Was hätte man auch sagen können? Er war voller Angst, so hatte er seine Mutter noch nie erlebt, sie, die alles tun konnte. Dann fiel sein Schluchzen ein in das Auf und Ab des ihren, als er ihre blinde Angst und Hilflosigkeit spürte. Der Schrei, den er durch seine Tränen hindurch hörte, war sehr schwach und er wiederholte sich lange Zeit nicht mehr.

Plötzlich hörte er das Klingeln eines Pferdegeschirrs, und schon waren die Thiessens da. Während Mr. Thiessen die Pferde anband, kam Mrs. Thiessen zu seiner Mutter herüber, die neben dem Holzstapel stand, und legte den Arm um sie. Seine Mutter, die immer noch seine Hand hielt, schluchzte: „Es ging ihr so viel besser, und dann plötzlich, in der Nacht..."

„Wir haben ein wenig Laudanum mitgebracht, vielleicht hilft das."

Sie gingen zum Haus. Vor Müdigkeit sank ihm der Kopf auf die Brust, sogar im Gehen, und was geschah, nachdem sie das Haus betreten hatten, bekam er nicht mehr mit.

Als er am späten Morgen aufwachte und nach unten kam, sagte ihm seine Mutter, dass Helen tot war.

Das Haus roch nicht richtig, und alle waren wie erschlagen und brachen plötzlich in Tränen aus. Er konnte Dan nirgendwo finden. Er wollte nicht ins Wohnzimmer gehen, und er konnte sich niemanden tot vorstellen. „Mom“, sagte er, „ich will in die Schule gehen.“

Seine Mutter antwortete nicht, schien ihn nicht wirklich gehört zu haben. Nachdem sie es ihm gesagt hatte, drehte sie sich um und spülte Geschirr, für alles taub und versunken in ihren Schmerz um das Mädchen, das sie monatelang gepflegt hatte.

Er ging nach draußen und die frühe Lenzsonne war frisch und wohltuend. Niemand merkte, wie er in den Stall schlich, Prince zäumte und davonritt.

Irgendwie war aber auch die Schule nicht das Richtige. Als er dort ankam, wollte er weder über seinen Ritt berichten, noch erklären, warum er erst in der Pause kam. Er saß in seiner kleinen Schulbank in der einräumigen Schule und die Lehrerin sagte: „Holt eure Hefte „Gesunde Ernährung“ heraus.“

Er öffnete sein Pult und da war es, das Heft, das Helen und er für den Gesundheitsunterricht in der Schule gemacht hatten. Eigentlich hatte Helen die ganze Arbeit getan: Er hatte ihr nur dabei zugeschaut. Deshalb war sein Heft das beste in seiner Klasse gewesen. Hier auf dem Umschlag war die runde, rote Tomate, die sie aus einer ihrer Tomatensaftetiketten ausgeschnitten hatte, und da war der Knick, den sie gemacht hatte, als er sie stieß, weil er so dicht neben ihr lehnte, während sie im Bett beim Ausschneiden saß. Dann sagte er halblaut: „Sie ist tot." Im selben Augenblick wusste er, dass „tot" dasselbe war wie die stocksteifen Kaninchen, die er in seinen Fallen gefunden hatte.

Und plötzlich begann er zu weinen. Alle starrten ihn an, aber er konnte nicht aufhören.

~

Wenn eine geschriebene Geschichte endet, gehen andere immer noch weiter. Was haben unsere Nachbarn Elizabeth und George Thiessen mitgebracht, was taten sie, als sie in jener herzzerreißenden Nacht in unser Haus kamen? Was habe ich den ganzen Mittwoch über getan, bis Helen schließlich um zwei Uhr nachmittags alle Schmerzen hinter sich ließ? Bin ich an jenem letzten Morgen, an dem sie noch lebte, jene Worte von Old Dan Tucker vor mich hin summend, auf Prince zur Schule geritten, oder war das erst am Donnerstag, oder überhaupt erst mehrere Tage nach der Beerdigung? Ich habe keine Ahnung. Eine Erinnerung an Helens Sterben gibt es aber, die nicht in meiner Geschichte steht: Es ist eine Erinnerung an Abe, meinen ältesten Bruder, der aus dem fernen Pierceland nach Hause gekommen war, als sich Helens Krankheit im März verschlimmerte. Auch er war in jener Nacht in jenem Zimmer; es ist eine Erinnerung, die mir erst fünfzig Jahre später kam und die ich zum erstenmal in Worte fasste in meinem Nachruf auf Abe:

> Es ist mitten in der Nacht... die Lampen sind an und wir drängen uns um Helen in ihrem schmalen Bett im Wohnzimmer: meine Schwester Elizabeth und ich, Mom und Dad; mein Bruder Dan sitzt auf dem Bett hinter Helen und hält sie in seinen Armen aufrecht, während sie keuchend und unter Schmerzensschreien nach Atem ringt. Und Abe kniet vor ihr: Fest hält er ihre Hände in den seinen und spricht ruhig, beherrscht in das Weinen hinein, das uns alle überwältigt, die Worte Jesu:
>
> „Euer Herz erschrecke nicht! Glaubet an Gott und glaubet an mich! In meines Vaters Haus sind viele Wohnungen ... ich gehe hin, euch die Stätte zu bereiten. Und ich will wiederkommen und euch zu mir nehmen, damit ihr seid, wo ich bin."

Es sind die Worte, die durch zwei Jahrtausende hindurch Christen getröstet haben, und sie spiegeln Helens Empfindungen:

> 28. Februar: Es geht mir heute schlechter denn je. Habe auch ein bisschen deswegen geweint. Zwischen 4 und 5 wurde mir schrecklich schlecht und ich dachte wirklich, ich würde HEIMGEHEN. Ich habe mich danach gesehnt.
> 1. März: ... Hatte wieder ein paar Herzanfälle.

Sie starb am 28. März 1945, am Tag, an dem die deutsche Wehrmacht an der Westfront zusammenbrach; ihre

Beerdigung war am Ostersonntag, dem 1. April, am Tag, als die US-Marines an den Stränden von Okinawa landeten. Ich bin mir sicher, dass wir diese „großen" Weltereignisse genausowenig bemerkten, wie jenseits unserer winzigen Gemeinde jemand unseren Todesfall bemerkte. Gegen Kriegsende war Dr. Coghlans Praxis riesengroß geworden, die Hilferufe aus weit entfernten Gegenden waren nicht mehr zu zählen; nach Weihnachten 1944 war Helen zu schwach, um noch mit Harders Lastwagen ins Krankenhaus von North Battleford transportiert zu werden, und obwohl Dan den Arzt in seinem gewaltigen Mantel aus Büffelleder und mit der schwarzen Tasche vielleicht mehrmals mit unserem Schlitten von der Straße abgeholt und zu unserem Haus gebracht hat, weiß ich nicht, ob sie versucht haben, ihn in jenem letzten harten Wintermonat zu holen. Anscheinend hatte sich eine Art bäuerlicher christlicher Schicksalsergebenheit auf unsere Familie gelegt. Helen war seit ihrer Geburt kränklich, manchmal ernsthaft krank gewesen; der Herr gibt, ja, aber es kommt auch die Zeit, da der Herr nimmt, besonders nach so vielen Jahren, in denen er es angekündigt hatte – was soll ein Arzt dagegen noch tun können, und sei er so wundervoll wie Doktor Coghlan? Der Name des Herrn sei gepriesen.

Die Gemeinde tat, was sie immer tat. Am Donnerstag, dem 29. März, kam Anna Heinrichs, die zusammen mit ihren Töchtern und dem ältesten Sohn seit Aaron Heinrichs Tod vor acht Jahren ihre Buschheimstätte so tüchtig bewirtschaftete wie irgendein Mann, mit ihrer Tochter Rosella Poetker herüber, und auchElizabeth Thiessen. Sie halfen meiner Mutter, den Leichnam vorzubereiten, kleideten ihn in ein neues weißes Gewand, das Helens beste Freundin Isola Fehr ihnen gab, ein Kleid, das Isola gerade per Postversand erhalten und noch nicht getragen hatte. Dann trugen sie den Leichnam in die kalte Märzluft und bahrten ihn auf Brettern im Kornspeicher auf. Niemand arbeitete am Karfreitag, dem 30. März, aber es gab einen Gottesdienst in der Kirche, und Nachbarn kamen. Der Hof stand voller Schlitten. Am Samstag, dem 31. März, kamen Dave Heinrichs und Abe Fehr, Isolas Vater, um Dan beim Bauen des Sarges zu helfen, während die Frauen mit der Hand die schwarze Sargdecke nähten und Anna Heinrichs die gepolsterte, gerüschte Innenseite. Aus der Kirche wurden die bei jeder Beerdigung verwendeten silbern lackierten Sarggriffe gebracht, während auf dem Friedhof an der Südseite der Kirchenställe andere Männer ein Grab in den eisenharten, verschneiten Boden hackten bis hinab in die ungefrorene Erde. Und Abe und Dan fuhren nach North Battleford, vermutlich im Auto von Gustav Biech, für den Dan in jenem Winter arbeitete, um den Tod Helens zu melden und Mary und Emmanuel, die wieder in Mayfair waren, noch einmal ein Telegramm zu schicken.

~

Der Kornspeicher, in dem Helens Leichnam lag, war an das östliche Ende unseres sodengedeckten Kuhstalls angebaut. Die Wände des Kornspeichers waren aus Baumstämmen, sein Dach aus grobgesägten Brettern und Dachpappe. Wenn man im Winter mit der Laterne und den Melkeimern in den Stall trat, lagen die Katzen zusammengerollt auf ihren Spähposten in der Wärme unterm Dach auf dem unteren Tragebalken und warteten, bis man sich zwischen den Kühen niedergelassen und Nellys Euter und Zitzen abgewischt hatte. Sobald sie die ersten Spritzer Milch im Eimer klingeln hörten, kamen sie wieselflink an den Pfosten herunter, setzten sich dicht nebeneinander in den Gang, miauend und mit den Schwänzen zuckend. Ihre kleinen Mäuler entließen die zartesten Klagelaute in die Dunkelheit, wo die größeren Tiere sich in der massigen, lebendigen Wärme ihrer Leiber bewegten und mit ihren mahlsteinartigen Zähnen Heu kauten oder die hölzernen Stangen der Futterkrippe benagten. Man konnte hinten an ihnen entlanggehen, jede berühren, und immer waren ihre rauhen Felle genau am selben Platz, ihre Hinterteile so riesig wie ihre übrigen Gliedmaßen außerhalb des Lichtscheins der Stalllaterne, die kleineren Kälber schoben schnüffelnd die Mäuler über ihre Box und versuchten, an deinen Fingern zu saugen, die nach ihren lockigen Köpfen tasteten – die Katzen aber schrien, dass es dir das Herz brach und du Nellys Euter herumzogst, mit der rechten Zitze in der rechten Hand auf die Katzen zieltest und zogst und zogst: Sie sprangen dem weißen Strahl der Milch entgegen, der ihnen in die Mäuler klatschte, ihre Gesichter mit dampfender, fetter Milch wusch. Einen Moment lang hieltest du den Strahl genau in die weit aufgesperrte Gurgel der gelben Katze, die darauf zu Boden ging, erledigt von zu viel Milch – so, jetzt hast du's aber, putz dich mal schön und sei still – und dann lehntest du dich wieder vornüber Nelly zu, versuchtest, zwei Zitzen zu packen, ihr großer glucksender Leib ließ Behagen in deinen Arm, deine Schulter überfließen, und die eine Seite deines Kopfes war warm und wohlig.

Im Speicher am Stall gab es keine Katzen und kein Fenster; nur die offene Tür ließ das graue Licht des Winters herein. Hier lag Helen. In regloser Kälte. Von einem Laken bedeckt, das fast bis auf die Erde reichte. Hinter ihr standen der niedrige Blechkasten mit Hafer und die Säcke mit dem Weizen und der Gerste, der weiße Häckselstaub war in die Ecken gekehrt. Sie war kalt, hart wie Stein. Ich scheine allein im Kornspeicher zu sein, berühre vielleicht ihre Schulter. Ich halte nicht unsere Stalllaterne, das ist unmöglich, ich hätte im Dunkeln diese Tür nicht allein öffnen können; ihr Leichnam muss in einer Holzkiste gewesen sein, um ihn vor den Mäusen zu schützen, bis der Sarg fertig war. Aber ich sah sie aufgebahrt und unter einem Laken, das so lang wie ihr Körper war, ich sah das unbedeckte Gesicht in der Glorie ihrer langen schwarzen Haare, so vollkommen schwarz, wie meine Mutter erzählte, dass ihres einmal gewesen sei. Ohne dass es mir damals bewusst war, sammelte ich Eindrücke, die sich unauslöschlich in meine Seele zeichneten und auf mein Leben wirken sollten. In der Schule ließ mich Miss Klassen an Klasse vier vorbei in die fünfte wandern und hielt mich still, indem sie meinen Geist mit Wörtern, Zahlen, Karten, Bildern, Ideen fütterte, und jeden Tag wusste ich, dass zu Hause Helen auf ihrem Bett lag mit den Füßen am Holzofen, dessen Blechrohr durch die Decke und den spitzen Raum unter dem Dach neben dem Vorhang vorbeiführte, der Dans und mein Bett von dem Raum trennte, in dem jetzt Liz allein schlief. Und jeden Tag, wenn ich nach Hause gekommen, meine Hausaufgaben gemacht und Brennholz für Herd und Ofen hereingetragen hatte, saß Helen im Bett und wir konnten zusammen Puzzles legen, von denen ich die Ränder und die leichten Teile machte. Oft, wenn ich am nächsten Tag aus der Schule kam, hatte sie bereits die Teile mit den für mich verschwimmenden und fast nicht erkennbaren Farben geordnet und zeigte mir, wo sie hingehörten. Sie war jeden Tag da. Am 7. Januar schrieb sie in ihr Tagebuch:

> Heute bin ich seit drei Monaten im Bett. Biechs sind heute herübergekommen. Am Abend las mir Rudy Geschichten vor. Von Mrs. Biech bekam ich ein Dutzend Orangen.

Im Laufe der Wochen lasen wir uns *Rock of Decision* und *Tom Sawyer* und danach *Mystery at High Hedges* vor

> … bis ich an eine Stelle kam, wo die Heel Woman umgeht und ich kurz innehielt (huh!).

Wenn ich mir heute *High Hedges* in einem Antiquariat anschaue, ist klar, warum wir es damals lasen: da ist eine reiche Heldin, genauso alt wie Helen, deren Leben voll ist von plötzlichen Katastrophen, die sich immer durch erstaunliche Zufälle – oft in Verbindung mit Geld – auflösen. Den Titel eines Kapitels jedoch habe ich nie vergessen: „The Heel Woman Walks". Und Helen – vielleicht hat sie von einem Leben geträumt, in dem sie in großen Autos zwischen Landsitzen hin- und hergefahren wird, an Stränden liegt und sich nie, nicht einmal eine Sekunde lang, krank fühlt.

Samstag, 3. Feb.: Fing an, die andere Socke zu stricken, während Mom und Dad in die Schule gingen, um den Fußboden zu putzen. Abends Rudy geholfen, ein Sammelbuch über das Essen anzulegen.

Sonntag, 4. Feb.: Heute war niemand zu Besuch, und Rudy half mir, die zehn Bibelverse auswendig zu lernen, was furchtbar schwer war. Er blieb auch abends bei mir, weil Kirche war.

Wie Dan fiel es auch Helen schwer, etwas auswendig zu lernen; Laute, die in meinem Kopf mit Leichtigkeit zusammenfanden, schienen sich für sie einfach in Nichts aufzulösen, egal, wie oft wir sie wiederholten.

Mittwoch, 21. Feb.: Habe heute etwas gestickt; nach der Schule haben Rudy und ich Knipsbrett gespielt und viel gelacht.

Und dann der letzte Eintrag:

Dienstag, 27. Feb.: War heute ziemlich niedergeschlagen. Hab nicht viel geredet. Bills Brief kam heute, hat mich ein bisschen aufgemuntert. Am Abend hat Rudy mir das Teilen beigebracht.

Wer war Bill? Soweit ich weiß niemand, der zur Beerdigung kam, und Helens Briefe existieren nicht mehr.

Es ist unmöglich, dass ihr Leichnam auf blanken Brettern lag und mit einem Laken zugedeckt war. Aber so war es nach meiner Erinnerung im Kornspeicher. Kalt wie gefrorener Stahl, an dem die Haut kleben bleibt, wenn du ihn berührst.

Liz, noch nicht ganz dreizehn, schrieb in das Tagebuch, was sie über Helens Tod sagen hörte: „Es zerriss ihr das Herz." Aber warum sie „sie hatte einen leichten Tod" hinzugefügt hat, kann ich mir nicht vorstellen. Haben wir alle versucht, uns irgendwie zu trösten? Mam sagte immer, dass außer den Kinderkrankheiten, die Helen aus Russland mitgebracht hatte, ihre Krankheit Gelenkrheumatismus war, der ihr Herz angriff; Bettruhe war praktisch alles, was Dr. Coghlan empfehlen konnte. Und woher ihr Rheumatismus kam, wusste die ganze Gemeinde: von den kurzen Krepp-papier-Kleidchen nämlich, die die kleinen Mädchen 1937 beim Weihnachtsspiel der Jack Pine School trugen, als wir noch auf unserer CPR-Heimstätte lebten. Die Schule war zum Bersten voll, weil gleichzeitig Bühne und Zuschauerraum; der einzige Ort, an dem die Mädchen ihre hübschen Elfenkostüme anziehen konnten, war die Lehrerwohnung von Miss Ferguson, von der sie in der Dunkelheit durch den Schnee rannten und über eine Leiter durch das Schulfenster hinter dem Bühnenvorhang kletterten. Alle sagten, wie schön ihr Tanz mit dem Zauberstab und der Klaviermusik gewesen sei, aber Mam hat es nie als daunze, als Tanz, bezeichnet, sondern immer nur als „Soon dommet rommjeran", so ein dummes Herumgerenne. Bei diesem Lauf durch die bitterkalte Nacht, sagte meine Mutter, mit nichts auf dem Leib als Unterwäsche und Papier, mit völlig nackten Armen und Beinen und dann noch verschwitzt, als sie zurückrannten, dabei hat sich unsere Helen, mit neun Jahren, ihr Rheuma geholt.

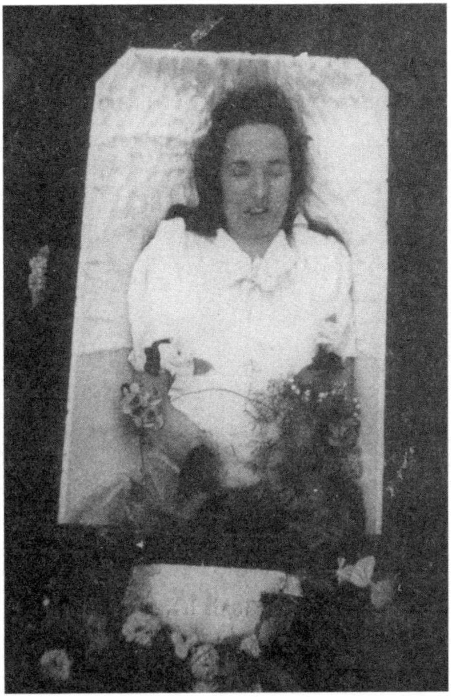

Als am Ostersonntag, dem 1. April 1945, die Sargträger den Sarg aus der Kirche trugen, setzten sie ihn am Fuß der Kirchentreppe ab und öffneten ihn zum letzten Mal. Rings um ihn herum stand unsere Familie, und die Gemeinde umringte uns. Helens lange Haare lagen auf ihren Schultern, über ihren vollkommenen Zähnen waren die Lippen leicht geöffnet, die Arme waren gekreuzt zwischen den wenigen leuchtenden Rosen und Farnwedeln, die meine Brüder nur aus North Battleford mitgebracht haben konnten.

Es geht nach Haus, zum Vaterhaus,
Wer weiß, vielleicht schon morgen.

Jenes wehmütige Lied sangen wir, als wir in langer Prozession Helens Sarg zum Friedhof folgten. Abe und Dan und vier Nachbarn trugen ihn; weder Emmanuel noch Gust waren dabei, und ich war dafür noch zu klein.

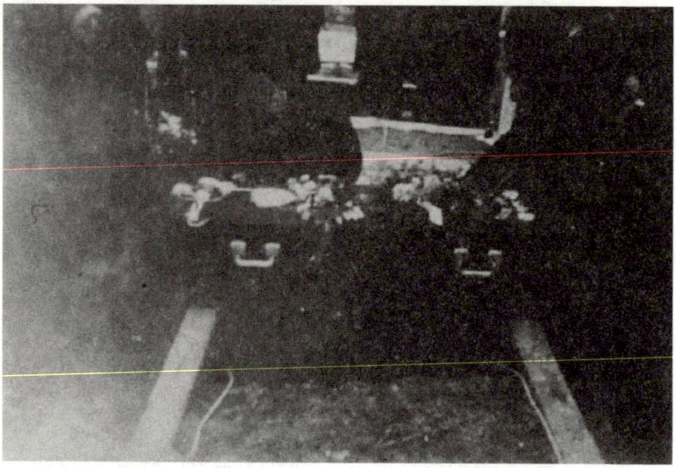

Am Grab schraubte Abe Fehr die Griffe ab, und dann sank der schwarze Sarg, auf dessen Deckel immer noch das weiße Blatt Papier mit dem Spruch

SAFE
IN THE ARMS
OF JESUS

SICHER
IN
JESU ARMEN

befestigt war, in die Grube hinab, ganz langsam, an Seilen, die man in der Stille knarren hören konnte, bis der Sarg aufsetzte und in die Kiste sackte, die ihn unten erwartete. Arme streckten sich und ließen jemanden hinunter, der Kistendeckel wurde mit einem leichten Schlag geschlossen, bleiches Stroh wurde darüber gestreut, und während Reverend Jacob Enns betete, griffen die jungen Männer die Schaufeln, und das Rumpeln fallender Erde begann, Spaten wechselten schnell die Hände von einem zum nächsten, gefrorene Erdbrocken schlugen hohlklingend auf, schaufelt sie schnell, schnell, die schützende Erde, allen Schmerzen entrückt, sicher in Seinen Armen, zu Hause, endlich. Ich drückte mich eng an meine Mutter, aber es half nichts.

Drei Tage später, am Mittwoch abend, fuhren Mary und Emmanuel mit Gracie und dem neugeborenen Gerald in ihrem Model T auf unseren Hof. Sie hatten nicht die geringste Ahnung, dass Helen an Marys einundzwanzigstem Geburtstag gestorben und am Ostersonntag beerdigt worden war; keine unserer Nachrichten und Telegramme hatte sie in ihrer abgelegenen Missionsstation bei Mayfair in Saskatchewan erreicht. Sie waren einfach zu einem normalen Besuch gekommen und hatten gebetet, Helen bei besserer Gesundheit anzutreffen. Marys Bestürzung, ihre wilden Verzweiflungsschreie waren so herzzerreißend wie eine zweite Beerdigung.

Wenn ich heute auf einer Landkarte die einzelnen Entfernungen addiere, sehe ich, dass Mayfair nicht weiter als hundert Kilometer Luftlinie von Speedwell entfernt ist. Warum konnten sie nicht erreicht werden? Tina und Gust, die aus Alberta über das Gebirge nach Vancouver gezogen waren, erhielten unser Telegramm wenige Stunden, nachdem es aufgegeben worden war. Aber während der letzten Monate eines Weltkrieges die Seen und borealen Urwälder Saskatchewans zu durchdringen – wem kann man da einen Vorwurf machen? Was man nicht ändern kann, muss man hinnehmen.

Anne Klassen, unsere Lehrerin in Speedwell, war auf der Beerdigung; achtundfünfzig Jahre später erzählt sie mir, dass sie sich sehr gut an Helen erinnern kann, „so ein liebes, lebhaftes junges Mädchen". Und auch, dass ich nach Helens Tod „schwierig" in der Schule wurde und sie mich deshalb allein mit in die Lehrerwohnung genommen hat. „Ich habe ganz sanft mit dir gesprochen", sagt sie, und am Telephon ist ihre Stimme mit achtundachtzig immer noch so sanft, dass ich am ganzen Körper zittere. „Und du bist in Tränen ausgebrochen."

Im Tagebuch, das Liz weiterführte, lese ich über den Tag nach der Beerdigung, den Ostermontag, 2. April:

> Rudy war schlecht & ging nicht zur Kirche, aber nachmittags gingen wir zu den Heinrichs. Wir verbrachten gute Stunden und sangen zusammen etc.

Sie notiert, dass es mir auch am Dienstag nicht gut genug ging, um zur Schule zu gehen. Ich war zehn Jahre und sechs Monate alt, und ich fragte mich, was meine liebe Schwester, die mir Geschichten vorgelesen und erzählt hatte, bis ich sie mit ihr vorwärts und rückwärts lesen konnte – wohl jetzt im Himmel machte? Sie würde keine Schmerzen mehr haben, und in der Bibel stand, dass sie dort oben unaufhörlich Lobgesänge sangen, wie wir in der Kirche und zu Hause, Kirchenlieder, deren Klänge mir endlos durch den Kopf hallten:

How beautiful heaven must be (must be)
Sweet home of the happy and free (and free)
Fair haven of rest for the we-e-eary,
How beautiful heaven must be.

Wie schön es im Himmel muss sein (muss sein)
Lieblich Haus der Seligen und Freien (und Freien)
Schöner Hafen der Ruh für die Müden,
Wie herrlich muss der Himmel sein.

Helen sang gerne, lächelte sogar noch, wenn sie nicht genug Luft bekam, um zu Isolas oder Marys Begleitung auf der Gitarre oder unserem braunen Harmonium zu singen. Von Engeln und Harfen begleitet zu singen, würde sogar noch besser sein – aber die ganze Zeit? Sie liebte Geschichten; würde Gott sie auch Geschichten erzählen und nicht nur singen lassen? Jesus erzählte in der Bibel viele Geschichten; würde er das auch im Himmel tun?

Die erste Aprilwoche 1945 war so kalt, dass Liz für den Freitag notiert: „Ging heut wegen des Wetters nicht zur Schule … bekam Brief von Tina." Obwohl Mary und Emmanuel da waren: unser kleines Haus war leer. Ich erinnere mich, wie wir im Licht der Lampe um den Küchentisch herum saßen und auf das abgenutzte Wachstuch starrten.

~

Ein grauer April schleppte sich müde in helleres Frühlingswetter, es begann zu tauen, als mich plötzlich ein schneidender Schmerz durchfuhr. In allmählich kleiner werdenden Abständen bekam ich einen unerwarteten Schlag in den Magen, der sich anfühlte wie ein immer größer und kantiger werdender Felsbrocken, bis sich der Schmerz langsam auflöste. Eine Stunde oder auch einen Tag später bekam ich erneut, ohne Vorwarnung, einen Schlag in dieselbe Stelle. Bald wurde dieser Schmerz zu einem ständigen Schatten, der jeden Augenblick in pure Qual übergehen konnte.

Dies war viel schlimmer als das häufige Bauchweh, das ich bereits kannte. Wenn mir schlecht war, bedeutete Erbrechen einfach Erleichterung, und was „Nummer Zwei“ betrifft, wie wir in der Schule lachend dazu sagten, erinnere ich mich, dass ich zu Liz, die mich ständig besser machen wollte, gesagt habe:

„Ich kann's halten, ich brauch drei oder vier Tage lang nicht auf die Toilette zu gehen.“

„Du bist blöde, deshalb tut's so weh.“

„Es tut nicht dort weh, sondern hier“, und betastete vorsichtig meine rechte Seite. „Aber das andere – wenn ich nicht wirklich will, geh ich auch nicht.“

Ich dachte mir das so: Wenn ich den Drang spürte, ging ich, klar, wenn mir ein kleiner Spaziergang durch die frische Luft zur Knabentoilette gelegen kam, falls jedoch nicht, krümmte ich mich zusammen und schnell verzog sich das Gefühl und ich musste nicht mehr; besonders nicht an den langen Winterabenden, wenn man den weiten Weg bis zur eingefrorenen Toilette durch den Garten unter den Bäumen beim Eishaus gehen musste.

„Du bist so doof.“ Ich wusste, dass es Liz ekelte, auch nur darüber zu reden. „Dir wird nur noch übler, wenn du nicht … jeden Tag … gehst.“

„Geeh – geeh – geeh“, sang ich. Weil das deutliche englische Wort dafür supergrob war, sowieso zu den Flüchen zählte und verboten war, nervte ich sie mit dem blassen Euphemismus, „geh, geh, geh, durch Eis und durch Schnee!“, und um noch eine besondere Flegelei draufzusetzen, sang ich den deutschen Reim, den Pah immer brachte, wenn er eine Frau auf hohen Absätzen dahintrippeln sah, die sich dabei, wie er lachend sagte, „wirklich für etwas hielt“: „Yeah, yeah, you Fräulein, von hinten, scheißt Kakarinten!“

„Rudy, sei still“, sorgte sich meine Mutter. „Ditt ess tjeen Spos.“ Das ist nicht zum Spaßen.

Und das war es auch nicht. Obwohl ich jetzt „ging“, wann immer mein Körper es wollte, kam der schneidende Schmerz immer öfter. Dann lief am 2. Mai über die Radiosender der ganzen Welt die Nachricht, dass Adolf Hitler tot sei; am 7. und 8. Mai kapitulierten die letzten deutschen Verbände bedingungslos. Ich muss einige dieser Meldungen in den CBC-Nachrichten gehört haben, weil ich mich erinnern kann, geglaubt zu haben, es gäbe jetzt, wo der Weltkrieg vorbei war, keine Nachrichten mehr; kein „This Is London Calling“ mehr zum Glockenschlag von Big Ben, keinen Matthew Halton mehr, der noch spricht, während er von Deutschen beschossen wird; einzig Elton Britt würde übrigbleiben, um noch einmal „Wave to me, my lady, as I roll down the line" zu jodeln. Wenn der Krieg vorbei war, musste es auch mit den Nachrichten vorbei sein. Aber in Liz' Tagebuch steht:

> Freitag, 4. Mai: Ma ging heute mit Rudy nach Battleford er blieb zur Operation

Und ich weiß, dass ich auf dem Operationstisch lag und Ärzte nach meinem Blinddarm suchten, sobald ich in North Battleford angekommen war, wohin Dr. Coghlan mich schnell geschickt hatte. Sie fanden ihn schließlich, und einer der Ärzte erzählte mir ein paar Tage später auf seinem Morgenrundgang, dass er an einer Stelle an meinem Magen angewachsen war, wo er überhaupt nichts zu suchen hatte, und dies sei der Grund, weshalb mein Schnitt so groß sei; sie hatten den ganzen Bauchraum gründlich abgesucht und ihn schließlich unter den durcheinandergeratenen Organen entdeckt, unmittelbar bevor er platzte. Warum hatte ich so lange Schmerzen ausgehalten und gewartet?

Doktor Coghlan war Landarzt und kein Klinikchirurg, kannte aber unsere Familie seit zehn Jahren; 1945 war er eine Legende, weit über seine Leidenschaft für das Angeln hinaus, und heute ist ein Raum im Museum des CNR-Bahnhofs von Glaslyn voll mit Erinnerungsstücken an ihn, einschließlich des riesigen Büffelmantels, den er anhatte, wenn er aus dem Schlitten kletterte, mit dem Dan ihn von der Hauptstraße abholte, wo er im Winter sein Auto stehenließ, und der schwarzen Tasche voller Doktorgeheimnisse, die er immer dabeihatte, einschließlich, denke ich mir, der Skalpelle, die er in einem verzweifelten Notfall vielleicht benützt hätte, um mich zu öffnen und zu untersuchen. Helen hatte er nicht retten können, aber neben Hunderten anderer hat er ganz gewiss Dans Leben gerettet, und meines, und Mams, und genauso das von Isola Fehr, so dass sie 1947 Dan heiraten konnte und die beiden eine Familie von fünf Kindern großziehen und einander mehr als fünfzig Jahre lieben konnten.

Der Arzt im Krankenhaus von North Battleford versuchte, Witze über meinen wandernden Blinddarm zu reißen; er und die Krankenschwester amüsierten sich, aber ich hatte Durst. Ich starb vor Durst, und das einzige, was ich wollte, war Wasser – es war mir egal, wo ich mich erbrach oder ob die Schwestern in ihrem steifleinenen Grau mir irgendwo eine Bettpfanne unterschoben oder wegzogen oder mir einen Pisspott mit langem Hals anboten oder Nudeln auf einem Teller oder einen neuen Verband über meinen Bauch klebten, der schlimmer aussah, als hätte man versucht, ein geschlachtetes Schwein wieder zusammenzunähen. Mam hätte viel sauberere Stiche gemacht und ohne so einen dicken Faden. „Ich will was zu trinken!"

„Du solltest dankbar sein", sagte die Schwester, „dass wir keine Klammern und Knöpfe gebraucht haben, um dich zusammenzuhalten."

Und der Arzt, Herrscher über diese ganze Krankenhauswelt und alles, was darin ist, sagte mir: „Daran ist der Äther schuld. Wenn du über den Äther weg bist, kannst du so viel trinken, wie du willst. Warte noch ein bisschen; dauert nicht mehr lang."

Eine Stunde war wie ein Tag! Die Frühlingsstunden zogen sich endlos dahin, bis ich schließlich kleine Schlückchen bekam, nicht mal einen anständigen Schluck, ein Schlückchen durch einen Strohhalm! Ein gebeugter Mann in einem weißen Krankenhaushemd wanderte auf dem Korridor auf und ab, und die Schwester erzählte mir, er habe Krebs, der arme Mann, und ich fragte sie, ob er denn Wasser trinken dürfe, und sie sagte, natürlich dürfe er. Ich sagte, dass ich gerne Krebs hätte, weil ich dann trinken und gebeugt herumlaufen dürfe. Sie gab mir noch ein Schlückchen, und ich brannte fast aus. Warte ab, sagte sie, du wirst wunderbar verheilen, und alles wird gut.

Nachdem Mutter wieder zu Hause war, bekam ich Besuch, auch von Abe und einem Freund aus der Bibelschule, der dauernd grinste und lustige Geschichten erzählte, doch nur an den alten Mann mit Krebs und an meinen Durst kann ich mich deutlich erinnern. Und an das Zimmer: an nichts, was darin war, aber an die Backsteinmauern draußen, weil Dan mir eine Postkarte vom Notre Dame Hospital von North Battleford mitbrachte und mir das Fenster meines Zimmers links vom Haupteingang im zweiten Stock zeigte. Es war ein schönes dreistöckiges Backsteingebäude mit etwas, das aussah wie ein Eisengitter oben rechts; ich hatte noch nie etwas von einer Nottreppe gehört, und fragte, warum es dort etwas gebe, was wie Regale aussehe, und Dan sagte, ja, das stimme, das seien Lagerregale, wo diese katholischen Schwestern das ganze schlimme Zeug hinlegten, das die Ärzte aus den Menschen schnitten, Beine, Finger, Gallenblasen, Blinddärme. Mein Krankenhausfenster bleibt mir deshalb unvergesslich: es war die halbe Länge des Backsteingebäudes von der Stelle entfernt, wo sie die Körperteile aufbewahrten.

~

Tina kam mit dem Zug aus Vancouver nach North Battleford. Sie brachte die kleine Anne und Carol und den Säugling Rosa mit, der einen Monat, bevor Helen starb, geboren war, holte mich vom Krankenhaus ab, und alle zusammen stiegen wir in einen Greyhound-Bus, der auf Highway 4 nach Norden fuhr. Am Mittwoch, dem 16. Mai, trug Liz dies in ihr Tagebuch ein:

> Gingen zu Fehrs, um zu sehen, ob Rudy + Tina gekommen waren + und das waren sie, Mensch, was war ich froh.

Die Fäden waren gezogen, ich heilte schnell, brauchte aber eine ganze Weile, um mich zu erholen. Im späten Mai und Juni kam unsere ganze verstreute Familie in Speedwell zusammen, außer Gust, der arbeiten musste, und Tony und Eldo, die Schule hatten. Wir waren alle noch voller Kummer: Tina, die nicht zur Beerdigung hatte kommen können, Mary und Emmanuel, die so tragisch nicht davon erfahren hatten, wir alle, die dabeigewesen waren, besonders unsere Mutter, für die Helen soviel gebetet hatte, und die oft selbst krank war und Helen nicht hatte helfen können, die monatelang im Bett lag.

Das erste Photo, das in unserem Haus aufgenommen wurde, zeigt, womit wir uns gemeinsam beschäftigten: Gilda und Mary konnten nicht lange genug stillhalten und sind deshalb etwas unscharf, aber Dan und Tina, besonders Tina, Mutter von fünf Kindern, sind so scharf abgebildet wie Abe, der aus seiner ledergebundenen Predigerbibel vorliest. Auf dem Harmonium über Abes Kopf liegt ein Postversandkarton voll mit Familienphotos, über die sie sich Geschichten erzählt haben, und links hängt ein ovales Bild von einem hohen Wasserfall in den Tropen, das ich, wie ich mich erinnere, oft betrachtet habe. SEI GUTEN MUTS wurde mit biblischem Nachdruck verkündet – aber warum, fragte ich mich, brauchte man Mut im Angesicht solcher Schönheit?

Irgendwann ging ich dann wieder zur Schule, wo Nettie Enns in Klasse fünf auch allein bestens zurechtgekommen war. Das jährliche Schulphoto war ohne mich aufgenommen worden, aber ich bekam einen Abzug davon. Der winzige Schnappschuss – siebenundzwanzig Kinder, deren Namen ich noch alle weiß, dicht gedrängt vor einem grauen Busch, die Knaben in Overalls, die Mädchen in Rock und Bluse – trägt auf der Rückseite in breiter, schwarzer Federschrift die Widmung:

Für: Rudy Wiebe
Von: Miss A. Klassen
Deine Lehrerin

Liz spielte mit Gracie und Tina und mit Marys jüngsten Kindern Rosie und Gerald; Anne und Carol und ich scheuchten die Frühlingskälber im Weidepferch herum; Tina und Mam pflanzten den Garten an; wir machten Photos voneinander, entweder im Hof oder unter den Fichten auf der anderen Straßenseite, von uns und unseren Freunden und unserer Familie in verschiedenen Gruppierungen. Eines zeigt unsere Mutter in unserem Schaukelstuhl vor dem Haus mit ihren Enkeln Gerald und Rosie in Decken eingehüllt in ihren Armen; sie lächelt, aber traurig. Hinter ihr zieht sich die kleine Grace eine Decke ans Gesicht, während ich auf dem Vorplatz neben der Haustür stehe und wie üblich an meinen Fingernägeln kaue.

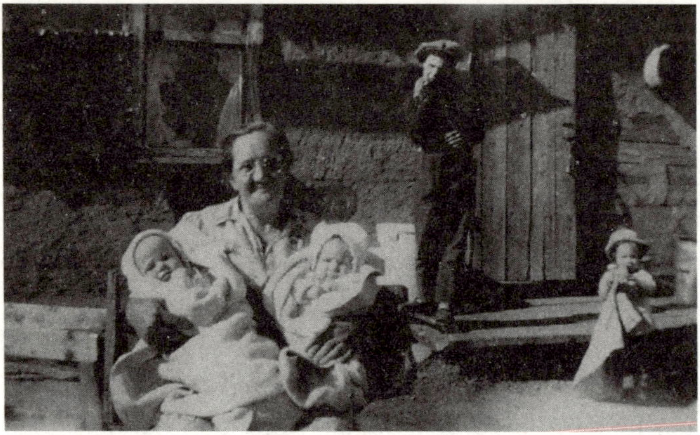

Aus Eatons Katalog bestellten wir einen weißen Grabstein für Helen, den ersten Grabstein statt des üblichen Holzzauns, mit dem die Gräber auf dem Friedhof der Mennoniten-Brüdergemeinde von Speedwell eingefasst waren. Auch sechzig Jahre später steht er noch auf der Lichtung mit ihren dreißig Gräbern, umgeben von Gestrüpp und toten Ästen, klein und verwittert, aber unzerstörbar, mit dem kleinen Engelsgesicht, das von Flügeln umrahmt nach oben schwebt, und darunter die Inschrift:

HELEN WIEBE
1928-1945
FOREVER WITH THE LORD

Und es wurden Pläne geschmiedet. In jenem Herbst, als das Bezirksdreschen trotz Schneeschauern vorüber war, als alle Gemüse eingelagert und eingedost und auf Regalen im Keller unter der Küche waren, nach zwei Monaten mit einer neuen Lehrerin in der Schule von Speedwell – Liz war in der achten, ich in der sechsten Klasse – waren wir wieder in North Battleford. Wir fuhren am Krankenhaus vorbei, lachten über Dans Geschichte vom Notausgang und fuhren den langen Hügel hinab zum weitläufigen Bahnhof der Canadian National Railroad, von dem aus man das Tal des North Saskatchewan und Battle River sieht. Dort würden Mam, Pah, Liz und ich in den täglich nach Vancouver im Westen fahrenden Personenzug steigen, die riesige Stadt auf der anderen Seite der Rocky Mountains am Pazifischen Ozean, wo Tony lebte, und wo es, wie er mir schrieb, nie Winter wurde.

Hey, sagte ich zu Mam, dann brauch ich dort ja nicht mal 'ne Jacke! Aber sie lachte und kaufte mir in North Battleford trotzdem eine: mit Reißverschluss, schwarzen Ärmeln und in einer Art changierendem Blau; sehr schön.

Außer den zwei Wochen im Notre Dame Hospital hatte ich nie irgendwo anders als in einem Blockhaus im borealen Urwald gelebt, wo ein Batterieradio das einzige Stück moderner Technik war. Obwohl ich schon soviel gelesen hatte, war mir damals unvorstellbar, dass ich mein ganzes Erwachsenenleben in Städten verbringen würde.

7

HÄUPTLING

Eine Zugfahrt übertraf alles, was ich bisher erlebt hatte. Vergiss Pferde und Wagen auf schmutzigen Straßen oder ein langsames Auto oder einen rumpeligen Bus, der sich, Schlaglöcher und Schlammpfützen umschlingernd, über eine Schotterstraße quält; verblüffend, wie man sich ins Polster seines Sitzes zurücklehnen konnte an einem riesigen Fenster, während draußen die Welt vorbeiflog ohne Holpern oder Rucken, und man sich aussuchen konnte, ob sie auf einen zu- oder von einem wegfliegen sollte, schnell wie ein Blitz, und immer mit der Kante des Bahndamms am Fensterrand und dazu das harte, immer schneller kommende Klicketi-Klick von Stahl und plötzlich! flog man über eine Klippe hinweg, unter einem war keine Erde mehr, der Zug fuhr auf Luft weiter – das musste der North Saskatchewan River sein! – tief unten der schlammige, gebörtelte Fluss, weites Wasser, und im Nu über Pappeln hinweg, die dort unten wie spitze Unkräuter standen, und Whuuh! Mit einem Satz wurden die Klippen wieder zu fester Erde unter dir und der Klang des Stahls wurde tiefer, trug uns schneller dahin – dies alles schon, als wir erst Flusshügel und Busch von North Battleford verließen. Vancouver hinter den Bergen am Ozean musste einfach – deine Augen hatten zuviel zu schauen, um sich das vorzustellen. Schau einfach hinaus.

Aus dem Tag in die Nacht, durch Wäldchen und Parkland und Hügel, vorbei an Farmen und langgestreckten Feldern, Städten, Getreidespeicher, eben erblickt und schon wieder verschwunden, manchmal fünf, sechs, die an einem vorbeiflitzten, die verstreuten Lichter von Edmonton, die immer langsamer wurden, bis sie ganz zum Halten kamen, die gewundenen milchigen Flüsse, die manchmal direkt unter den Rädern zu brausen schienen, manchmal tief, tief unten; Mondlicht und stundenlang nur Bäume, Sümpfe, Moore – Schnee: Bei uns hätte sicherlich Schnee gelegen. Während all meiner Jahre in Speedwell hatten wir immer viel Schnee, und hier sah ich ihn durchs Zugfenster auf den in den Nachthimmel ragenden erschreckend hohen Bergen. Während zweier Tage und einer Nacht – oder waren es zwei Nächte? – haben wir wohl auf unseren normalen Personenwagensitzen zu essen und zu schlafen versucht, aber ich kann mich nicht daran erinnern, nur an das spitze Walmdach des CNR[5]-Bahnhofs von Jasper, hinter dessen Bahnsteig sich die Berge mit ihren Schneekappen erhoben, weithin, wie eine knorrige Hand, die auf etwas hindeutete. Ich begriff, dass ich mir trotz der Bilder von Bergen in Büchern oder Kalendern überhaupt keine richtige Vorstellung von ihnen hatte machen können, auch nicht, als ich sie mit meinen Fingern für die Teig-

[5] Anmerkung des Übersetzers: Canadian National Railways

landschaft zusammenzuschieben versuchte, die ich mit Nettie Enns in Erdkunde machte.

„Dort siehst du es", sagte Mam. „Gottes Wunder der Schöpfung."

Eines Morgens hielt unser langer Zug in einer Kurve am Fuß eines Berges an, wo es weder einen Bahnhof noch ein Rangiergleis gab; die Reisenden durften auf die Kante des schmalen Gleisbettes hinabsteigen und über das Tal schauen. In faltigen Stufen übereinandergeschichtet ragte vor uns die unglaubliche Steilwand von Mount Robson empor. Der höchste Gipfel in den kanadischen Rockies, hieß es, und vielleicht die höchste Felswand der Welt. Auch dies hatte Gott in Kanada erschaffen.

Es gab damals in Personenzügen noch keine Aussichtswagen, und wenn, hätten wir sie mit unseren Billigfahrkarten nicht betreten dürfen. Vom Zuginneren habe ich nur eine einzige Erinnerung: an den großen Mann, der sich am Tag, bevor wir Vancouver erreichten, auf die andere Seite des Mittelgangs uns gegenübersetzte. Er trug offenes Haar, das ihm in Locken auf seinen breiten Schultern lag, und einen großen Goldring, der an einem kleineren hing, der in seinem Ohrläppchen steckte.

Pah sagte ganz leise auf Plautdietsch: „Wenn er den in der Nase hätte, könnte man ihn vielleicht daran herumführen."

Ich traute mich nicht zu lachen, beobachtete den Mann aber. Er las, döste, stand auf, um sich im Mittelgang die Beine zu vertreten, kam wieder zurück wie ein normaler Mensch. Gott hatte auch ihn gemacht – sein Haar und der Ring aber waren seine eigenen Zutaten.

~

> Montag, 5. November 1945: Ankunft in Van. 10 morgens. Den ganzen Tag gut amüsiert.

Brant Street, Vancouver, Britisch-Kolumbien: Hier hatte Gust auf einem Grundstück am Rand eines alten Kirschgartens ein kleines Haus gebaut, das mit Dachpappe gedeckt war. Das originale Gartenhaus der Familie Rice stand immer noch da, groß, zweistöckig, mit zwei aus Backsteinen gemauerten Schornsteinen, an der stark befahrenen alten Nanaimo Road, die neue Brant Street aber war eine Sackgasse und nur einen Häuserblock lang, mit schmucklosen Häusern auf beiden Seiten und einem Gehsteig aus Beton, der den kurzen Hang hinauf zur 27. Avenue führte. Die Welt, die mir jetzt den Kopf vollstopfte, war so fremd, dass ich keinen Blick für die Häuserblocks hatte, die das Tal hinab bis zum Fuß der Berge verstreut standen: Ich war im Freien, ich war allein, und ich wollte mit Tonys hölzernem Leiterwagen spielen, die Deichsel in meiner Hand spüren. Tony würde bald aus der Schule kommen, du musst nur von der Straße wegbleiben, ermahnte mich Tina, und ich zog den Wagen auf den Gehsteig, betrachtete staunend den glatten Beton unter meinen Füßen, zog ihn den Berg hinauf, fuhr damit hinunter, immer und immer wieder.

Als er oben an der Straße um die Ecke kam, lachte er mich als allererstes dafür aus, dass ich mit breit gespreizten Beinen auf dem Wagen saß. Wie ein Baby, sagte er.

„Du kniest rechts und mit dem linken Bein stößt du dich den Berg hinauf, und genauso machst du's den Berg runter – abstoßen musst du dich! Dann kriegst du richtig Tempo.“

Okay, so hab ich’s dann gemacht und kam doppelt so schnell hinunter wie vorher, kippte aber auf die Straße und die Räder drehten sich in der Luft. Die Schürfwunde auf meinem Knie blutete nicht stark, aber das Loch in meiner für diese Reise gekauften Hose war schlimm: Es bedeutete einen Flicken für den Rest des Winters.

Obwohl ich größer war und zwei Klassen über ihm, war klar, dass Tony immer mehr wissen würde als ich und besser aussah. Er hatte das schmale Gesicht und die scharfe Nase der Fiedlers, nicht die rundliche Untersetztheit der Knelsens von meiner Mutter Seite.

Ich fing an, diese fremde Welt in mich aufzunehmen. Nördlich von 4160 Brant gab es keine Häuser; die Wiesen der früheren Rice-Farm senkten sich hinab zu den Gleisen der B.C. Electric, der Straßenbahn. Züge mit zwei oder drei Wagen kletterten vom Stadtzentrum kommend auf dem hölzernen Viadukt zur Haltestelle Nanaimo Road, zwei Wartehäuschen auf Stufen über der Straße, und fuhren von dort, wie es hieß, weiter nach New Westminster oder Chilliwack. Jenseits der Straßenbahnschienen wucherte die Stadt ins Tal hinab zu den Gleisen der CNR und zum Grandview Highway und dann über die nächste Kette langer Hügel hinweg: Man konnte den Schimmer einer schmalen Meeresbucht und die Northshore Mountains sehen, die im flachen Licht des Winters leuchteten, und vom Meer herauf stieg Luft, die so feucht war wie nichts, das ich bisher eingeatmet hatte, und ließ ein zartes Kribbeln in der Nase zurück. Salz, sagte Tony, der Alleswisser, und

Regen, in Vancouver schneie es nie, hier regne es nur und man brauche nie seinen Parka. Eine Stadt, von Schneebergen umringt, aber im Winter ohne Schnee auf den Straßen, und sie soll wirklich noch zu Kanada gehören? Du wirst schon sehen, sagte Tony.

Vancouver war größer und lauter als alles, was ich kannte. Wo wir auch hinfuhren, mit Straßenbahn oder Bus, in Gusts fast neuem Auto oder Trolleys, die an Fahrdrähten sangen: es ging immer noch weiter und man sah immer noch mehr Menschen; wie konnte es nur so viele Menschen auf der Erde geben? Ich konnte nicht wissen, dass Vancouver eine der schönsten Städte der Welt war, mit breiten, schlammigen Flussarmen und den langen Fingern des Meeres, dem Delta und den Bergen mit ihren ewig grünen Bäumen, mit dem vollkommenen Kegel des Mount Baker im Süden, schon in den Vereinigten Staaten, der aus seinem Vulkankrater Rauchwölkchen in den Himmel kräuseln ließ; zuerst sah ich nur endlose Häuser und Betongehsteige und Straßenlaternen, und wieder Häuser und Autos und riesige Fichten – sind keine Fichten, sagte Tony – und noch mehr Leute und wieder Häuser, von denen selbst die kleinsten wie das von Gust und Tina Elektrizität und heißes Wasser hatten, das aus dem Hahn floss. Und es gab kein Betjhus irgendwo im Dunkeln zwischen den knorrigen Kirschbäumen.

So überwältigend es auch war, irgendwie war Vancouver auch lächerlich einfach: man brauchte nichts für Licht oder Heizung oder Wasser zu tun, man musste nur einen Schalter finden oder sich auf eine Toilette setzen, und alles ging von allein. Gusts Auto hatte sogar einen Anlasser im Wageninneren: Man stieg ein, trat auf den Anlasser und schon sprang der Motor an. Es gab nichts zu kurbeln. Es war ein „Schlaraffenlaunt“, ein Paradies für Narren, sagte meine Mutter, und alles, was man hier brauche, um auls eene Mod em Schmea zu leben, um wie eine Made im Speck zu leben, war Geld.

Und das hatten wir natürlich nicht. Wir wollten eigentlich nur ein paar Wochen bleiben, aber plötzlich hatten wir keine Lust mehr, gleich wieder zu gehen, obwohl das kleine Haus voller war als unsres in Speedwell, wenn die ganze Familie daheim war. Wir blieben fünf Monate, weil eines Tages im November Pah über die Nanaimo Road zu der langen Gießerei gegenüber dem Haus der Rice ging, die Rauch spuckte und Feuer spie und Stahl schmiedete. Zu Gusts Überraschung verstand der Vorarbeiter, was er wollte – Pah konnte nämlich nur ein paar Worte Englisch – und gab ihm einen Job. Abfälle auf dem Gießereiboden zusammenkehren, beim Heben helfen, wo etwas gehoben werden musste: Es musste ihm nur einer sagen, was er tun solle, und er tat es; es war genau die Art von Arbeit, die mein Vater immer gut und gewissenhaft erledigte, sein ganzes Leben lang.

Der Lohn reichte für unseren Lebensunterhalt, und wir sparten Geld für die Heimreise. Pah half Gust, den mit Dachpappe verkleideten Fachwerkanbau ans Haus fertigzustellen, in dem wir zwei Zimmer für uns haben konnten. Ein Badezimmer für zehn war für Speedweller ein Traum; zwar war der dreiflammige Propan-Campingofen in unserer Wohnung kein Holzofen, der seine mollige Wärme wie eine Wohltat verbreitete, aber man konnte darauf kochen, ich musste kein Holz schleppen, und wir hatten genug zum Leben und konnten den Arzt bezahlen, der nur eine Straßenbahnstation weiter wohnte, und Mams seltsame, andauernde Magenprobleme linderte. Welcher Natur sie auch waren, wir Kinder kannten nur die verschiedenen Pillen und Medizinflaschen, die jetzt auf dem Regal über dem Spülstein standen, wo wir unser Geschirr und unsere Gesichter wuschen, und wo durch eine Drehung des Handgelenks Wasser kam, heiß oder kalt, und kein Eimer für das Schmutzwasser stand. Trotz der Kühle in unseren Dachpappezimmern und der Kälte meines Eisenbetts, in das ich kriechen musste – das mir so … so dünn, so einsam vorkam ohne das tiefe, mollige Stroh mit dem schlafenden Dan als muskelbepackter, atmender Ofen darin und neben mir unter der Steppdecke, von unserer Mutter mit Wolle genäht, die wir alle geholfen hatten zu karden – trotz alledem war Vancouver nur erstaunlich. Nieselregen, Nebelschwaden, der Bach in der Schlucht zwischen Brant und Gladstone mit dem unter dunklem, moosbehangenem Gestrüpp braun dahinfließenden Wasser, Schnee, der durch die Luft trieb, aber auf deiner Hand sofort schmolz oder wenn er auf die Gehsteige und Straßen fiel, feucht, aber nie eisig – und wenn in der schneidenden Luft die Sonne schien, konnte man nicht glauben, dass es November oder Januar war. Stadt, Meer, goldene Schneeberge.

~

Tony und der kleine Eldo, zweite Klasse, brachten Liz und mich zur Lord Selkirk School einen Häuserblock westlich von Brant. Eine kleine Senke hinunter und auf einer Brücke über eine kleine Schlucht, dann die 27. Avenue entlang und dort auf Gladstone lag sie vor uns, vier Stockwerke Backsteine mit Dachschindeln und riesigen Fenstern, mit getrennten Eingängen für Knaben und Mädchen, hohen Doppeltüren mit großen Türklinken – keine Schnappriegel, nicht einmal Drehknöpfe – und mit mehr als sechshundert Kindern, vielleicht auch tausend: Woher hätte ich das wissen sollen. Es gab jede Menge Zimmer für sechste Klassen, man musste seine Kennzahl behalten, weil jede Klasse einen eigenen Lehrer hatte, der nur diese Klasse unterrichtete, außer wenn man zum Sport in den großen Saal im obersten Stockwerk stieg. Dort waren dann immer mehrere Klassen zugleich, da wurden Bälle geworfen, gegen die Wand gekickt, und das im Schulgebäude! Ein paar Jungen in der sechsten Klasse waren richtig groß, und die Mädchen hatte so viele Locken, dass man sie für Frauen hielt; und längere nackte Beine, als ich je gesehen hatte. Wenn in der Pause die Sonne schien, war mir, als würden mehr Kinder auf dem Schulhof spielen, als es überhaupt auf der Erde geben konnte.

Und auf der anderen Seite der Gladstone Street, genau auf der Verlängerung des Betonwegs vor dem Schultor, gab es einen kleinen Laden. Er war das erste, was Tony uns zeigte, noch bevor die Schulglocke wie eine zornige Wespe summte und wir uns aufstellen mussten. Beide Schaufenster des Ladens waren vollgepackt mit Schokoladentafeln.

Ihr Anblick war mir schon seit Jahren vertraut. Oft hingen in Speedwell die Karten von Kanada und der Welt auseinandergerollt an der Tafel und selbst wenn man sich auf die Lehrerin konzentrierte: unterschwellig gegenwärtig am Rand deines Blickfeldes kauerten Wörter der Versuchung:

Neilson's, the Best Chocolate Bars in Canada
Neilson Schokolade, die beste Kanadas

und:

Neilson's MILK CHOCOLATE –
The Best Milk Chocolate Made
Neilsons MILCHSCHOKOLADE
Die beste Milchschokolade, die es gibt

Nicht nur Wörter, sondern, viel schlimmer, Bilder von den Schokoladentafeln selbst, vier verschiedener Sorten, trieben auf der Bläue der kanadischen und der Weltmeere; nur der drehbare Globus ohne Reklame vermittelte – sowohl Miss Hingston als auch Miss Klassen beharrten darauf – einen wirklichkeitsgetreuen Eindruck von unserer Erde im Raum und hielt uns davon ab, uns das gesamte Polarmeer oberhalb von Kanada und Alaska als von einer monumentalen Neilson's JERSEY Milchschokoladentafel, ganz Sibirien von einer Tafel Neilson's JERSEY Nuss bedeckt vorzustellen. Die verzierten Großbuchstaben waren in goldenem Prägedruck – warum hätte man daran zweifeln sollen?

Wir glaubten daran inbrünstig; obwohl wir in den ganzen vier Kriegsjahren keine einzige Tafel dieser Weltkartenschokolade in Schroeders oder Harders Laden gesehen hatten, nicht einmal in den köstlichen Auslagen des Geschäfts von Jacob Rempel in Fairholme oder Dart in Glaslyn haben wir eine einzige solche Tafel berührt, geschweige denn probiert.

Die Martens Zwillinge behaupteten immer, sie hätten früher einmal, als sie noch ganz klein waren, eine Tafel Neilson- Milchschokolade gegessen. Das weiß-goldene Papier hätte man aufmachen und die Haut aus reinem Silber darunter auffalten müssen, dann sei dic dunkelbraune Schokolade zum Vorschein gekommen: in wunderbare rechteckige Rippchen aufgeteilt, so dass jeder genau gleichviel davon bekam, man hätte sie nur abzählen müssen, kein Grund zu streiten. Und der Geschmack, einfach...

Geschmack war etwas, das nicht beschrieben werden konnte, besonders nicht von den Zwillingen; ich wollte auch gar keine Worte dafür; Sehnsucht nach Schokolade war Weiß und Gold auf den blauen Ozeanen der Welt. Es gab Kakao auf Lebensmittelmarken und manchmal stand für kurze Zeit eine gelbe Dose von Fry's Pure Breakfast Cocoa mit dem königlichen Wappen darauf auf einem Regal hinter einem Ladentisch. Wenn sie einmal wunderbarerweise zusammen mit dem Achtundneunzig-Pfund-Sack Robin-Hood-Mehls in unser Haus gelangte und Mam einen Löffel dieses unbeschreiblichen himmlischen Pulvers in heiße Milch schüttete und umrührte – dann war das eine Auferstehung aus braunem Staub! In einer Weihnachtstüte der Kirche hatte ich einmal eine braune Knospe gefunden. „Nicht kauen!“ schrie Liz, „lutschen, dann hält's länger!“ Und im Juni 1944, als Speedwell zum Schuljahresende ein Picknick am Turtle Lake machte und ich beim Wettrennen unserer Klasse als Zweiter einen halben Schritt hinter einem hochnäsigen Mädchen von der Turtleview School durchs Ziel lief – sie musste wochenlang auf dem harten, geriffelten Strand geübt haben – durfte ich zwischen einer halben Tafel Sweet Marie oder einer halben O Henry wählen. Von beiden hatte ich noch nie etwas gehört oder gesehen und nahm, weil ich meinen zweiten Namen nicht mochte, die halbe Sweet Marie, wofür mich die älteren Jungen hänselten, weil ich den Preis für „die kleinen Mädchen“ genommen hätte. Wen hat's gejuckt? Mein Mund war voller Schokolade, wie ich ihnen zeigte, und sie mussten Spucke schlucken. Wie das knirschte, wie das schmolz, wie das schmeckte – ich hätte wieder Sweet Marie gegessen, selbst wenn sie sie in Stalin umbenannt hätten.

Vancouver brauchte in seinen Schulen keine Neilson-Landkarten: Hier lagen die Tafeln aufeinandergetürmt im Schaufenster. Alles, was man brauchte, um sie essen zu können, war Geld.

Sie kosteten fünf Cent. Soviel, wie ein Liter Milch, die an der Haustür abgeliefert wurde, sagte mir meine Mutter, und die größere Flasche mit der Glasglocke für den Rahm kostete acht. Dad verdiente in der rauchigen Gießerei 25 Cent die Stunde.

Eines Tages überredete ich Tony und durfte ihm beim wöchentlichen Verteilen seiner Flugblätter helfen; dafür gab es zweieinhalb Cent. Er kaufte eine Neilson's Milchschokolade für uns, die wir heimlich, ohne Liz und den kleinen Eldo, in der Schlucht essen wollten. Die Martens-Zwillinge hatten recht: Man konnte sie gleichmäßig aufteilen, Rechteck um Rechteck auf dem Silberpapier; kein Grund zum Streiten. Was aber den Geschmack betrifft –

auch nach jahrelangem Starren auf den Ozean und Sibirien hatte ich mir den nicht vorstellen können.

~

Mam war großartig im Sich-Sorgen-Machen. Und das machte sie sich natürlich in Vancouver wegen Dan, der sich, plötzlich alleine, den ganzen Winter lang um die Farm in Saskatchewan kümmern musste. Sie schrieb ihm natürlich viele Briefe, die nicht erhalten sind, aber es gibt ein Photo von uns in der Stadt, das sie Dan schickte. Auf dessen Rückseite steht auf Deutsch: „Hier kanst du ein Bild sehen wen wir in die Stadt gehen komen sie auf die Street beim gehen und nehmen uns ab."

Der Straßenphotograph von Souvenir Snaps in 512 W. Hastings Street nahm uns drei mitten im Gehen auf. Mam mit ihrem besten schwarzen Hut und bis zum Schal zugeknöpften Kunstpelzmantel; Pah zu ihrer Linken im Sonntagsanzug, ich zu ihrer Rechten, barhäuptig und mit offenem Mund, etwas halb Aufgegessenes in der rechten Hand. Wie ich mit klecksiger Tinte auf der Rückseite des Photos nach Mam erklärte: „Ich hab grade eine Tafel Schokolade gegessen."

Pah geht, wie ich ihn in Erinnerung habe: die Augen im Schatten der Hutkrempe, Mund geschlossen, Kopf gesenkt; das Leben und seine Stellung darin sind wie sie sind und sein werden. Mam aber lächelt, sie schaut richtig glücklich aus und möglicherweise ist sie es. Ich weiß nicht, wann das Photo entstand; das helle Licht auf den dichtgedrängten Ladenschildern hinter uns, und dass ich

keine Mütze trage, könnte bedeuten, dass es Anfang des Frühlings war und die Kirschbäume in der Cambie Street und hinter unserem Haus vielleicht schon in voller Blüte standen, und wir bald genug gespart haben und auf der Rückreise in unser Heim im Schnee in Saskatchewan sein würden, wo Dan, oama Betschla, armer Junggeselle, den ganzen Winter über allein so hart gearbeitet hatte.

Wo auch wir hingehörten. Wie Mam immer sagte: „Speedwell ess goot jenug fe daut Lewe, daut wie lewe." Speedwell ist gut genug für das Leben, das wir leben.

Es kann aber auch sein, dass es ihr in Vancouver richtig gut gefiel, dass sie, wenn wir dort spazieren gingen, das graue Meer in der English Bay genauso liebte wie ich. Natürlich waren die niedrigen Umkleidekabinen unterhalb der Straße geschlossen, schwamm niemand unter den düsteren Wolken, waren die Schwimmrechtecke und Sprungtürme den Winter über auf den Strand gezogen, direkt unterhalb der riesigen angetriebenen Stämme, die dort überall herumlagen und von denen einige so dick waren wie ich groß. Manchmal lehnten sich große, dunkelhaarige Männer nur in der Badehose an sie, oder lagen in der bleichen Sonne und schliefen. Soldaten, sagte Tony; erholen sich vom Krieg.

Der Sand war hart, und gab doch nach; wenn man rannte, sank man tiefer ein als am Turtle Lake, trat auf Muschelstückchen und Seetang und unerkennbare Kreaturen, die das Auf und Ab am Rand des Meeres lebendig werden ließ. Draußen in der Bucht standen riesige Pfähle, und jeden krönte stets ein grauweißer Vogel, reglos wie ein Totem, und obwohl ich schon gesehen hatte, wie ein See am Horizont in den Himmel überging, war dieses Grau auf andere Weise belebt; der drückende, dunkle Himmel und das Meer erzeugten dort, wo sie sich berührten, einen Geruch, etwas, das man auf der Fläche dazwischen, dort, worauf man seine nackten Füße hinstellte, einatmen konnte. Die Wellen bildeten kein regelmäßiges Muster, liefen vielmehr in flinken Glitzerschauern und Riffelungen auf die in die Bucht ragenden Landspitzen und fernen Berge zu, wie Schnee, der über den Harsch einer Verwehung treibt, ja, fast wie ein Schwarm winziger, spitzer, unter der geschmeidigen Haut des Meeres spielender Tiere.

Aber am äußeren Ende von Stanley Park, drunten am Kiesstrand unterhalb von Siwash Rock, schwoll das Meer unter den ruhigen Riffelungen an und krachte gegen die Felsblöcke, Gischt ringelte sich zu kleinen Löckchen, löste sich ganz harmlos auf, schwoll aber gleich wieder an und stürzte sich aufs Ufer. Ein riesiger, schmutzigweißer Vogel flog vorbei – eine Möwe, sagte Tony, die fressen alles – kippte dann aber in den Wind und so dicht an mir vorbei, dass ich zurückfuhr: Hätte ich meine Hand hochgehalten, ihr gelber Schnabel hätte sie durchbohrt. Weit draußen zwischen den Wolken und dem Meer balancierten undeutliche Silhouetten von Schiffen.

Vielleicht mochte meine Mutter das Meer und auch die häufigen Besuche bei Witwe Pauline Fiedler, die jetzt ohne ihren August gleich hinter der Schule auf Gladstone mit ihren drei unverheirateten Söhnen lebte; ihre Tochter Olga Racho wohnte mit ihren fünf Kindern ganz in der Nähe. Deren Vater Gustav Racho war in Coaldale, Alberta, zurückgelassen worden, wo er, wie es hieß, alleine lebte wie einst George Stewart in Speedwell, allerdings ohne zu betteln: Als König von England kam er nicht in Frage.

Pah ging mit Mam Mrs. Fiedler besuchen, saß dann aber nur schweigend da, nickte hin und wieder und trank seinen Kaffee – die Fiedlers in Vancouver tranken natürlich keinen hausgemachten Pripps mehr; vielleicht hing er seinen Gedanken darüber nach, was der gute August so oft gebetsmühlenartig gesagt hatte: „Zieh weg von Speedwell: Du arbeitest dich dort zu Tode in der Kälte und stirbst trotzdem arm wie 'ne Kirchenmaus." Der gute August hatte verstanden, die Dinge zum Guten zu wenden; er fiel immer auf die Füße, obwohl er so korpulent war, dass er nur mit Mühe gehen konnte; selbst nach nur kurzer Zeit in Vancouver war er nicht gestorben, ohne etwas zu hinterlassen: Mrs. Fiedler gehörte ein sehr schönes, einzelstehendes, mit Zederschindeln verkleidetes Haus – nichts so Großes und Teures, wie es hier einige gab, nein!, aber gut – in einer guten Straße und ohne dass man für irgend etwas ins Freie gehen musste.

In jenem angenehmen Wohnzimmer, in einem weichen Sessel sitzend, hörte ich der Unterhaltung nur mit halbem Ohr zu. Fred, einer der Söhne, arbeitete weit entfernt in der Holzfällerei, und Julius und Alvin waren viel zu alt für meine Besuche; aber Liz, die fast vierzehn war, schrieb regelmäßig in ihr Tagebuch: „Ging abends zu Fiedlers und hatte mit Alvin eine prima Zeit, hahaha" – woran auch immer sie bei diesem „haha" gedacht haben mag. Ich bettelte, mitgehen zu dürfen: Im Wohnzimmer der Fiedlers hatte ich Zane Grey entdeckt.

Vier Bücher auf einem Regal neben einem Kamin, den sie nie benützten – was, noch Holz ins Haus schleppen? Mit einer Heizung im Keller und einer Kohlenschütte? – und auf jedem Bucheinband in schwarzer Prägung ein Mann, wachsam, Gewehr im Anschlag, manchmal auf einem Pferd, aber Mam, die kein Englisch lesen konnte und jedes Buch, das ich aufschlug, zwangsläufig nach seinem Einband beurteilte, meinte mit Nachdruck, ich dürfe keinen Schund lesen, wie das leider ältere Jungs oft täten. Mit Bedacht die Titel übersetzend, wand ich dagegen ein, dass die Fiedler-Jungen nicht die Lobes waren und sie keine wirklich schlechten Bücher läsen und diese hier nur von Cowboys handelten und Jagd, weil Cowboys ihr Vieh vor Dieben wie den Mormonen und den Indianern schützen müssten wie in *Riders of the Purple Sage* – die gestohlene Frau, um die sie so heimtückisch kämpften, erwähnte ich nicht – und dass ich nur diese Bücher lesen würde, still dasitzen und lesen. Meine Mutter traute dem Lesegeschmack der verbliebenen Fiedler-Jungen nicht so recht; sie gingen nicht zur Kirche wie Emmanuel, der vollkommene Schwiegersohn, auch wenn Mary nie die vollkommene Ehefrau wurde, immer spitzzüngig und wegen irgend etwas mürrisch blieb, aber das Wohnzimmer in Gladstone war warm und schien harmlos, ich vergrub mich wie üblich in ein Buch und geriet beim Lesen von *The Spirit of the Border* tief in die wilden Urwälder Ohios im Jahre 1777: Es war ein Buch, das ich nie in der Bibliothek einer staatlichen Schule finden würde. Ich stürzte mich geradezu in das Buch, las, wie die übertriebene Männlichkeit Wetzels die „gewaltigen Ausmaße … eines grandiosen Monumentes dunkler Bedrohung annahm“, ehe er auf der Spur des abscheulichen Bösewichts Jim Girty in den Urwald eintauchte. Und „als er verschwand, zog ein langer, tiefer Ton, mutlos wie das Seufzen des Nachtwindes, schwellend und ächzend durch die Finsternis.“ Ich konnte nur erschauern vor dem Unheimlichen, das mich erwartete, und schnell zu Kapitel XXIV weiterblättern.

Drüben unter dem breiten Bogen auf der anderen Seite des Fiedlerschen Eßzimmers – sie hatten ein extra Zimmer nur zum Essen – schaute Liz vom Dame-Spiel mit Alvin auf, den Mund geöffnet, um mich auszulachen: Haha, ich bin deine große Schwester und du kannst nichts dagegen tun, haha!

Die vier stählernen Stricknadeln in den Fingern meiner kleinen, rundlichen Mutter blitzten im elektrischen Licht. Auch wenn sie auf Besuch war, wuchs in ihren Händen eine Wollsocke: es gab nichts, was ich „gegen ihren Willen“ hätte tun wollen. Ein Blick von ihr genügte, und schon erschien mir „Le vent de la Mort“, die blutige Rache und Gegenrache Zane Greys, zu grotesk, um darin weiterzublättern, geschweige denn weiterzulesen – obwohl ich es natürlich tat – wenn mein Kopf in ihrem warmen Schoß lag, ihre Finger mir hin und wieder durchs Haar fuhren, ihre leichte Hand mich beschirmte, wie eine Henne bei einem Gewitter ihre Küken mit ihrem Körper bedeckt, obwohl auf sie selbst der Hagel trommelt. Meine liebende Mutter betete „ohne Unterlass“ zu einem unendlich gütigen Vater im Himmel, ja, aber auch, wie ich wusste, zu einem furchterregenden. Vielleicht war das ein weiterer Grund, weshalb sie Vancouver mochte.

~

Mams Lieblingsvers in der Bibel lautete: „Also hat Gott die Welt geliebt“; es war ihr Lebensmotto. Und die Prediger, die sie, Liz und ich in den verschiedenen Gebetsräumen und Kirchen von Vancouver an fast jedem Wochenende hörten – manchmal zusammen mit Pah, der aber sagte, er verstehe Englisch nicht gut genug; auch Mam konnte es nicht, aber für sie spielte das keine Rolle – die Prediger, also, begannen ihre Predigten ebenfalls mit diesem Satz. Immer. Sie stürmten jedoch sofort weiter, als sei die Liebe ein Öffner für einen weitaus wichtigeren Teil des Wesens Gottes, und der Satz: „Also hat Gott die Welt geliebt, dass er seinen eingeborenen Sohn gab… “, nichts weiter als eine Planke, die weit in den großen See deines Lebens hineinreicht, auf der du rennst, so schnell du kannst, und gerade wenn du dich mit einem hohen Satz vom Sprungbrett der Liebe stürzen willst, erkennst du im letzten Augenblick, dass der See des Lebens rings um dich herum in Wirklichkeit keinen Horizont hat, unermesslich tief ist und nur aus Zorn besteht.

Der geschmolzene Stahl des Zornes Gottes; niemand, weder Jacob Enns noch die wandernden Bibellehrer im Sommer in der Kirche von Speedwell, hatten jemals etwas Derartiges in ihren hochdeutschen Predigten verkündigt. Sie machten Mut, sie spendeten Trost, Gott wolle, dass alle Sünder bereuten und keiner verderbe: Dies aber war DONNER: „Ihr dürft nicht aufhören bei Vers 16. Ihr müsst bis zum Ende des Kapitels lesen!“ Dort nämlich, nach der wundervollen Erklärung, dass Gott die ganze Welt und alles in ihr liebe, sagt der Evangelist Johannes, der Jünger, den Jesus besonders liebte, abschließend:

> Wer an den Sohn glaubet, der hat das ewige Leben. Wer dem Sohn nicht glaubet, der wird das Leben nicht sehen, sondern der Zorn Gottes bleibt über ihm.

Auf genau diesen Vers steuerten die englischen Evangelisten in Vancouver zu. Den größten Teil ihrer Predigten verwendeten sie darauf, sich über jeden Schreckenstext, den sie in der Bibel finden konnten, über jedes Beispiel der Weltgeschichte oder aber ihres eigenen Lebenslaufs zu verbreiten, in denen es um schmähliche Sünde und schreckliches Leid ging: So ähnlich ist der Zorn Gottes, nur noch schlimmer. Und nicht nur schlimmer, sondern „er bleibt über euch e-wig-lich“.

Seit der Fremde durch Speedwell gekommen war und seine roten Worte an unseren Zäunen und den Felsen an der Straße zurückgelassen hatte, war „wra-a-ath“, „Zorrrn“ meinem Mund ein schönklingendes Wort, das ich aber noch nicht verstand. Ich wusste, was Zorn war, ich war gelegentlich geboxt oder geschlagen worden, ich hatte mich gerauft und ausgeteilt, so gut ich konnte; ich hatte ein paar mal den Hintern versohlt bekommen – von Mam, nie von Pah, das war nach Aussage meiner Mutter auch nie notwendig, weil es nicht Vaters Wesen entsprach, jemanden zu schlagen, es sei denn, er war völlig rasend vor Wut, was aber, so sagte Mam, sehr unbeherrscht sei – dies aber waren immer nur kurze Ausbrüche in der Schule oder zu Hause, die gleich wieder vergessen waren. Jeder ärgerte sich mal über jemanden und beruhigte sich dann wieder. Aber Wrath, Zorn? Niemand hatte mich je geschlagen, zumindest nicht in endloser Wut; dies aber klang genauso. Wenn in der Kirche von Speedwell über Sünde, Sünder und Gericht gepredigt wurde, so wurde dabei der „Zorn Gottes“, „The Wrath of God“ höchstens beiläufig erwähnt; vielmehr beschäftigten sich diese Predigten mit dem Leiden als Folge der Sünde, und der Sorge, ja der tiefen Sorge und Enttäuschung über die Blindheit, die Halsstarrigkeit, mit der Gottes Liebe wissentlich zurückgewiesen wurde.

„Zorn" hatte für mich keinen so schrecklichen Klang wie Wrath. In unseren auf Hochdeutsch gehaltenen Predigten lautete der Johannestext: „der Zorn Gottes bleibt über ihm", was für mich bedeutete: *Der finstere Zorn Gottes bleibt über ihm* (*nicht „auf" ihm*) als eine Art dunkle Wolke, die über dir schwebt, dir dein ganzes Leben lang folgt und aus der es immer ein bisschen regnet, oder als Pech, weil du kein August Fiedler bist, der es versteht, die Dinge so zu drehen und zu wenden, dass am Ende ein bisschen mehr Geld herausspringt als unbedingt nötig. So empfand ich manchmal meinen Vater: er arbeitete sehr schwer, und trotzdem schienen wir nie wirklich genügend Geld zu haben; wenn Dan auf Arbeit for ging oder mit Mam die Farm leitete, schien alles besser zu gehen – ganz gewiss aber war mein Vater zu mild und gut, um Zorn, geschweige denn Wrath zuzulassen.

So gut es sich für Mund und Ohr auch anfühlte, das englische Wort war entsetzlich. Und ich wollte nicht in einer hochdeutschen Welt leben; nach Hitler war alles Deutsche verachtungswürdig.

Bleib einfach auf deiner Planke, Dommajohn, Idiot, warum willst du in den See springen! Nein! Donnerte der Prediger, du musst springen! Und dann wirst du gerettet werden, wenn du an den Sohn glaubst. Genau das steht hier, Johannes 3, Vers 36, und dass du glaubst, kannst du beweisen, indem du springst, denn wenn du glaubst und springst, wird der See, der für den Sünder wie der Zorn

Gottes erscheint, in dem Augenblick zum See der Liebe Gottes, in dem er in ihn fällt! Wir haben euch gewarnt, wiederholte der Prediger, leise hieß das Klavier das Percy B. Crawford Männerquartett sich erheben und das unbarmherzige, zweischneidige:

> Almost persuaded, now to believe
>
> Fast gewonnen für den Glauben

anstimmen, dessen süße Harmonien sie bis zum bitteren Ende der dritten Strophe sangen:

> Sad, sad, that bitter wail, „Almost – but lost!"
>
> Traurig, traurig, bittre Klage, ‚Fast gerettet – doch verloren!'

„Kommt", flüsterte der Prediger. „Kommt jetzt."

Sie nannten es den „Ruf zum Altar", und auch dies hatte ich nie in Speedwell erlebt. Es dauerte endlos. Steht jetzt auf und tretet zum Altar, kommt hierher mit all den anderen, kniet nieder. Bereut. Der See aus Feuer darf nicht ewig sein.

Immer gingen einige Leute durch den Mittelgang nach vorne, aber nie genug, dass die Prediger zufrieden gewesen wären.

Und ich überlegte mir: Wie konnte man sicher sein, bevor man tatsächlich den See berührte? Ich glaubte doch, oder wollte glauben, meine Mutter wollte, dass wir alle glaubten und Liz war tief über ihre Kirchenbank gebeugt und betete mit gefalteten Händen, und Helen schaute aus ihrer himmlischen Herrlichkeit auf uns herab … aber was war mit Stalin?

Der allerschrecklichste Mensch auf Erden war der Kommunist Stalin; jede Geschichte russischer Mennoniten, die ich bei unseren Familienbesuchen gehört hatte, bestätigte das. Er war sogar noch schlimmer als Hitler, der die Menschen schnell ermordete und jetzt tot war, aber Stalin lebte weiter, und solange er lebte, das wusste jeder Mennonit, würde er einen foltern, solange er einen am Leben halten konnte, zuerst durch Hunger, dann mit seinen Armeen und Räuberbanden, die vergewaltigten und dich mit dem Säbel erschlugen, und dann nahm er dir dein Land weg und deine Bibel, du konntest nie mehr zur Kirche gehen, und nach und nach verschwanden alle Männer, zuerst die Prediger und die Lehrer, und dann eines Nachts, wenn du schliefst, erschien die Geheimpolizei, alle wussten, dass sie jeden Abend kamen und in ihrer Schwarzen Maria am Rand deines Dorfes saßen, saßen und rauchten und warteten, gesichtslos in der zunehmenden Dunkelheit – bis irgendwann um Mitternacht jene Onnjeheire, jene Ungeheuer an deine Tür hämmerten und du ihre steinernen Augen sahst, ihr angsteinflößendes Russisch hörtest und dein Vater und deine Brüder verschwanden, oder deine ganze Familie bis zum kleinsten Kind in die Nacht hinaus gezerrt wurde, während deine Nachbarn schreckensstarr durch ihre Vorhänge schauten, morgen würden sie drankommen, und wenn du Gefängniszellen und mitternächtliche Folter und Viehwaggons überlebtest, befandest du dich in Workuta oder irgendeinem Lager in der sibirischen Taiga, du hattest keine Ahnung wo, und grubst einen Kanal oder fälltest Bäume im Schnee, hungertest und schuftetest dich zu Tode. Ewiglich? Nein, nicht einmal Stalin konnte das tun. Nur so lange, bis der barmherzige Tod kam, was er immer tut, wie unsre Mutter sagte, und du in den Himmel kamst. Nicht einmal Stalin konnte für Alle Ewigkeit einen See aus Feuer erschaffen.

Während des Rufs zum Altar erklärten die Prediger ganz schnell, dass Alle Ewigkeit ein Vögelchen war, das alle Tausend Jahre auf den Mount Robson flog, um auf seinem Gipfel sein Schnäbelchen zu wetzen. Wenn durch dieses Wetzen der Mount Robson so flach wie die Prärie geworden sei, sei eine Minute der gesamten Ewigkeit vergangen.

Und da erkannte ich: Ich glaubte, und das war gut, aber wenn man nicht glaubte, dann würde Gott unaussprechlich schlimmer sein als Joseph Stalin.

Konnte ich das glauben? Ich wollte es nicht. Wie konnte Mam das glauben? Wie konnte Jesus gut sein, wenn Gott in Wirklichkeit so war?

Mir fiel auf, dass die Prediger nie darüber sprachen, dass „der Wind weht, wo er will“, oder dass „das Licht scheint in der Finsternis“, was eben auch bei Johannes in Kapitel 3 steht; mir fiel auf, dass sie über die Stelle: „denn Gott hat seinen Sohn nicht gesandt in die Welt, dass er die Welt richte“ so flink hinweggingen, dass ich vergessen hätte, dass es sie gibt, wenn ich nicht in meiner englischen Bibel zu Hause im Bett danach gesucht hätte. Aber ich hatte noch kein Weltbild, um mich mit ihrem primitiven Vorschlaghammerdualismus auseinandersetzen zu können, noch war ich reif genug, über die seltsame Unentschiedenheit meiner Gefühle nachzudenken – wo es für sie nur dieses Schwarz oder Weiß!, Nein oder Ja! gab, mehr brauchst du ja nicht zu glauben! – obwohl diese wunderbare Welt und die überwältigende Kompliziertheit der Schöpfung mich nachdenklich machte.

~

Und ganz besonders die Orgelmusik.

Die Missionsveranstaltungen in Vancouver wurden manchmal in riesigen Kirchen abgehalten, deren dunkle Emporen halbkreisförmig die hölzernen Kirchenbänke überragten und auf große silberne Orgelpfeifen schauten. Wenn diese Pfeifen erklangen, was nur gelegentlich geschah, aber sie nur ein einziges Mal zu hören hatte schon gereicht, nahmen Klänge in mir Wohnung, die jedes Begreifen überstiegen: War das noch ein Lied? Konnte man dazu Worte singen, auch wenn es liebevolle waren? Ganz bestimmt konnte man mit ihnen nicht Menschen auffordern, zum Altar zu treten und zu Füßen des Predigers in Reue niederzuknien. Der ostinate Basston der Orgel ließ die Kirchenbank und den Boden unter dir erschauern, bis du spürtest, wie er deinen Körper durchdrang, wie goldener, geschmolzener Fels deinen Kopf erfüllte. Eine Orgel ließ dich alles vergessen außer ihrem Klang.

Und einmal, nur ein einziges Mal, stand ein indianischer Bilderbuch-Häuptling in vollem Federschmuck auf Kopf und Rücken auf dem Predigtpult vor diesen majestätischen Pfeifen. Er erhob die Arme, breitete sie aus, dass die langen Fransen seiner weißen Lederjacke in sanfte Schwingungen gerieten, und er erzählte uns, dass er einmal eingeladen war und König George und Königin Elizabeth im Buckingham Palast besucht hatte. Dort hatte er sie gefragt, ob sie an Gott glaubten, und die Königin hatte ihm geantwortet: „Ja, das tun wir."

Die riesige Kirchengemeinde brach in Applaus aus, es gab Beifallsrufe, es wurde gepfiffen! Nie zuvor hatte ich in einer Kirche so einen Lärm erlebt, aber dieser war so verblüffend, dass ich vielleicht sogar einstimmte: in London, England, der großen Hauptstadt des Britischen Empire, das im größten Krieg der Geschichte siegreich gewesen ist, in London, wo Mr. Churchill seine Reden hielt und der Big Ben der ganzen Welt, den ganzen Krieg hindurch, die Stunden schlug, dort, im Buckingham Palast, glaubten die Königin und der König an Gott! Wie könnte da ein kleines Mennonitenbalg aus dem Busch von Saskatchewan wie ich nicht glauben?

Dieser kanadische Indianerhäuptling stand unterhalb von mir auf dem Podium der Kirche von St. Giles, dem Schutzpatron der Krüppel, er hatte persönlich mit ihnen gesprochen, und plötzlich war mir klar, dass, wenn dieser Mann ihnen so eine Frage gestellt hatte, sie nur die Wahrheit sagen konnten. Er ging nicht gestikulierend und rufend auf dem Podium hin und her, sondern sprach ruhig und mit einer tiefen Würde, die es nicht nötig hatte, zu schreien oder auch zu drohen wie die Evangelisten; er erzählte, was ihm widerfahren war, und man wusste Bescheid. Er hatte gefragt, und die Königin selbst hatte „Ja" geantwortet.

~

Jener Mann in St. Giles sah überhaupt nicht so aus wie die Cree-Männer, die zusammengesunken auf ihren Wagen hockten, wenn sie im Frühling über die Straßen von Speedwell langsam an unserem Hof vorbeifuhren und die Frauen und Kinder uns über die Seitenbretter anstarrten. Einer von unseren geschwätzigen Nachbarn, der immer alles wusste, erzählte uns, dass die Indianer, die, um nach Senegawurzeln zu graben oder Saskatoons zu pflücken, auf dem Weg zum Turtle Lake den Erschließungsstreifen benutzten, genauso schnell seien beim Stehlen wie die russischen Baschkiren, und man müsse zusehen, dass man seine Hühner hinter den Stall bringt und seinen Hund an die Leine legt; sie nahmen nämlich auch Hunde mit, wenn sie hungrig genug waren. Natürlich braucht man einen Hund, der einen warnt, dass sie kommen; man darf ihn nur nicht auf die Straße rennen lassen.

Essen Indianer Hundefleisch? Katie Martens und ich kannten keinen Cree, den wir hätten fragen können, als wir in Klasse vier auf dem großen Tisch im Keller der Schule von Speedwell unser „Historical Indian Project", „Projekt zur Geschichte der Indianer" vorbereiteten – es war ein richtiger Keller mit gegossenen Betonwänden, nicht einfach ein Loch im Boden wie der Keller mit der Kesselheizung unter unserer Kirche. Ich hörte Katie gerne zu, wenn sie etwas erzählte, egal, ob sie es erfunden hatte oder nicht. Mit ein paar flinken Stichen befestigte sie ein Stück von einem Mehlsack über drei geschälten Stangen, die ich für das Tipi aneinanderlehnte (ich wusste noch nicht genug über die Cree, sonst hätte ich vier gebracht); Katie fand es schade, dass die Indianer nicht mehr in Tipis lebten, sie seien jetzt so arm, und ich sagte, ich könne nicht verstehen, warum ihre Pferde und Wagen so erbärmlich aussähen, schlimmer als unsere, und wir seien schließlich Flüchtlinge, und ganz besonders schlecht seien ihre Kleider. In unseren Schulbüchern stand, sie seien vor allen anderen Menschen hier gewesen und hätten in Kanada gelebt, wo es ihnen gefiel; warum waren sie dann so arm? Katie wusste genausowenig wie ich, warum das so war, aber sie glaubte, so ein Tipi mit einem Lagerfeuer davor würde richtig Spaß machen, deshalb setzten wir eines davor, aus Holzsplittern über kleinen Fetzchen roten Krepppapiers, und unser Lager sah wirklich gut aus in den Hügeln aus Stofffetzen und Pappmaché und spitzen Schwarzfichten darauf und Strängen blauer Wolle, die sich als Bäche über die Kartonerde schlängelten. Außer uns zweien war niemand im Keller und Katie ließ ihr fröhliches Lachen sprudeln; wir könnten Häuptling und Squaw spielen, sagte sie.

Dieses Projekt, ebenso wie ihre Worte, gehören zu den genauesten Erinnerungen meiner Kindheit. Wir waren unter dem winzigen, nach Nordwesten gehenden Kellerfenster, wo das Nachmittagslicht am hellsten hereinschien, weit weg von der offenen Brettertreppe auf der gestampften Erde. Wir konnten hören, wie über uns Miss Klassen zwischen Schulkindern hin und her ging, die mit den Füßen scharrten. Nach meiner Erinnerung hatten wir nie im Keller Unterricht; im Winter war es eine eiskalte Höhle, wo neben kaputten Schulbänken und dem Kindergartentisch, den wir oben nicht mehr brauchten, weil es weniger Kinder gab, die Stützen für die Bühne gestapelt wurden, auf der das alljährliche Weihnachtskonzert aufgeführt wurde. Über dem Einstieg zur Treppe lag ein schwerer Deckel, den man hochheben und an jene Wand lehnen musste, wo die Knaben ihre Mäntel aufhängten. Dieses eine Mal aber waren Katie und ich dort unten und arbeiteten an einem „Projekt zur Geschichte der Indianer".

~

Nachdem der indianische Häuptling in Vancouver gesprochen hatte, senkte er die Arme. Zuerst ließ er den Blick über die Leute in den unteren Bankreihen schweifen, dann wandte er sein Gesicht uns auf dem Rund der Empore zu. Er schaute mich an, der ich mich an das Messinggeländer direkt über ihm und dem Predigtpult klammerte, und hielt inne. Sein Gesicht war faltig und freundlich, wie das meiner Mutter, dabei hart, nicht drohend, aber entschlossen; wie ein bei Straßenarbeiten an einem Abhang freigelegter Findling, im Tiefsten unerschütterlich.

Stille erfüllte die Kirche wie ein Gebet. Dann drehte er sich um und ging zurück zu seinem Stuhl. Die schwarzen Spitzen seiner Federn berührten fast den Boden zwischen seinen braunen Mokassins. Noch ehe er sich setzen konnte, begann das Klavier zu klimpern, der Prediger hatte seine Beine nicht länger übereinandergeschlagen und blätterte erwartungsvoll in seiner Bibel, das Männerquartett war schon aufgestanden, holte tief Luft und öffnete den Mund. Für mich war der Gottesdienst zu Ende.

An jenem Abend gab es wunderbarerweise keinen Regen in Vancouver. Im Trolleybus nach Hause fahrend stellte ich fest, dass die Stadt für ihre nächtlichen Straßen Namen und Nummern hatte. Und so viel Licht: kaum dass sich die Schatten der Nacht zwischen den hellen Lichtern behaupten konnten. Ich sah mich im Fenster des Trolleybusses, und durch mich hindurch die Helligkeit der Straßenlaternen draußen, wo man die Straßenecken beschildert hatte, zuerst mit Baumnamen – Fichte, Weide, Esche – bis plötzlich Yukon, Alberta, Manitoba, Ontario, Quebec kamen; Saskatchewan ließen sie aus, wahrscheinlich, weil sie es nicht buchstabieren konnten; auch in der sechsten Klasse der Lord Selkirk School konnte das niemand außer mir, und dann sang sich der Trolley an seinen Fahrdrähten den Lichtkorridor von Kingsway hinunter, der taghell war, der Fahrer summte „King Edward" und „Victoria Drive", ich wartete und zog die Schnur erst an der Haltestelle Gladstone, weil sie näher an Brant als Nanaimo Road lag, nur vier kurze Häuserblocks entfernt, aber als ich auf dem Steinboden losrannte, sah ich, dass sich das Licht der Stadt in den über ihr hängenden Wolken verdoppelte und die Nacht nur ein dünner, gekrümmter Streifen zwischen zwei riesigen Lichtfeldern war, die bis zu den fahlen Sternen über der unveränderlichen Silhouette der North Shore Mountains reichten. Wo war der Mond? Morgen, am Samstag, würde ich Tony helfen, die wöchentlichen Flugblätter in seinem Bezirk entlang der Nanaimo Road zu verteilen, und danach würden wir der Bachschlucht unter dem Bahnviadukt bis Trout Lake folgen, uns aus Stämmen ein Floß bauen und auf den See hinauspaddeln und am Abend würden wir vielleicht mit dem Trolley wieder zum Bekehrungsgottesdienst fahren, aber der Indianerhäuptling würde nicht da sein, er hatte heute Abend gesprochen und das war genug. Ich lief immer schneller durch die Schatten und Lichter der Straße und wünschte mir, es gäbe keine hellen Fenster neben mir, wünschte mir, in das tiefe Dunkel eines ausgetretenen Pfades zwischen Pappeln hindurch laufen zu können, den es aber hier nicht gab, und ich war glücklich, sehr glücklich.

Und am nächsten Tag stießen Tony und ich uns tatsächlich vom Ufer ab und hinaus auf den Trout Lake, viel zu weit, und nach einiger Zeit glaubten wir, wir müssten ertrinken, weil sich mehrere Stämme von unserem Floß gelöst hatten und unsere Stangen zu kurz waren, um durch den Schlamm bis auf den Grund zu reichen, und wir sanken allmählich so tief ein, dass wir uns nur noch unterseebootartig mit den Händen Zentimeter um Zentimeter zum nächsten sumpfigen Ufer schaufeln konnten. Manchmal kauerte Tony, manchmal ich über unseren Schuhen im kalten Wasser und versuchte, das Gleichgewicht zu halten. Ich wusste, dass ich Wasser hasste, so viel Wasser konnte man nicht trauen, und obwohl dies nicht der Ozean war, gab es doch große Ähnlichkeit und es würde sogar noch kälter werden, je tiefer wir sanken, und sinken würden wir ganz bestimmt. Aber wir ertranken nicht, nur beinahe, und als wir zur Tür hereinkamen, schrie man uns in der allgemeinen Erleichterung nur wegen unserer durchnässten Kleider an und wegen des Schlamms, den wir mit hereinschleppten, und am nächsten Morgen gingen wir wie immer zum Sonntagsgottesdienst der Mennoniten-

Brüdergemeinde in einer Seitenstraße von Fraser Street. Gust fuhr uns alle zehn in seinem Auto.

Hier versammelte sich die Gemeinde unter der Erde; nur der Keller war fertiggestellt, und dicke Dachpappe und Teer lag da, wo einmal der Fußboden sein würde, wenn sie genügend Geld gesammelt hatten, um weiterzubauen. Von der obersten der Außenstufen konnte man nach Süden den Hang mit Stadthäusern hinunter bis zu den Niederungen des Fraser blicken, zu den Weiden und Silos der Molkereibetriebe auf Lulu Island (heute Richmond und der Flughafen von Vancouver) und weit dahinter zum blassblauen Schnee des Mount Baker jenseits der Grenze der Vereinigten Staaten von Amerika. Für dieses Land genügte kein einfacher Name, es brauchte einen Titel. Was sich wohl verändern würde, welche neue Welt sich wohl eröffnen würde beim Überschreiten der Linie, die so kerzengerade über die Landkarte führte; wenn man mit einem Fuß auf jeder Seite stünde, würde man sich plötzlich spalten, weil die USA machen konnten, was sie wollten? Aber so nahe die Grenze auch war, wir überschritten sie nie, um es herauszufinden.

Alles in der Kellerkirche fand auf Hochdeutsch statt, wie es sich damals für russische Mennoniten in Kanada gehörte, besonders für jene, die, als endlich der Krieg zu Ende war, aus der Isolation ihrer steinigen Einwandererheimstätten in Parkland und Prärie in die von Menschen wimmelnde Stadt zu ziehen begannen. Wie üblich saß ich mit den anderen Knaben zusammen auf der lehnenlosen ersten Bank auf der Männerseite direkt vor dem Predigtpult. Meine Beine waren inzwischen lang genug, um mich bequem in einem Dreieck mit dem Boden zu verbinden, und ich konnte alle Lieder auswendig – ich schien Hunderte zu kennen – aber Tony neben mir sang nicht, ebensowenig wie Gust. Tina hatte einen wundervollen Sopran, wie unsere Mutter, aber sie konnte nie mit Gust im Duett singen, wie Mam und Pah es taten bei der gemeinsamen Arbeit in unserem Buschhaus oder draußen im Garten, oder im Pferch beim Melken oder sonstwo auf der Farm: Wenn sie in Hörweite voneinander waren, ließ mein Vater seinen lyrischen Tenor zu ihrem Sopran emporsteigen:

O mein Jesu du bist's wert
Dass man Dich im Staube ehrt,
Dass man Dich beständig lobt und ehrt.
Niemand ist so gut wie Du,
Meine Seele jauchzt Dir zu,
Meine Seele jauchzt Dir freudig zu.

Beim gemeinsamen Singen eines solch erhabenen, über Jahrhunderte auswendig über Kontinente und Ozeane getragenen Liedes klangen sie wie Liebende, obwohl ich mich nicht erinnern kann, je gesehen zu haben, dass sie sich küssten.

~

Während meiner Abende im Wohnzimmer der Fiedlers hatte Zane Grey mit brutalen Mitteln zu bestätigen versucht, was mir Emmanuel erzählt hatte, als wir hinter unserem Kabinenschlitten durch den Schnee gelaufen waren: Die Liebe zwischen einem Mann und einer Frau war stärker als der Tod. In seinen Büchern konnte nichts sie zerstören, auch heimtückischste, erbarmungsloseste Gewalt nicht. Ich sah keine Verbindung zwischen der Liebe bei Zane Grey und der meiner Eltern – dafür waren sie zu alt, zu mennonitisch gefestigt – aber ich versuchte zu sehen, ob in Liz vielleicht etwas vorging, die vierzehn wurde, die so lebhaft und wach war, die immer so lachte, wenn wir auf der Rice-Wiese in der warmen Märzsonne (März!) zusammen Softball spielten, wenn die Kirschbäume, nicht die Schwarzfichten, wie mit Schnee überstäubt waren; wenn sie beim Versuch, zur Grundlinie zurückzurennen, bevor er sie mit dem Ball in seiner Hand berühren konnte, in Alvin Fiedler lief. Wenn das geschah, schien es aber genauso lustig zu sein; dann packte sie seine Hand, entwand ihm den Ball, und spielte ihn lachend dem Werfer zu. Alvin war leidlich groß und gutaussehend, aber oft blickte er trübe und mürrisch drein, wie sein alter Vater es oft getan hatte, und die glückliche, leidenschaftliche Liz schien den falschen Kerl anzulachen. Julius wäre vielleicht besser gewesen, aber der war viel zu alt, schon über zwanzig. Selbst wenn Alvin ihre Gitarre stimmte – Liz nahm Gitarrenstunden und ich Geigenstunden, weil unsere Mutter darauf bestand, dass in einer Stadt mit Musiklehrern jedes von uns ein gutes, tragbares Instrument lernen müsse – erzählte er nie lustige Geschichten, wie es sein Bruder Emmanuel gerne tat. Als ich Liz mit der Frage neckte: „Du hast den Alvin wirklich gern, häh?", rümpfte sie nur die Nase und speiste mich gewunden mit ihrem üblichen schwesterlichen Spruch ab: „Das ist meine Sache und geht nur mich was an."

Unsere einzige Gesellschaft in den fünf Monaten in Vancouver waren die Zusammenkünfte der Fiedlers, Rachos und Wiebes – die Lobes hatten sich weit über Saskatchewan und Alberta verstreut, wo sie in der Holzfällerei und im Holztransport arbeiteten; nicht einmal Mrs. Fiedler wusste genau, wo sie waren. Ich kann mich nicht erinnern, bei anderen Leuten zu Besuch gewesen zu sein. Wenn wir vom Frühlings-Softball auf der Rice-Wiese müde waren, aßen wir Eiskrem. Hier bedeutete das kein endloses Kurbeln in einem mit kleingestoßenem Eis gefüllten Eimer, kein Schlürfen einer halbflüssigen Schmiere: man konnte das Wunder eines steinhart gefrorenen Eiskrembarrens in jedem Laden auf der Nanaimo Road kaufen, ihn mit einem Messer auseinanderschneiden, kleine Stückchen auf einem Löffel schmelzen lassen und die Zunge damit kühlen. Vanille oder Erdbeer oder Schokolade, oder alle zugleich, und das gestreifte Neapolitano, von dessen geschichteter Existenz man erst eine Vorstellung bekam, wenn man es wirklich aß. Schokolade freilich war am besten. Ich konnte nicht ahnen, welche Schokoladenwunder mir noch bevorstanden.

~

Von der Lord Selkirk School ist mir kein einziges Gesicht, kein einziger Name in Erinnerung geblieben, weder von Schülern noch von Lehrern; auch nicht von der Kirche, die wir jeden Sonntag besuchten, oder den Ladenbesitzern auf der Nanaimo Road, oder den Hauseingängen, in die Tony und ich jede Woche unsere Flugblätter legten – wofür waren sie eigentlich? Lebensmittel? An einen Menschen kann ich mich jedoch erinnern: einen jungen Mann mit wildem schwarzem Haar, der die Treppe seines Hauses in Brant Street heruntersprang und mich über den Zaun hinweg anbrüllte, ich solle aufhören, herumzustehen und in ihr Wohnzimmerfenster zu gaffen! Bestimmt habe ich gegafft, aber weil die Vorhänge offen waren, fühlte ich mich dazu eingeladen. Dies geschah am Tag, als wir ankamen, bevor Tony aus der Schule nach Hause kam und sah, wie ich auf seinem Leiterwagen den Gehsteig rauf- und runterfuhr. Ich hatte noch nie zuvor das Innere eines luxuriösen Stadthauses gesehen – damals hielt ich es dafür. In den fünf Monaten muss ich wohl hundertmal an jenem Haus vorbeigekommen sein und habe jedes Mal durch seine riesige ungeteilte Fensterscheibe geschaut, aber ich blieb nie mehr stehen und kann mich an nichts erinnern, was darin stand.

Die Lord Selkirk hatte ein Nebengebäude mit einem hohen Fachwerkgiebel, das rechtwinklig zur Schule stand; dorthin schickte man Klassengruppen zu Filmvorführungen. Ich hatte noch nie zuvor einen Film gesehen, obwohl ich ab 1945 jeden Montag Abend „Lux Presents Hollywood“ des Senders CFQC Saskatoon hören durfte. Noch nie hatte ich das Klicken eines Filmprojektors gehört, den Lichtkegel in einem verdunkelten Raum und die Schatten über eine Leinwand tanzen und taumeln gesehen. Manchmal beobachtete ich die anderen Schüler, mehr als hundert, auf stapelbaren Stühlen sitzend, die alle ihre Gesichter auf dieses Rechteck aus Licht richteten, selbst so grau wie die, die sie beobachteten. Schattenspiele für Augen und Ohren. Pfiffig zwar und irgendwie einfacher, aber für mich nie so faszinierend wie das geschriebene Wort. Wenn man jemandem von einem Film erzählte, der ihn nicht gesehen hatte, kam er einem immer flach vor, ja dumm. Das fortgesetzt neu geordnete Alphabet aus Wörtern dagegen drang weit über das Pfiffige oder das Flache hinaus, ins Geheimnis.

Was sahen wir in jener hohen Halle mit dem schwarzen Gebälk? An seinem siebzigsten Geburtstag erzählt mir Tony, er könne sich so klar, als wäre es heute gewesen, an einen großartigen *Prisoner of Zenda* erinnern mit Ronald Colman als Gefangenem und Douglas Fairbanks Jr. als Rupert von Hentzau; mir ist nichts im Gedächtnis geblieben außer vielleicht einem Zeichentrickfilm mit Micky Mouse oder Schneewittchen. Gewiss gesehen habe ich eine Menge von „Our Gang"-Filmen (Die Kleinen Schurken); das mit schweren Zapfen verbundene Dachgebälk hallte wider von unserem Gelächter über die endlosen Possen der Gang. Heute weiß ich, dass zwischen 1922 und 1944 221 dieser „Our Gang"-Filme gemacht wurden. Es ist sogar möglich, dass wir Nummer 197 (1941) gesehen haben, in dem Mickeys Mutter zum vierten Mal schwanger und Mickey sehr durcheinander ist, weil er gelesen hat, dass jedes vierte Kind in der Welt Chinese ist. Was immer wir sahen, Liz und ich erzählten unseren Eltern nichts davon, weil sie uns solcherlei weltliche Vergnügungen vielleicht verboten hätten; vielleicht ein weiterer Grund, weshalb ich sie so vollständig vergessen habe.

Sehr gut erinnere ich mich an ein Lied, „The Teddy Bear's Picnic" – ob das in einem Film vorkam? – und die wunderbaren Zeilen:

If you go down to the woods today
You're sure of a big surprise ...
You'd better go in disguise ...

Wenn du heut in den Wald gehst,
Gibt's 'ne große Überraschung ...
Geh lieber in Verkleidung

Was dieses Wort „disguise", Verkleidung, alles hervorrief: Verhüllung, vielleicht Auslöschung von Identität, Veränderung der Erscheinung. Für einen Schriftsteller ein bedeutungsschweres Wort, soviel konnte ich bereits spüren, wenn auch noch nicht rational erfassen; damals noch nicht.

Der Krieg war vorbei, und die Welt veränderte sich langsam. Man brauchte kein sorgfältig zugeschnittenes Holz mehr, um ein Haus zu verkleiden: jetzt nagelte Gust auf die Dachpappenwände einfach breite Platten aus rotem Asphalt, die so gepreßt waren, dass sie wie Backsteine aussahen, und aufs Dach braune Asphaltschindeln, und schon hatte unser armseliges Haus Klasse. Jeden Nachmittag wurde der *Vancouver Sun* nach 4160 Brant gebracht, und jedes Mal war er dicker als zuvor – die Kapitulation Japans bedeutete zweifellos nicht das Ende aller Nachrichten! – eine Menge sauber zusammengefalteten Papiers, das auf die Holzveranda vor dem Haus geworfen wurde, auf der wir uns eines Sonntags im März nach der Kirche für unser letztes Familienphoto in Vancouver aufstellten. Mrs. Fiedler war bereit, sich ebenfalls photographieren zu lassen.

Die einzige Titelseite des *Sun*, an die ich mich erinnern kann, zeigte das große Photo einer Frau mit hohen Absätzen an einer Bushaltestelle, die sich, auf einem Bein stehend, das andere, nackte, hochgestreckt, einen Strumpf anzog. Die Unterschrift dazu besagte, sie habe das erste Paar Damen-Nylons erstanden, das je in Vancouver verkauft wurde – Preis $1,75, wo der Liter Milch 5 Cent kostete – und dass sie nicht bis zu Hause warten konnte, um sie anzuziehen. Ihre normalen Baumwollstrümpfe lagen in einem Häufchen auf dem Gehsteig neben ihrem Schuh und ihr Rock war so hochgeschlagen, dass man, wenn man lange genug hinschaute, die beiden Knöpfe der Strumpfhalter an ihrem langen, nackten Schenkel sehen konnte.

„So ist das in der großen Welt", sagte Pah. „Ohne Schomp." Völlig schamlos.

~

Dreieinhalb Monate lang hatte ich versucht, mir eine Dreiviertel-Geige zwischen Kinn und Schulter und Finger zu klemmen; es war ein widerspenstiges, quietschendes Ding. Am Montag, dem 1. April 1946, verließen wir Vancouver ohne sie. Mam sagte, wir gehörten nach Speedwell, ons t'Hus, unser Heim.

Der CNR-Personenzug dampfte ostwärts durch die Rockies, über die Hügel Albertas und die Wälder des langgezogenen Parklands nach Saskatchewan hinein, ruhig wie ein Traum. Danach ging es weiter im holprigen Bus nach Meadow Lake. Nördlich von North Battleford schleppte sich der Highway 4 die runden Moränenhügel um Cochin hinauf, bis die große Eisfläche von Jackfish Lake unter uns lag, die langsam in der Sonne taute. Im April 1946 war ich elfeinhalb Jahre alt, und ich wusste nicht, dass wir durch weites indianisches Land fuhren (auf Reservate durfte damals nicht mit Straßenschildern hingewiesen werden), noch hatte ich die leiseste Ahnung, dass 120 Jahre zuvor der brillante Häuptling der Prärie Crees, Big Bear, das Kind einer Cree-Mutter, deren Name nicht überliefert ist, und eines Saulteaux-Häuptlings namens Black Powder, genau hier am Ufer dieses Sees geboren wurde, für einen Raben nur vierzig Kilometer Luftlinie von meinem Geburtsort entfernt. Jetzt aber gab es keinen Raben, um in diesen Frühlingshimmel ein Zeichen zu fliegen, das ich damals hätte verstehen können: dass nämlich Häuptling Big Bear, der am 17. Januar 1888 starb, einmal ein halbes Jahrhundert lang in meinem persönlichen, in meinem Leben als Schriftsteller seinen Wohnsitz haben würde.

8

ESPEN

> Jean Valjean fand sich im Abwasserkanal von Paris wieder... Der verletzte Mann auf seiner Schulter bewegte sich nicht, und Jean Valjean wusste nicht, ob das, was er in diesem Grab trug, lebend oder tot war.

Anfang Dezember 1946. Vor den breiten Fenstern der Schule von Speedwell, auf einer von Dave Heinrichs, dem Vorsitzenden des Schulkomitees, erbauten provisorischen Bühne, üben die Mädchen der Klassen fünf bis acht „Good King Wenceslas" für das Weihnachtskonzert. Es sind nur fünf, und die Schule verfügt weder über ein Klavier noch ein Harmonium – und wenn, hätte niemand es spielen können – aber die Stimme von Miss Siemens unterstützt hier und da, ihre rudernden Arme leiten die Mädchen durch die Melodie, so dass sie immer wieder wie eine einzige Stimme klingen, laut und deutlich wie der abendliche Ruf einer Eule zwischen den Bäumen, wenn sie über die kleine Erhebung von „gath'ring winter fu-ooo-el" gleiten.

Miss Siemens will möglichst oft Akkorde haben, und an mehreren Stellen wechseln Katie Martens und Nettie Enns, die in unserer Kirche schon länger gesungen haben, als sie sich erinnern können, in den Alt, der ihren Stimmen eine tiefere, vollere Färbung gibt, während Annie Sahar, Vera Funk und Helen Trapp nur die Melodie halten können und dabei so leise werden, dass sie fast nicht mehr zu hören sind.

Ich kauere rittlings auf einer Schulbank, lehne mich an den warmen, galvanisierten Schirm um den Kanonenofen in der Mitte des Raums. Vielleicht habe ich ihn gerade mit Pappelscheiten bestückt, weil die Wärme des brennenden Holzes mich so zärtlich umfängt, eine Wärme, die anders ist als jede, die ich kenne, nachdem ich im feuchten Vancouver fünf Monate mit Propan gelebt hatte; dies ist die mollige Wärme eines Holzfeuers, deren Wellen du riechen kannst, bevor du spürst, wie sie deinen Körper umschmeichelt wie ein dichter Pelz. Wie immer kaue ich gedankenlos an meinen Fingernägeln, während ich ein offenes Buch in die niedrige Wintersonne halte, rot zwischen den Tüchern, die an Drähten die Bühne umrahmen.

Das Buch ist Victor Hugos *Les Misérables*[6] . Das Auf und Ab des Weihnachtsliedes, das von schrecklicher Kälte und Schnee und tiefen Fußspuren singt – kanadischem Busch eben – die beseligende Wärme und das waagerechte Licht sind so strahlend, dass ich es geradezu hören kann, wie schließlich Javerts Gewissen aufbricht und karmesinrot auf der Buchseite brennt:

---

[6] Anm. des Übersetzers: *Die Elenden*

„Javert, what are you going to do with this old man?“

„Why, I'll arrest him and he'll go down to the galley prison at Toulon... “

„What! The man who saved your life today?“

„Javert, was hast du mit diesem alten Mann vor?“

„Nun, ich werde ihn verhaften, und dann kommt er ins Galeerengefängnis in Toulon...“

„Was! Den Mann, der dir heute das Leben gerettet hat?“

Unauslöschliche Kindheit. Ich kann nicht wissen, dass ich fünfzig Jahre später selbst durch die Abwasserkanäle der Seine in Paris gehen werde, und dieses Lied, diese Wärme, diese Geschichte immer noch meinen Schatten aufhellen und mich begleiten werden.

Und mit meinen knapp zwölf Jahren lese ich auch noch nicht das dicke Original Hugos, sondern Solomon Cleavers drastisch gekürzte Fassung mit dem Titel *Jean Val Jean*, einen entschärften Text, der sowohl vom staatlichen als auch römisch-katholischen Schulamt für kanadische Kinder empfohlen wurde; die dreißig Seiten der Kloakenepisode aus *Les Misérables* sind darin zu einem Nebensatz zusammengestrichen:

Standing in the great sewers of Paris – some of whose mighty tunnels are ten feet in diameter and which, like the giant trunk and branches

> of some hollow tree, stretch mile after mile under the city streets – [Jean] gazes into the black darkness, wondering if he will ever find a way out.

> Jean steht in der großen Kloake von Paris – deren gewaltige Röhren in einigen Fällen mehr als zehn Fuß Durchmesser haben und die sich, wie der riesige Stamm eines hohlen Baumes mit seinen Ästen, meilenweit unter den Straßen der Stadt erstrecken – starrt in das schwarze Dunkel und fragt sich, ob er je wieder hinausfinden werde.

Hugo fasste seine Kloaken-Kapitel unter dem Pariser Sprichwort zusammen: „In die Kloake abzusteigen bedeutet, das Grab zu betreten" und: „Die Kloake ist zynisch. Sie erzählt alles." Dergleichen Erkenntnisse werden bei Cleaver schlicht zum Bild „eines hohlen Baumes, der sich meilenweit erstreckt" – hohler Baum, Pferdeäpfel! Selbst 1946 lasse ich mich davon keine Sekunde lang täuschen. Jetzt habe auch ich in einer Stadt gelebt; nach den plumpsenden Außenklos meiner ersten Lebensjahre habe ich beobachtet, wie die Wasserspirale in einer Kloschüssel meine Geschäfte in die Eingeweide von Abwasserkanälen spülte – aber im Traum hätte ich nicht gedacht, dass es Abwasserkanäle gab, die so groß waren, dass ein Mann darin gehen, geschweige denn einen menschlichen Körper tragen konnte.

Egal wie groß der Abwasserkanal ist, ich weiß doch, dass das, worin Jean Valjean watet, kein süßes Regenwasser ist, das durch einen hohlen Baumstamm sickert. Als ich fünf Jahre später meinen ersten, guten Ferienjob bekomme und beim Bau der Wasserleitungen und des Abwassersystems unter Coaldale, Alberta, 800 Einwohner, helfe, sind die dicksten Rohre, die wir dafür verlegen, gerade groß genug, dass ein schlanker Teenager darin auf Zehen und Ellenbogen robben kann; ich werde einen halben Tageslohn für den Kauf der in der Modern Library of the World's Best Books erschienenen Ausgabe von *Les Misérables* ausgeben und sie von der ersten bis zur letzten ihrer 1222 Seiten lesen. Braun gebrannt und schwitzend vom Schaufeln, Rohreheben, Nivellieren in der Sommersonne der Prärie kehre ich heim, und der lange Abschnitt über „Die Eingeweide des Leviathans" zieht mich in seinen Bann, nicht nur wegen der tönernen Abwasserrohre, mit denen ich mich täglich in den tiefen Gräben unter den Straßen und Häusern der Nachbarn in meiner Heimatstadt plage, sondern auch, weil ich durch die Arbeit mit diesem Bautrupp den ganzen Tag, jede Minute lang, gezwungen bin, in etwas zu waten, das mir wie die Abwasserkanäle der englischen Sprache vorkommt. Ich werde lernen müssen, dass ein schnell gesagtes *shit* oder *bugger* oder *fuck* in unserer großartigen Sprache noch zu den harmlosesten Bestandteilen in den unerschöpflich vielfältigen Kombinationen von Unflat zählt, mit denen jede Person und Erfahrung besudelt werden kann; besonders Stadtmädchen, die ich von Schule und Kirche kenne, wenn sie in ihren Sommershorts auf dem Gehsteig vorübergehen.

Während ich Charles Wilburs schwülstige Übersetzung von *Les Misérables* verschlinge, wird das sich aufschwingende „ble-e-ssing“ jener fünf Mädchen trotz Präriehitze, schmerzender und wachsender Muskeln und der schnell langweilig werdenden Vulgarität eines Coaldaleschen Bautrupps mir etwas Ruhe und Frieden, etwas Klarheit in den Kopf singen. Und zugleich erinnerte Trauer.

Weil nämlich zwischen 1946 und 1947 Speedwell in Auflösung begriffen war. Abwanderte. Natürlich nicht das Land, nicht die vom Vor und Zurück mahlender und schmelzender Gletscher hinterlassenen langgezogenen Hügel der Moränenwälle, nicht das Labyrinth der Sümpfe und Bäche, nicht die unverrückbaren Findlinge, die zum Vorschein kamen, wo immer man Bäume fällte und ihre Wurzeln aus der Erde riss, um sie in langen Reihen aufzuschichten, wo alle Kinder halfen, Äste und Zweige zu sammeln und sie auf den Stapel zu werfen so hoch, wie sie konnten, damit sie später wie lange Hügelketten aus Feuer im Schnee unterm Winterhimmel loderten, in das Gestöber des Nordlichts, das flammend auf dich niederzuckt.

Aus unserem kleinen Bezirk tastete sich mehr gerodetes Land denn je in den borealen Urwald vor, es gab bessere Häuser und sogar, erstaunlicherweise, ein aus Holz gebautes Stallgebäude mit einem Walmdach – aber die Wirtschaftskrise der Dreißiger war überstanden, der 2. Weltkrieg ausgefochten und gewonnen und vorbei, Gott sei Dank, und Kanada hatte weit mehr zu bieten, als ein Leben im Kampf gegen Eis, Stechfliegen, Steine und durch das Sammeln von Senegawurzeln zu fristen. Überall in Kanadas Süden, so schrieben uns die Nachbarn, die bereits fortgezogen waren, sei das Klima erträglich, gebe es Elektrizität, Arbeit und Geld, um einen Traktor, ein Auto zu kaufen.

Die Informationen erreichten uns durch die Post – in den vielen Briefen der Freunde, die Speedwell verlassen hatten, in den Katalogen von Eaton und Simpson, die immer dicker wurden, in den Wochenzeitungen wie *Winnipeg Free Press, Family Herald* und *Weekly Star* aus Montreal, und dem *Western Producer* aus Saskatoon: sie kündeten von jener Welt, die wir in den Monaten in Vancouver selbst erlebt hatten.

Und eines Sonntags fuhr Gustav Biech, für den Dan im Winter oft das Vieh gefüttert hatte und der östlich von Jack Pine, nahe am Highway, die beste und größte Farm im ganzen Bezirk aufgebaut hatte, eines Sonntags im Sommer also fuhren Gustav und Lydia Biech in einem blassgrauen 1946 Plymouth, einem in der Sonne glänzenden Fahrzeug, auf dem Kirchplatz vor; es hieß, er koste mehr als tausend Dollar. Es war naheliegend, dass nur Leute in Sonntagskleidern sich trauten, in so ein Auto zu steigen.

Ein Auto. Dabei steht fest, dass mehr als ein Jahr zuvor, im Mai 1945, Dan mit einem Auto nach Hause kam. Man kann es auf einem Photo sehen, das in unserem Weidepferch mich, meine Nichten Carol und Anne und verschiedenfarbige (meistens Hereford) Kälber zeigt und nach meiner Rückkehr aus dem Krankenhaus von North Battleford aufgenommen wurde: Im fernen Hintergrund, jenseits der mit Soden und Stroh gedeckten Scheunen und Ställe, zwischen dem üblichen Berg Brennholz, unserer Kutsche und der Ecke unseres Hauses, steht ein Auto ohne Dach. Der Motor wird verdeckt durch einen Pfosten des Pferchs, aber die flache, rechteckige Windschutzscheibe ist ebenso deutlich sichtbar wie die beiden Vordersitze und der hinter ihnen eingebaute Bretterkasten zwischen den hohen hinteren Kotflügeln und den schmalen Rädern mit den Holzspeichen darunter.

Gibt es in unserem Gedächtnis so etwas wie eine Hefe, die beim Aufgehen aus unserer Vergangenheit die zeitlosen Formen entstehen lässt, die wir uns wünschen? Oder weiß ich heute von Ereignissen und Zeiten nur, was ich auf zufällig erhalten gebliebenen Photos sehe, diesen auf gewelltem Papier konzentrierten Kodak-Augenblicken, die langsam Erinnerungen in mir aufsteigen lassen... denn auf dem Bild in meiner Hand erkenne ich, dass ich trage, was ich zur Heimkehr nach meiner überstandenen Blinddarmoperation geschenkt bekam: ein leuchtendgelbes Hemd, meine Lieblingsfarbe, mit Kragen und Knopfleiste auf der Brust in schimmerndem Schwarz. Und hinter uns Kindern in unserem Weidepferch steht Dans Auto: ein mitgenommener, zerbeulter Roadster, vielleicht ein Bennet Buggy aus der Zeit der Wirtschaftskrise.

Aber trotz der Einzigartigkeit dieses Wagens in unserem Leben in Speedwell kann ich mich nicht erinnern, je darin gefahren zu sein, oder ob Dan ihn immer noch hatte, als wir aus Vancouver zurückkehrten. Die nächste Tankstelle, in der nur bar gezahlt werden konnte, dürfte im zehn Meilen entfernten Fairholme gewesen sein – obwohl John Harder, der zweimal wöchentlich Rahm nach Medstead fuhr, für seinen 1942 Chev ein Fass gehabt haben muss; wenn aber ein Auto in Speedwell nützlich sein sollte, selbst eines mit Ladefläche für den Transport von Säcken oder Kisten mit Tieren, musste es auf unbefestigten Straßen manövrierbar sein und geeignet, die vielen Schlammlöcher zu umkurven. Im Schnee des Winters wäre ein Auto absolut unbrauchbar gewesen, außerdem wäre in den eisigen Temperaturen der Kühler geplatzt. Du hättest kurbeln können, bis dir schwindlig wurde: Es wäre eine zu Eis erstarrte Maschine geblieben; über die Motorhaube eine Pferdedecke zu legen, wäre genauso sinnlos gewesen, wie ein Haus mit nur drei Wänden zu bauen. Pferde dagegen ließen sich auch in Speedwell immer zum Brunnen führen, man konnte sie mit Heu und Gras vollstopfen, das man auf seinen eigenen Wiesen schneiden konnte und nichts kostete außer Schweiß.

Und auf der Rückseite eines anderen Schnappschusses entdecke ich die deutsche Handschrift meiner Mutter: „aufgenommen am 28. März 1947“, sechs Wochen, bevor wir Speedwell für immer verließen. Er zeigt Dan und mich nicht in dem Auto, sondern in unserem quietschenden Schlitten sitzend mit seinem Paradegespann davor, dem grauen Fox und dem Apfelschimmel Silver, die schon die Hälse strecken, um uns von dort wegzuziehen. Dan hat seinen Sonntagsmantel an, ich halte mir die Hände in den Reithandschuhen über die Augen gegen die Sonne. Jetzt, da ich sie auf dem Photo entdecke, erinnere ich mich wieder an sie und wie stolz ich auf diese riesigen Lederfäustlinge war, deren ganze Wärme, das weiß ich, dem Wollfutter zu verdanken war, das meine Mutter gestrickt hatte. Das Bild ist von unserem Haus aus aufgenommen und zeigt hinter uns die spitzen Fichten des Moores auf der anderen Seite des Erschließungsstreifens.

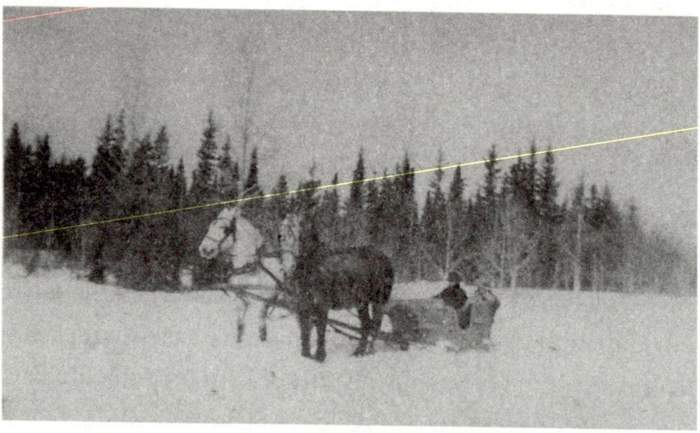

Zweifellos handelt es sich um die Handschrift meiner Mutter. Wohin aber sollten Dan und ich in unseren Sonntagskleidern an einem Freitag morgen wohl gefahren sein?

In Speedwell waren wir die einzigen Wiebes – obwohl es der zweithäufigste russisch-mennonitische Name der Erde ist – eine kleine Familie, und doch stolz auf unsere prächtigen Pferde, die uns unterm Geklingel der Geschirrglöckchen zur Kirche oder zum Postamt oder in die Stadt durch jeden Matsch und jeden Schnee ziehen konnten. Auf dem Bild kann man die Glöckchen an Silvers Geschirr sehen. Aber die Menschen zogen weg; im März 1947 waren die Bezirke von Speedwell und Jack Pine zu drei Vierteln entvölkert. Menschen waren gekommen und gegangen, bevor ich etwas davon merkte, besonders junge Leute, die zur Arbeit wegzogen – im Frühjahr in die Zuckerrüben, im Sommer zum Eisenbahnbau, im Herbst zum Dreschen, im Winter zum Holzfällen in die Camps – oder in die Bibelschule in Hepburn. Aber selbst wenn sie heirateten und in abgelegene Dörfer mit einer Missionskirche zogen, kamen sie immer wieder zu Besuch und blieben Teil ihrer örtlichen Familie. Es stimmt, vor dem Krieg waren ganze Familien für immer weggezogen, aber dafür kamen andere Familien, übernahmen ihre Blockhäuser und sodengedeckten Ställe, um noch größere Felder aus den Pappelwäldern zu roden. Aber das änderte sich während des Krieges. Jetzt waren ganze Familien – die Henry Friesens, die Paul Poetkers, die Wilhelm Voths, die Otto Dunzes, die George Koehns, die John Schroeders, die John Dycks, die David Loewens, die Jacob Rempels, die Peter Bergs und 1942 schließlich der gesamte Fiedler-Lobe-Racho-Dunz-Leischner-Biech-Clan (außer dem halsstarrigen Gustav Biech) nach Süden in die Prärie oder nach Britisch-Kolumbien gezogen; hochbeladene Lastwagen brummten langsam auf unseren steinigen Straßen davon; keine einzige Familie kam, um die leeren Heimstätten zu übernehmen.

Die Höfe ihrer Farmen waren leer; die Blockhäuser begannen zu kippen, senkten sich, stürzten in ihre Kellerlöcher. Manchmal machten sich die Farmer in der Nachbarschaft nicht einmal die Mühe, das in schwerer Arbeit urbar gemachte Land zu nutzen; an den Rändern der Felder schossen die Pappeln auf, und bald fand man als einzige Feldfrucht nur noch Flecken früher Sommererdbeeren, verwildert und winzig wie Blutströpfchen. Ich taugte nicht zum Pflücken, meine Schwestern dagegen konnten einen Sirupeimer in einer Stunde füllen: ich musste erst mit den Fingern durch Unkraut und Blätter kämmen, um die Form der Beeren zu erkennen.

Auszug. In allen vier Jahreszeiten lag Auszug in der Luft. Ein Gerücht in der Kirche oder dem Postamt heute war nächste Woche Tatsache, und als wir vier Wiebes von unserem unvorhergesehen langen Aufenthalt in Vancouver im April 1946 zurückkamen, war auch Mrs. Sam Heinrichs mit ihrer Familie gegangen. Vier Jahre lang waren Liz und ich die eineinhalb Meilen bis zu ihrem Hof allein, die letzten eineinhalb Meilen bis zur Schule dann mit Wilfred und Louise gewandert; Wilfred und ich hatten nämlich den kürzestmöglichen Weg zur Schule ausgekundschaftet und sogar die Mädchen dazu gebracht, ihn zu benützen, trotz ihres erschreckten Getues wegen „Buschtieren"! Was für Tiere wohl? „Vielleicht 'ne Kuh, ein Eichhörnchen, ein armseliges Wiesel!" Ihre Angst machte uns natürlich umso tapferer, und wir folgten dem Feldpfad der Heinrichs vom Nordosten ihres Hofs, überquerten eine Ecke von Jacob Rempels großem Feld, folgten einem Kuhpfad, der tief zwischen die hohen Pappeln getrampelt war, schlängelten uns durch Großvater Lobes Busch – das Grab des alten Mannes war auf dem Kirchenfriedhof, drum herum ein vollkommen weißer Staketenzaun, dessen Spitzen und Eckpfosten in helles Orange übergingen – bis wir die kahle Anhöhe oberhalb von Großvater Lobes Bach erreichten und diesem hinunter bis zum Sumpf folgten, dessen moorigen Rand meidend, wo es immer Unmengen quakender Frühlingsfrösche gab, deren gallertige Laichklumpen im braunen Wasser trieben, wo Amseln ihre Nester im Schilfdickicht bauten und unaufhörlich sangen, während die Schilfrohre wankten und sich unter ihnen bogen, schließlich kamen wir zwischen den Weiden an der Straße genau gegenüber der Schule heraus. Der Pfad ersparte uns die Hälfte – nun, sagen wir ein Drittel – des Weges durch Dave Heinrichs Hof und an der verfallenden Hütte des alten Stewarts vorbei; mit dem Pferd konnte man nicht dort entlangreiten wegen der vielen verrosteten Stacheldrahtzäune. Jetzt war Sam Heinrichs Familie weg, und das Haus, in dem wir so oft um den Küchentisch herum gesessen und durch das einzigartige Bogenfenster hinausgeschaut hatten, war leer; niemand rettete die Fenster, weil niemand mehr irgend etwas baute. Die Tür der Schmiede hing noch an einer ledernen Angel, die Esse mit ihrem Rauchfang war verschwunden, nichts als der Geruch und das Knirschen von Kohle vor der geschwärzten Wand waren geblieben. Auf dem Pfad zwischen Haus und Stall, wo Sam Heinrichs schräg aufgestellter Sarg offen dagestanden hatte und die Familie trauernd um ihn herum, war bald nichts als ein immer dicker wuchernder Teppich von Sternmiere.

Und Mutters beste verbliebene Freundin, Witwe Anna Heinrichs, Gildas Mutter, die beste Näherin in ganz

Speedwell, auch sie redete jetzt von Britisch-Kolumbien. Schließlich waren Bill Poetker und Rosella, ihre älteste Tochter, schon vor mehreren Jahren weggezogen, um dort, auf Lulu Island, eine große Milchfarm zu bewirtschaften, die, wie sie schrieben, immer größer wurde – wie das wohl war, so nahe bei Vancouver? Natürlich hatten Mam und Pah die Poetkers besucht und konnten beschreiben, was unter *groß* zu verstehen war: schwarz-weiße Kühe so groß wie Ackergäule und mit Eutern wie Fässer. Aber in Speedwell ging das Gerücht um, dass Arlyss – wo sie nur den Namen herhatten? – der älteste Sohn der Witwe, Sarah Siemens, die Lehrerin von Speedwell, sehr mochte; die große Frage war nur: wie sehr mochte sie ihn? Sie hatte ein Jahr bei den Heinrichs zur Miete gewohnt und müsste sich bald darüber klar werden. Und wenn es zur Heirat käme, würden sie bleiben, damit sie ein weiteres Jahr unterrichten könnte? Nie hatte jemand drei Jahre hintereinander an unserer Schule unterrichtet, aber Isaac Braun war vier Jahre in Jack Pine geblieben, nachdem die Schule niedergebrannt war – man sagte, George, der jüngste Sohn des Vorsitzenden des Schulbeirates von Jack Pine, Joe Handley, habe das Feuer gelegt, obwohl niemand wusste, warum der junge George mit seinem hübschen, oft brummigen Gesicht das getan haben sollte, und Mr. Handley hatte mitten im Winter die Schule so schnell wieder aufbauen lassen, dass es fast keine Schwierigkeiten gab, ja, vielleicht nicht einmal gemeldet wurde.

Was Joe Handley mit George anstellte, blieb jenseits mennonitischen Hörensagens, aber George wurde Soldat bei den Regina Rifles, noch bevor er achtzehn war, und wurde, wie es hieß, bei den Kämpfen in Frankreich schwer verwundet – Ike Braun aber war im Bezirk geblieben, weil er Doris Heinrichs heiratete, und sie hatten jetzt ein süßes kleines Mädchen, Gwen – woher sie nur diese Namen hatten! – es war also noch alles möglich. Vielleicht blieb die Witwe Heinrichs hier, und wenn Arlyss und Sarah heirateten, würden sie vielleicht auch bleiben, und dann vermutlich auch die Brauns, und Doris würde weiterhin in der Sonntagsschule unterrichten (wo ich sie schon als kleines Kind zur Lehrerin gehabt hatte), obwohl der Kirche nur wenige Kinder zum Unterrichten geblieben waren. Sogar die Schule von Speedwell hatte nur noch dreiundzwanzig Kinder in acht Klassen, mit denen das Weihnachtsprogramm aufgeführt werden konnte.

Freitag, 20. Dezember 1946. Eine drückende Winternacht. Die beiden Coleman Schirmlampen wurden an die dafür bestimmten hohen Haken gehängt, strahlten rauschend ihr grelles Licht aus; die Bühnenvorhänge wurden zugezogen und an der Decke waren strahlenförmig lange Streifen aus Krepppapier in Rosa, Rot und Weiß befestigt, die in einer großen Glocke aus Krepppapier über der Mitte der Bühne zusammenliefen. Irgend etwas muss auch ich zum Programm beigetragen haben, vielleicht sogar viel, denn mit Ausnahme der zwölf Jahre alten Edward Funk und Jackie Trapp in Klasse sieben war ich der älteste Junge an der Schule. Aber erinnern kann ich mich an nichts.

Oder ... vielleicht doch. Durch meine Erinnerungen an Speedwell geistert ein Schultheaterstück: „Gesucht: Eine Haushälterin." Wenn es 1946 aufgeführt wurde, hätte ich einen der beiden uralten Junggesellen gespielt, die eine

Anzeige für eine Haushälterin aufgeben, aber die einzigen Worte, an die ich mich erinnere, sind die der ersten Bewerberin um den Job; sie kann nichts kochen außer „Kohlsuppe und Schweinebraten", Worte, die immer wieder im Verlauf des Stücks zur großen Heiterkeit wiederholt wurden. Hat Miss Siemens zu Weihnachten mit uns wirklich einen Bauernschwank eingeübt?

Ich habe so wenige Erinnerungen an dieses letzte Jahr. Wollte ich nach dem lauten Leben in Vancouver weg von hier? Auch daran kann ich mich nicht erinnern, im Unterschied zu meiner Lektüre von *Jean Val Jean* am Schulofen. Durch einen glücklichen Tausch nach Mams Tod im Jahre 1979 bekam ich sieben mit der Box in jenen Tagen aufgenommene Photos, von denen vier von Mutters Hand beschriftet sind. Auf einem steht: „den 1. Januar 1947". Anscheinend haben am Neujahrstag, einem Mittwoch, Reverend und Mrs. Jacob Enns uns mit ihren Kindern besucht; das Photo zeigt die zwei Elternpaare vor dem vom Winter verwitterten Verputz unseres Hauses, der Schnee bis zur Höhe der Wohnzimmerfenster aufgeschüttet, um die Wärme drinzuhalten. Pah und Mr. Enns stehen außen in Strickjacke, Anzug und Krawatte, während Mam und Mrs. Enns, die noch breiter ist als meine Mutter, in Schal und Wintermantel mit Pelzkragen zwischen ihnen stehen. Der Schlitten, auf dem ich immer Brennholz vom Holzstapel hole, steht hinter ihnen, halb beladen, und dahinter bedeckt der Schnee den Garten am Brunnen vorbei bis zu dem grauen Pappelgehölz am Horizont. Auf dem Dach und den Fenstersimsen hinter dem rechten Ellenbogen meines Vaters liegt angewehter Schnee, aber seltsamerweise sind die Fenster selbst nicht vom Frost beschlagen. Tatsächlich sind die Scheiben so klar, dass man innen die geschlauften Fenstervorhänge sehen kann; und etwas noch tiefer im Inneren, vielleicht nur ein Schatten, den das helle Sonnenlicht wirft, oder eine Erscheinung, die dort steht und nach draußen späht.

Drei der Leute auf dem Photo lächeln direkt in die Kamera; vielleicht, weil sie so gute Freunde sind; vielleicht, weil sie beschlossen haben, noch in diesem oder spätestens im nächsten Jahr Speedwell für immer zu verlassen; vielleicht, weil sie dies alles schon besprochen haben. Einzig mein Vater lächelt nicht; er blinzelt in die Wintersonne, sucht die Ferne ab, als sei er schon weit weg auf dem Weg nach Süden.

~

Die winzigen Seiten von Liz' Fünfjahreskalender (den Helen begonnen hatte) enthalten für die ersten Tage des Jahres 1947 Einzelheiten aus dem Leben eines Teenagers, die kein Gedächtnis speichern könnte.

> 1. Januar, Mittwoch: Dad, Rudy & ich gingen zur Kirche. Mom richtete das Mittagessen. Zum Mittagessen kamen alle Ennsens, nach dem Mittagessen kamen die Heinrichs-Kinder; wir machten ein paar Photos.

> 2. Januar, Donnerstag: Rudy ging heute zu Aaron Heinrichs, weil wir morgen Schweine

schlachten wollen. Dad richtet alles dafür. Rudy hat Bücher mit nach Hause gebracht.

3. Januar, Freitag: Heute haben alle viel zu tun. Enns und Heinrichs sind hier und schlachten. Ich habe fast den ganzen Tag Geschirr gespült, abends fuhren wir bei Mondlicht zur Post.

4. Januar, Samstag: Nicht viel Samstagsarbeiten heute gemacht, außer ein wenig aufgeräumt und ein bisschen gebügelt.

5. Januar, Sonntag: Heute bei Fehrs [Abe] gewesen; Ski gelaufen und wie wir hingepurzelt sind & Spaß hatten. Wir Kinder haben Hausaufgaben gemacht und sind dann zum Kirchbuckel gegangen & Schlitten gefahren.

6. Januar, Montag: Heute haben wir gewaschen, und ich hab „Stately Mansions" gelesen; hat mir richtig gut gefallen & ich hoffe, ich werde eines Tages einmal so ein Mädchen sein wie Garnet.

7. Januar, Dienstag: Hab mir für die Kirche heute Abend die Haare hochgesteckt. Hatte ein ziemliches Abenteuer im Keller [der Kirche], eine nette Unterhaltung danach & eine wundervolle Heimfahrt im Mondlicht.

8. Januar, Mittwoch: Ich habe heute den ganzen Tag gebügelt. Abends noch etwas im Bett gele-

sen. Hab mir auch die Haare gewaschen und aufgerollt.

9. Januar, Donnerstag: Habe heute noch etwas gebügelt & für diesmal Schluss gemacht. Abends gingen wir alle zur Kirche außer Mom; es war ein schöner Gottesdienst.

10. Januar, Freitag: Heute war ein ziemlich langweiliger Tag, draußen hat's gestürmt & Mom wurde krank. Froh, als die Post ein gutes Paar Strümpfe & Kleid aus Druckstoff brachte [von Eaton?]. O Tagebuch, heut Nacht hab ich um Helen geheult.

11. Januar, Samstag: Mom geht es besser heute, wofür wir sehr dankbar sind. Böden geputzt und aufgeräumt. Abends ein schönes Bad genommen.

12. Januar, Sonntag: Wir gingen zur Kirche und wieder nach Hause, wo wir den ganzen Tag blieben. Radio gehört & Teil des Tages geschlafen.

13. Januar, Montag: Heute kalt, mit Rudy zur Post, wieder nach Hause & ins Bett. Hab heute meine erste Strickstunde bekommen.

Den Platz für die nächsten zweiundzwanzig Tage ließ Liz leer. Dann plötzlich dieser Eintrag:

5. Februar, Donnerstag: Heute haben wir einen Teil der Wäsche eingeräumt. Um 3 Uhr 30 Radio N.B. angestellt [North Battleford Radiosender CJNB?] und Dans Stimme gehört, zu schön, um wahr zu sein.

6. Februar, Freitag: Wir erfuhren, dass Dan heute nach Hause kommt. Wie ich mich freute. Dad hat ihn am Highway abgeholt.

7. Februar, Samstag: Heute ist ein Tag wie andere auch, nur dass Dan zu Hause ist, er sieht so gut aus. Dame gespielt.

8. Februar, Sonntag: Heute gingen Rudy & ich zur Kirche. Kamen heim, aßen gutes Mittagessen, Dame gespielt. Zur Kirche gegangen zum Treffen junger Leute.

Danach hat Liz in Speedwell 1947 nur noch zwei Einträge in ihr Notizbuch gemacht:

27. April, Sonntag: Heute bin ich (süße) sechzehn. Wir gingen zu Fehrs, spielten Ball und abends war großes Lagerfeuer bei uns. Junge, Junge, ich werd nie meinen ersten richtigen Kuss vergessen & Leslie.

28. April, Montag: Ziemlich düster tagsüber. Warmes Wetter. Les war hier gewesen wegen Heu nur ein Lächeln bekommen irgendwie traurig heute.

Was für Bücher ich wohl von den Aaron Heinrichs mit nach Hause gebracht habe? Fünfmal Kirche in zwölf Tagen zum Jahresanfang, zweimal in der Woche Post abgeholt, zu Besuch bei den Abe Fehrs, Dame gespielt, Radio gehört – CJNB North Battleford muss ein Programm für Gemeindenachrichten gehabt haben, weil Dan uns hat sagen können, dass er von irgendwoher, wo er Arbeit hatte, nach Hause kommen würde; ein wunderbarer Service in diesem Buschland ohne Telephon und Strom – und Liz hat Böden geputzt, endlos gebügelt, Stricken gelernt. Aber da gab es auch diesen Büchertraum von Schönheit und feinen Kleidern und vor allem von einem „richtigen Kuss". Und Leslie Nord? Er war ein Cousin von Isola und Troy Fehr, groß, ein tüchtiger Arbeiter, weit über zwanzig – wirklich zu alt für meine süße sechzehnjährige Schwester, aber es gab in Speedwell keinen Jungen ihres Alters mehr, von dem sie hätte träumen können. Wie oft mag Liz, die jetzt in ihrem Bett unter den Dachbalken allein war, um Helen geweint haben, mit der sie vielleicht über richtiges Küssen hätte reden können? Helen, die vermutlich nie einen Jungen geküsst hatte, obwohl sie nach dem Wegzug der Koehns aus Speedwell im März 1944 von John Koehn träumte.

Den ganzen März 1947 hindurch bleibt Liz' Tagebuch leer, obwohl das Friedhofsregister von Speedwell zwei Beerdigungen innerhalb einer Woche vermerkt, die ersten seit Helens Tod vor zwei Jahren. Die eine war die von Maria Dorn, einer uralten, runzligen Dame, die bei ihrer Tochter Katerina (der Frau von Dave Heinrichs) wohnte und die einen ungeheuren Kropf unter ihrem Kinn hatte – was für ein quälendes, gurgelndes Wort das war: „goitre", anders als das plautdietsche „Kropp“, das so grob und hässlich ist wie „Hühnermagen“, was es auch bedeutet – es war ein riesiger, weicher Kropf, als hätte sie eine große Schildkröte verschluckt, die sich auf Dauer in ihrem Hals vertäut hatte.

Meine Erinnerung an den Kropf verbindet sich vielleicht mit der falschen Person. Katerina und Dave Heinrichs hatten keine Kinder, aber Dave hatte seit dem Tod seines Bruders Aaron dem Schulbeirat angehört, und wenn er auf dem Hof war, den wir auf dem Heimweg von der Schule durchquerten, winkte er uns immer zu, rief uns manchmal herein zu einem süßen, aromatisierten Getränk in jener Kriegszeit, wo Zucker rationiert war, oder vielleicht zu einem Zimtbrötchen. Daves großer, immer gebeugter Körper und sein tiefschwarzer Bass gaben jedem Lied, jedem Chor, der in der Kirche von Speedwell sang, Rückhalt; und ich erinnere mich an die drei Reihen Stühle und Bänke um Katerina Heinrichs' Küchentisch herum, an dem sie während der Totenwache für ihre alte Mutter saß, und wie die Frauen aus der Gemeinde Tweeback und Kaffee reichten – es mag Katerina gewesen sein, die jenen erschütternden, unvergesslichen Hals hatte.

Der zweite Tod in jenem März war trauriger: Abe Fehr, erst siebenundvierzig Jahre alt, der hagere und schöne Mann von Katie, der Vater von Orville, Isola, Joyce, Troy, Delano, Mildred und Carolyn, ein Mann, der mit einem silbernen Plektron die Western- oder Hawaiigitarre zu spielen wusste, bis dein ganzer Körper im Rhythmus mitging, der mit seiner ganzen singenden Familie einen Country Gospel sang, dem die aus dem Radio bekannte Familie Carter kaum ebenbürtig war. Aber er war immer schon schwach auf der Brust gewesen, wie man so sagt, und starb an Tuberkulose. So ging Troy, der einzige Freund, der mir in Speedwell geblieben war, der mir einst Wörterbücher erklärt und mich mit der Behauptung erschüttert hatte, Emmanuel und Mary machten es miteinander wie Deckhengst und Stute, Troy, erst fünfzehn, mit verweintem Gesicht, und sein Bruder Orville, der Soldat in der kanadischen Armee gewesen war, gingen am Kopfende des Sarges und trugen zusammen mit vier anderen Fehrs und verwandten Nords den schweren Leichnam ihres Vaters durch den Schnee unter den kahlen Pappeln zum Friedhof. Ich erinnere mich, wie an einem Sommertag hinter sämtlichen Gespannen, die an Harders General Store festgebunden waren, Troy seinen Urin unter Hochdruck in einem in der Sonne blitzenden Bogen über drei Getreidewagen spritzte, höher und weiter als jeder andere Junge von Speedwell: Es war kein Wettkampf gewesen, blieb aber mehrere Jahre eine gleichsam ständige Herausforderung. Wer hätte gedacht, dass so ein draufgängerischer Junge, der an der Schwelle zum Mannesalter schon alles zu wissen schien, auch weinen konnte.

Während Abe Fehrs Beerdigung wurde Helens weißer Grabstein photographiert. Mrs. Katerina Martens, Katies Mutter, steht mit verschränkten Armen links davon, und die hohe, gebeugte Gestalt von Leslie Nord bückt sich dem neuen Grab zu, das sie gerade zuschaufeln.

Abe Fehr starb am 27. März. Möglich, dass Dan und ich auf jenem Photo vom 28. März, das Mam so sorgfältig mit Tinte beschriftete, uns auf den Weg zu den Fehrs machen, um ihnen bei den Vorbereitungen für die Beerdigung zu helfen. Keine sechs Wochen später würden Dan und Isola Fehr, die einst ihr neues, ungetragenes Kleid gegeben hatte, damit Helen darin begraben werden konnte, heiraten: Am Muttertag, dem 11. Mai. Vier Tage später würden Pah, Mam, Liz und ich Speedwell für immer verlassen.

~

Im März 1947 hat meine Mutter noch zwei weitere Photos beschriftet, aber keines ist von den Beerdigungen. Sie scheinen Bilder von charakteristischen Tätigkeiten auf einer Heimstätte zu sein, aber wenn ich mich länger in sie vertiefe, bekommen sie immer wieder einen anderen Fokus, als ob diese gewöhnlichen Schnappschüsse mit einer Brownie Box sich beim Betrachten veränderten.

Eines wurde auf unserem Hof aufgenommen; eine Hälfte des Photos ist nichts als Schnee und ein Viertel Pappeln und Schwarzfichten, die in einen wolkenlosen Himmel ragen; auf dem schmalen Streifen dazwischen liegt ein langer mannshoher Stapel von Stämmen, die zu Brennholz zersägt werden. Um eine Dampfmaschine herum, die vor dem Hintergrund der fernen Fichten steht und weiße Wölkchen ausstößt, schuften sechs Männer: Zwei heben einen Stamm hoch, reichen ihn zwei anderen, die ihn ans Sägeblatt schieben, während der fünfte die abgeschnittenen Klötze packt und hinter sich auf den wachsenden Berg Brennholz wirft; der sechste Mann – seiner Gestalt und der tief über die Ohren gezogenen Kappe nach muss es mein Vater sein – scheint auf die Kamera zuzugehen, sich von den Arbeitern zu entfernen. Mein großer Bruder Dan, der mit weit gespreizten Beinen und zum Heben angespannten Armen vor den weißen Dampfwolken steht, ist unverkennbar. Wer die anderen Männer sind und wem die Dampfsäge gehört, weiß ich nicht.

Das Sägeblatt, von den arbeitenden Männern verdeckt, dürfte etwa einen Meter Durchmesser gehabt haben und sich so schnell drehen, dass man seine Zähne nicht sieht. Den ganzen Winternachmittag hindurch gellt sein Kreischen durch den Wald. Das Sägemehl, das sich unter ihm türmt, wird das frische Eis abdecken, das aus dem Wasserloch geschnitten und in unserem Eiskeller gestapelt ist, der hinter dem Haus ausgeschachtet wurde, um darin im Sommer unseren Rahm für die Auslieferung frisch zu halten; den Holzhaufen wird Dan im länger werdenden Licht des Frühlingstauwetters Klotz um Klotz spalten – Pah wird weg sein, um in Coaldale Arbeit und ein Haus zu suchen – Liz und ich werden die Scheite in sauberen Reihen zum Trocknen stapeln. Im nächsten Winter wird dieser große Berg völlig verbrannt werden und die bittere Kälte hindurch das Haus für Dan und Isola heizen: diese weiße Pappel, *Populus tremuloides*, die Zitterpappel, wird zu Feuer werden.

Man kann die Blätter der Zitterpappeln rascheln hören. Beim geringsten Lufthauch zeigen die dunkelgrünen Blätter flickernd ihre blasse Unterseite, und ein Seufzen wie aus großem Leid durchströmt den Wald. Jenes vor so langer Zeit entstandene Photo des Stapels von Stämmen, die zerschnitten werden, berührt mich seltsam, lässt mich etwas wahrnehmen, das sich nicht fokussieren lässt, aber bei näherer Betrachtung des anderen Photos, das meine Mutter 1947 beschriftete, beginnt mir etwas zu dämmern.

Unsere stärksten Pferde, der graue Silver und der braune Jerry, die schlecht zusammenpassen, stehen, um die Zugriemen am Ortscheit strammzuhalten, mit aufgerichteten Köpfen vor einem Doppelschlitten, der hoch beladen ist mit Pappelstämmen. Groß und kraftvoll steht Dan vorne auf den Stämmen, beide Zügel in der rechten Faust, der linke Arm angewinkelt, in Bereitschaft; hinter ihm steht unser Vater, zur Seite gewandt, nach unten blickend, wie immer zufrieden, auf seinem eigenen Land einfacher Arbeiter zu sein und weiter nichts erwartend.

Jetzt aber sind es die dicken, krummen Stämme mit ihren von der Axt behauenen, mir zugewandten Enden, deren jeder bis wenige Augenblicke zuvor ein lebender Baum war, von meinem Vater und meinem Bruder gefällt, während sie mit dem gefrorenen Saft in ihren Adern auf die Frühlingssonne warteten. Es sind also diese langen Pappeln, deren Wipfel hinter dem Schlitten über den Schnee schleifen, die in meinem Geist zittern. Dies bedeutet mehr als der endlose menschliche Kampf ums Überleben im borealen Urwald Kanadas: Pappelwälder wachsen in Kanada, Russland, England und Israel (*Populus alba*, oder *libneh* auf Hebräisch), und einer alten Legende zufolge zittert die Espe auf dem ganzen Erdkreis seit dem Augenblick, da Jesu Hände und Füße an ein Kreuz aus Pappeln genagelt wurden, da sein Leib auf ihr Holz geschmettert wurde. Kein Espenstamm wird je wieder gerade genug wachsen für ein Kreuz, und die herzförmigen Blätter an ihren dünnen Stielen werden niemals aufhören, aus Scham zu zittern, aus nimmer endendem, nimmer endendem Kummer.

Geschichten lösen Gefühle aus, unabhängig von Verstand oder Schuld; Dichtung lässt uns schon beim Hören verstehen, dass Wind ein Inbild des in uns wirkenden Göttlichen sein kann. Wenn der Wind durch die dicht stehenden Espen weht, sehen wir, wie sie ihre schlanken, bleichen Leiber immer wieder beugen, wie in Anbetung, und wir hören und sehen, wie ihre Blätter an den flachen Stengeln erzittern und sie ihre weiße Unterseite nach oben richten, um gemeinsam zu seufzen und zu ächzen. Der langgezogene Laut trauernder Schöpfung. Und manchmal geschieht es, dass die Espen sich nicht mehr aufrichten, sondern so gebeugt bleiben; in dieser Stellung wachsen die jüngsten, längsten Jahr um Jahr weiter, bis ihre Wipfel die Erde berühren. Und selbst in dieser Gebeugtheit des Kummers, in Scham, Respekt und Anbetung, sind sie zugleich unendlich lebendig: Man kann so viele Pappeln fällen, wie man will, von einem Feld das letzte Stöckchen und den letzten Zweig räumen, und doch werden sich aus ihren Wurzeln, die überall durchs Erdreich dringen, neue Triebe hochschieben; jahraus, jahrein hat man zu kämpfen, sie an den Rändern des Feldes zu halten. Wie uns Wissenschaftler sagen, können Klone eines einzigen Espensamens bis zu achtzig Hektar Land bewachsen. Die Abertausende von Bäumen, die hier seit Urzeiten wachsen, gingen aus jenem einzigen Samenkorn hervor, das Sonne und

Wind nach dem Schmelzen der pleistozänen Eisdecke vor 12.000 Jahren zum Leben erweckten.

Die Espen in Kanadas borealen Urwäldern bilden den größten lebenden Organismus auf dem Erdboden; jeder Baum ist ein Glied im grenzenlosen Kreislauf des Lebens.

Vielleicht liegt darin der Grund – denn erklären kann ich es nicht – dass der Tod Jesu für mich immer mehr als nur eine Geschichte gewordene brutale Hinrichtung war und immer sein wird. Wenn Espen sich unter diesem bleichen Seufzen beugen, vollzieht mein Körper jenseits der sinnlichen Erfahrung des Sehens oder Hörens aber unleugbar jenes Ereignis nach.

Ich weiß etwas, das in seiner Widersprüchlichkeit unauslotbar tröstlich ist: dass es ein Feuer gibt, das in der Seele brennt wie Eis, Eis wie Feuer.

~

Vielleicht war eines der Bücher, die ich von den Aaron Heinrichs am 2. Januar mit nach Hause genommen habe, *Elsie Dinsmore* von Margaret Finchlay; jener Klassiker des Jahres 1869 über die treue Elsie, die nach dem Tod ihrer engelsgleichen Mutter verzweifelt versucht, die achtunddreißig göttlichen Wesenszüge zu leben (ich habe zwar das Buch gelesen, aber nie versucht, diese Tugenden aufzulisten), während ihr gottloser Vater, der nicht zur Kirche geht, sondern sich an Sonntagen mit dem Lesen von Romanen (!) vergnügt, und den Elsie, weil er ihr Vater ist, zwar lieben und ehren, aber auch zurückweisen muss, weil er so quälend gottlos ist, Kapitel um Kapitel versucht, ihre unbedingte christliche Entschlossenheit zu brechen. Und das alles im Alter von acht Jahren. Es ist die Art Buch, die Aaron Heinrichs mitgebracht haben mochte, als er aus Colorado nach Kanada auswanderte, seinen vier halbwüchsigen Töchtern zuliebe, die lernen sollten, Englisch zu lesen.

Vielleicht aber entdeckte ich dort dank Arlyss ein paar weitere Zane-Grey-Bände, diese im achtzehnten Jahrhundert in den Urwäldern Ohios spielenden Geschichten von Weißen und Wilden und jenem „langen mutlosen Ton wie das Seufzen des Nachtwinds in der Finsternis". Abgesehen von Greys ungemilderter Brutalität und Mordlust – die für mich als ein geliebtes und unschuldiges Kind merkwürdigerweise zu den am leichtesten zu ertragenden Aspekten des Verhaltens von Erwachsenen gehörten und phantasievoll und ohne nachzudenken übergangen werden konnten. Ich hatte nicht das Gefühl, dass die Wälder um Speedwell gefährlich waren – die Welt von Greys Wäldern war meiner näher als alles, was ich bisher in einem Buch gefunden hatte. Und in jenem letzten Winter von 1946/47 war ich einsamer in ihr als üblich.

In jenem Jahr wurde ich das einzige Kind aus dem südwestlichen Teil des Bezirks, das zur Schule ging. Die Lobes und die Heinrichs waren fort, und Liz hatte die achte Klasse abgeschlossen, so dass für sie nichts mehr in Speedwell School zu tun war. Zweimal am Tag drei Meilen Hin- und Rückweg um Bäume und Sümpfe herum und über die leeren Höfe; ich ging zu Fuß, ich ritt, und an einem dunklen Wintermorgen spannte ich Prince an und fuhr allein in unserem kleineren Schlitten mit einem Haferbündel unter dem Sitz, damit ich ihn mittags im Schulstall füttern konnte. Unsere Spur, die Prince den ganzen Winter hindurch immer neu durch die Lichtungen und die von den Blizzards hinterlassenen wandernden Schneeberge legen musste, war die einzige auf diesem Pfad. Die Zügel in der linken Hand, ging ich ihm manchmal voraus, so leicht in meinen Filzstiefeln, dass ich über die verharschten Verwehungen gehen konnte, Prince aber nie; seine großen Hufe brachen bei jedem Schritt ein, und keuchend stieß er weiße Atemwolken unter meinen Arm, seine Nüstern und sabbernden Lippen waren dick mit Rauhreif bedeckt. Wenn die Verwehung mich trug, konnte auch der Schlitten darüberfahren, Prince aber, das arme Tier, musste sich immer mittendurch kämpfen.

Prince war robust und gutmütig, aber eigentlich mochte ich Pferde nicht. Nur wenige Farmkinder liebten sie, wenn ich mich richtig erinnere; unsere Pferde waren zu groß und langsam, zu dumm und unbeweglich für unsere kindlichen Launen und Einfälle. Ich erinnere mich, wie ich einmal auf Bell, die mich einst getreten hatte, als ich unter ihrem Bauch hindurchrannte, zur Schule ritt und so wütend über ihr gleichbleibendes Tempo wurde, dass ich so lange mit den Zügeln auf ihre Ohren und Kopf eindrosch, bis ich nicht mehr konnte. Sie weigerte sich, zu traben. Sie schüttelte nur den Kopf und stapfte weiter; ich konnte sie durch nichts dazu bringen, schneller zu gehen, als sie wollte. Irgendwann bewegte sie sich überhaupt nicht mehr und blieb stehen, während ich ausgestreckt auf ihrem breiten Rücken lag und vor Wut heulte. Ich weiß genau, wo das passierte: auf dem Erschließungsstreifen nördlich der Hügelkuppe oberhalb von Jake Dorns Farm, neben den langen Schlammlöchern in der Straße, die Dan schließlich mit einer zweispännigen Planierschaufel auffüllte und glättete, um damit einen Teil unserer Grundsteuer abzuzahlen.

Im Winter, bevor wir wegzogen, bin ich auf unserem verschneiten Hof dabei, Prince auszuspannen. Ich trage meinen ersten Parka mit Pelz, Breeches, Kniestrümpfe und Winterstiefel. Unser letzter Hund – Carlo ist tot, wie dieser wohl hieß? – schaut in die Kamera und die einzelnstehende Pappel neben unserem Brunnen hinter Prince scheint zwischen seinen beiden Ohren herauszuwachsen wie ein riesenhaftes schwarzes Geweih. Hinter mir liegt die bewaldete Anhöhe mit einer schütteren Kiefer, wo ich immer verschwinde, wenn ich zu irgendeiner Arbeit keine Lust habe; wo ich eines Frühlings, als der Schnee auch unter dem dichtesten Gestrüpp verschwunden war, zu meiner Verblüffung unter dem Laub zwei schwere Gewehre fand.

Gust hatte sie dort vergraben, bevor er und Tina 1942 nach Coaldale zogen; ein halbes Jahrhundert später in Lethbridge erinnert er sich immer noch ganz genau an sie: eine doppelläufige Schrotflinte und ein .43 Mausergewehr jenes Typs, der fast ein Jahrhundert lang bei den Streitkräften von Europa bis Chile und Südafrika, besonders in den deutschen Gräben des 1. Weltkriegs eingesetzt wurde. Wie Gust mir erzählt, traute er sich nicht, sie nach Coaldale mitzunehmen – ein deutschsprachiger Mann mit solchen Waffen? Für mich wurden sie zu einem aufregenden Spielzeug, mit dem ich mich jeden Tag vergnügte, besonders das schwere Mausergewehr mit seinem in braunes Holz eingelassenen Stahllauf, der groß genug war, dass ich meinen Finger hineinstecken konnte. Ich lief damit von Baum zu Baum und zielte auf unseren unkrautüberwucherten Stall oder die Bretterverkleidung der Kornspeicher – nie auf das Haus – und auf unsere mit Holzschwarten verkleidete, im Gestrüpp kaum sichtbare Toilette, ließ den Abzug schnappen und rannte hinter Preiselbeer- und Rosenbüschen in Deckung, schoss hinter dichten Saskatoonsträuchern hervor, zielte auf unser Straßentor für den Fall, dass ein riesiges Auto mit offenem Verdeck und Josef Stalin auf dem Rücksitz mit dem Lächeln unter seinem Schnurrboat, seinem Schnurrbart, auftauchen sollte, und gerade, wenn der Chauffeur ausstieg, um das Stacheldrahttor zu öffnen, würde ich das Untier ausknipsen, ich hatte ihn im Visier für einen Schuss genau zwischen die Augen …

Würde Gottes Zorn auf ewig über mir bleiben, weil ich Stalin erschossen hatte?

Ich spielte, bis ich, unerklärlich für meine Mutter, völlig schmutzig und manchmal blutig zerkratzt war; bis mein Vater die Gewehre entdeckte, wo ich sie allzu sorglos versteckt hatte, und fort waren sie. Ich traute mich nie, danach zu fragen und erfuhr erst fünfzig Jahre später, von Gust, dass Pah sie in dem Fichtenmoor auf der andern Seite des Erschließungsstreifens vergraben hatte, außerhalb unseres Landes, wo sie verrotten konnten. Er hat nie ein Wort darüber zu mir gesagt, und es war auch keines nötig. Ich wusste, dass ich sie versteckt halten musste, weil meine Eltern sich weigerten, auf unserem Wohnsitz ein Gewehr zu dulden, egal, was ein Fiedler oder was Dan, wenn ihm einmal später die Farm gehörte, tun mochte. Gewehre taten nichts anderes, als Menschen zu töten.

In jenem Frühling muss unsere Lehrerin Sarah Siemens das Jahresphoto der Speedwell School für Anfang Mai festgesetzt haben, bevor wir wegzogen, weil ich darauf bin. Einundzwanzig Schüler drängen sich mit ihr um die Fahnenstange, und eine einzige Familie, die Doerksens, machen allein sieben oder acht der Kinderschar aus. Von irgendwo war diese Familie aufgetaucht und hatte sich auf unserer Franka-Farm niedergelassen, nachdem wir 1942 wegen des Brunnens auf Gusts Heimstätte gezogen waren. Die Doerksens waren geschickte Buschfarmleute; ihr ältestes Kind in der Schule, Glen, erzählte mir, sein Dad und seine Brüder hätten diesen Winter mit Axt und Säge einen zweispännigen Langholzschlitten gebaut, und mit dem Schlachtmesser aus der Küche Löcher in die Kufen für die senkrechten Träger geschnitten. Jeden Morgen hisste ich am Fahnenmast den Union Jack, der über unseren

Köpfen verschwindet. Kinder der steinigen Felder und des borealen Urwalds, die wir waren, sehen wir aus wie Vogelscheuchen, obwohl jedes – mit Ausnahme vielleicht der zerzausten Barbara Trapp – irgend etwas Schuhähnliches an den Füßen zu haben scheint.

Ich bin zwar noch auf dem Bild, aber schon nicht mehr richtig: von mir sind nur Haare, Stirn und oberer Rand meiner Augen zwischen Nickie Sahars und Helen Doerksens Köpfen zu sehen. Helen hat einen weißen Fleck über ihrem rechten Auge, und die Gesichter aller anderen sind vollständig sichtbar, besonders Annie Sahar mit ihrem zu Berge stehenden Haar zu meiner Rechten und der schlanke Edward Funke zu meiner Linken; er ist größer als Miss Siemens.

Wir werden überragt vom Pyramidendach der Schule, der Lehmverputz zwischen den Stämmen ist fast vollständig vom Wetter abgewaschen. Ein Treppengeländer ist weggebrochen und die Schultür steht nach innen offen. Durch das westliche Fenster ist schemenhaft der Hügel hinter der Schule zu sehen, den wir im Winter auf selbstgemachten Schlitten und gelegentlich auch auf Skiern herunterrutschten, oder wo wir Ringkämpfe machten und Schneeballschlachten und, wenn wir kräftig genug angestoßen wurden, uns hinunterrollen ließen, als wären wir Stämme aus Fichte, Birke oder dem Fallholz der Pappeln, die Bestandteil unseres kurzen, gedankenlosen Lebens gewesen waren.

Ich bin schon fast nicht mehr da; unter der Fahnenstange von Speedwell gibt es nicht einmal mehr mein Grinsen. Aber am äußeren Rand unserer sich zusammendrängenden grauen Gruppe, auf der von der Schule abgewandten Seite, dort steht Katie Martens in perfekter Aufmachung, mit hochfrisiertem Haar, offenem Mund, weißer Bluse und weit ausgestellten Hosen. Sie wird nicht still verschwinden. Als ihre Familie 1948 Speedwell verlässt, geht sie so, wie sie will und für jedermann sichtbar wie der hellichte Tag.

~

Ich liege auf dem Bett, auf dem Dan und ich schlafen, unter dem Dreieck unseres Dachgebälks neben den Stufen, die hinunter zur Küche führen; Liz schläft allein in der anderen Hälfte des Dachbodens, hinter dem Ofenrohr und einem weißen Vorhang. Ich lese, liege auf Dans größerem Teil des Bettes, um näher am winzigen Giebelfenster zu sein. Draußen ist ein strahlender Maitag, dessen Sonne die Wolkentürme kaum zu stören vermögen, ich aber bin vertieft in ein Buch – ist es ein weiteres über Elsie Dinsmore, oder ein Zane Grey, oder noch einmal *Rock of Decision*, das Helen und ich vor über einem Jahr einander vorgelesen haben? Es ist etwas ganz anderes, ein Buch laut oder stumm zu lesen, besonders, wenn man es mit Helen gelesen hat, und vielleicht vermisse ich sie so zum Weinen schmerzlich, dass ich das Buch alleine wiederlese. Laut wäre einfach zuviel – „Sonny!“ ruft meine Mutter von draußen durch das Fliegengitter der Tür. Im Sumpf quaken die Frösche, es ist warm genug für Moskitos.

Wahrscheinlicher ist, dass ich ihr mit dem einzigen Buch aus der Schulbücherei von Speedwell, das ich noch nicht gelesen habe, nicht unter die Augen treten will: *The Toilers of the Sea*[7] von Victor Hugo, ein dicker Wälzer mit schwerem Einband. Nach Jean Val Jean und der winterlichen See von Vancouver muss ich einfach dieses Buch lesen, das auf dem schmalen Regal steht – ob irgend jemand es schon einmal in die Hand genommen hat? – das auf Guernsey spielt, einer Insel, die auf der Karte ein winziger Punkt vor der Küste Frankreichs ist. Es ist unglaublich langweilig, aber ich wühle mich durch, Wörter stehen in Büchern, damit sie gelesen werden, und für sechs Jahrzehnte habe ich alles vergessen bis auf die letzte Szene, in der nach meiner Erinnerung ein Mann auf einem riesigen Strand an einen Pfahl gefesselt ist. Langsam kommt die Flut herein, steigt immer höher, und der Mann kämpft, schreit sein Entsetzen hinaus, bis die See seinen aufgerissenen Mund überspült und er verschwindet. Wenn ich heute dieses Buch überfliege, muss ich feststellen, dass meine Erinnerung fast alles ins Gegenteil verkehrt hat: es gibt keine fremde Macht, die in jenem letzten Kapitel über Pfahl und Ketten gebietet. Vielmehr sucht sich Gilliat, der

[7] Anm. des Übersetzers: *Die Arbeiter des Meeres*

Protagonist, eine Bucht zwischen den Meeresklippen, setzt sich dort nieder und wartet, bis die Frau, die er liebt – können nur die Franzosen so absolut und für alle Ewigkeit lieben? – mit dem Mann, den *sie* liebt, an ihm vorübersegelt, der, gleichsam ein Fels auf einem Felsen, sitzen bleibt und das Schiff verschwinden sieht, während die Flut ihm langsam über den Bauch, die Schultern zum Hals steigt, bis zu dem Augenblick, wo das Schiff am Horizont verschwimmt, und „das Wasser den Kopf des Beobachters bedeckt und nichts mehr zu sehen ist als das Meer, dessen Wellen Gild-Holm-'Ur umbranden".

Vielleicht ist es mein Glück, dass meine intimsten Erinnerungen nicht so leicht in einem Laden für gebrauchte Bücher über den Haufen zu stoßen sind.

~

Meine Mutter ruft, und wenn einmal ein gewisser Punkt erreicht ist, schäme auch ich mich, der sich, wenn er liest, vor ihr verbirgt, nicht darauf zu reagieren. Es gibt Arbeit für mich, nicht der ganze schöne Tag kann mit Wörtern vergeudet werden.

Mam, in dem langen Kleid und der Schürze, die sie täglich trägt, sitzt auf der Bohle, aus der unsere Eingangsstufe besteht, und schneidet Kartoffeln zum Stecken.

„Etj laus de Bibel", erkläre ich. Ich hab in der Bibel gelesen.

Sie begutachtet die Augen einer roten Kartoffel, die sie in ihren breiten abgearbeiteten Händen dreht. „Lüg nicht."

„Im Alten Testament, eine der Mordgeschichten."

„Du bist noch nicht zu groß für eine Tracht Prügel", sagt sie, obwohl sie mich noch nie richtig „vedrascht", verdroschen hat.

Ich muss lachen. „Es ist keine Lüge, wenn man weiß, dass es nicht wahr ist."

„Was denn sonst?"

„Ein Spaß", erwidere ich ihr und füge auf Englisch hinzu: „A story!"

Mit „Spaß" ist sie absolut nicht einverstanden; sie erlaubt sich nicht einmal ein Lächeln, obwohl ihre Lippen zucken. „Du enn diene Jeschichte. Du und deine Geschichten. Manchmal weiß ich nicht, ob sie das wirklich sind."

„Dann ist das deine Schuld", sage ich und nehme den Eimer mit den geschnittenen Kartoffeln. „Musst du kapieren."

„Soo eenfach ess daut nich", sagt sie daraufhin. So einfach ist das nicht.

Für mich, einen ungeduldigen, impulsiven Jungen, schien sie damals die Einfache zu sein; für sie war alles entweda-ooda, entweder-oder, schwarz oder weiß.

Entweder, oder: was immer jemand tat, in Gottes ganzer Schöpfung, war entweder schwarz oder weiß – und schwarz kam höchstwahrscheinlich immer zuerst. Ich hielt das Leben meiner Mutter damals für einen Widerspruch: ihre bleibende Furcht vor der Allgegenwart eines göttlichen, ewigen Zorns, obwohl sie selbst ein der Güte und Liebe geweihtes Leben führte – vielleicht nicht so sehr ein Widerspruch als eine unerklärbare Dissonanz, eine Disharmonie, die so mächtig war, dass ich sie wie einen enthüllenden Nachhall ein Jahrzehnt später in Münchens Alter Pinakothek entdeckte, wo die Renaissancegemälde vom Leben Jesu ihn in verschwenderischem Reichtum darstellen, in einem Überfluss, der so verblüffend ist, weil er auch den des reichsten Medici zu übertreffen scheint: der Menschensohn, der in den biblischen Geschichten auf der ausgedörrten Erde Palästinas mit Aussätzigen wandelte und sich selbst bezeichnete als einen, der keinen Besitz hatte, ja, nicht einmal einen Ort, um sein Haupt niederzulegen. Entweder, oder. Schwarz oder weiß. Wo, fragte ich mich, waren die strahlenden Farben von Gottes Regenbogen, der alles überspannt? Leuchteten sie gelegentlich als Versprechen am Himmel auf?

Ich war zu jung gewesen, um es früher zu erkennen, aber nach Vancouver führte nichts an der Einsicht vorbei, dass die Welt unendlich viel größer war, als wir verstehen konnten, und ganz bestimmt ein solches Schwarz oder Weiß weit überstieg. Was meine Mutter aber wirklich meinte, wenn sie sagte: „So einfach ist das nicht“, entzog sich immer noch meinem Verständnis.

Am Rand der Wildnis entlang, auf der anderen Seite des Gartens, pflügt Dan mit vier Pferden; er sitzt auf unserem zweischarigen Pflug. Sein kräftiger Arm steuert die Hebestange, die die Pflugscharen zwischen der flachen Walderde und dem darunterliegenden Lehm hält. Ich gehe tief gebeugt in der Furche, drücke die zerschnittenen Kartoffeln dicht am Furchenrand fest in die Erde, wie man es mir Jahre zuvor beigebracht hatte, so dass sie genau in der richtigen Tiefe liegen, wenn der Pflug sie mit der nächsten Furche zudeckt. Die langen Reihen kennzeichnen wir mit Stecken und rechen die Oberfläche glatt. Es bedeutet einen ganzen Winter lang gutes Essen, und zwar in jeder Zubereitungsart von Kartoffeln, die die Mennoniten kennen. Am besten sind sie, wenn man sie in Scheiben „en Jreeweschmolt" röstet, in ausgelassenem Schweinefett mit kleinen Fleischstückchen darin, die wir „Grieben" nennen; nichts schmeckt nach einem Februartag in freier Luft besser als diese in Fett tief braun gebratenen Kartoffeln zwischen den Zähnen. In der Gartenerde stoßen meine nackten Zehen gegen Steine, krümmen sich in Sand, der in Nestern verstreut wie Stückchen vorsintflutlichen Strandes im braunen Lehm liegt, Sand, der so feucht ist, dass man ihn für kurze Augenblicke zwischen den Zehen formen kann – in der Sonne fühlt sich die unterschiedliche Erde verlockender an als jedes Buch. Das war die eine dumme Sache mit dem Winter: Wenn es früh dunkel wird, ist das zwar gut zum Lesen, aber Hände und Füße sind immer in irgend etwas Schweres eingepackt – wo doch nackte Füße und Hände auch Dinge zu erkennen vermögen, besonders im Licht der Sonne; sie sind die vier entgegengesetzten Ecken deines immer neugierigen Körpers und können Dinge wahrnehmen, von denen sich dein harter Schädel nichts träumen lässt.

In diesem Garten wächst, was wir essen; aber auch auf unserem Farmhof, wo die Hühner grasen, in den Sümpfen, wo das Vieh am Rande moosigen Wassers weidet, im borealen Busch, wo Saskatoons und Preiselbeeren und Vogelkirschen wachsen und auf aufgelassenen Feldern verwilderte Erdbeeren; Meilen weiter nördlich von Speedwell School, jenseits der Feuerschneise, wo Blitzschlag Jahre vor meiner Geburt Waldbrände ausgelöst hat, wachsen auf den Sandhügeln unter Kiefern und Pappeln wilde Blaubeeren, ganze Quadratmeilen davon in Büscheln blauer als der Himmel, die wir im August in Fünf-Gallonen-Rahmkannen füllen, und Mam kocht sie in der heißen Sommerküche ein und ich trage sie die Leiter hinunter in den Keller unterm Haus, wo ich die Einmachgläser in Reihen mit purpur, roten, blauen und schwarzen Schildchen aufstelle: Marmelade für den Winter als Brotaufstrich, Beeren für Plautz und Nachtische mit Schlagsahne und ein bisschen Zucker darüber.

Barfuß auf dieser gepflügten Erde hinter unserem Haus stehend weiß ich: Von dieser Erde bin ich gemacht.

~

Erinnerungen jenseits aller Worte kamen mir, als ich an den Ort im Norden zurückkehrte, wo meine Schwester begraben ist, wo meine Mutter mich empfing, gebar und nährte.

Erinnerungen solcher Art kamen auch, als ich nach sechs Lebensjahrzehnten Orte sah, an denen ich nie zuvor gewesen war: in Russland, in dem einstigen Mennonitendorf, das einmal Nummer Acht Romanowka hieß, nördlich der Stadt Orenburg, als ich die großen Steppenhügel hinauffuhr, die sich bis an den Horizont erstrecken, als ich auf dem Dorffriedhof stand, wo sich meine Eltern am Grab meiner Großmutter begegnet sind, wo auf grasüberwachsenen und von Fliederbüschen überschatteten Grabsteinen immer noch auf Deutsch und Russisch „Wiebe" steht; und auch zweitausend Kilometer westlich von Orenburg in der Ukraine, in dem früheren mennonitischen Neuendorf, heute Schirokoje, unmittelbar westlich der am ungeheuren Dnjepr gelegenen Stadt Saporischschja, wo mein Vater geboren wurde und wo Hühner umherwandern zwischen Backsteinhaufen aus den zerfallenden Mauern der Dorfschule, die er zuerst besuchte; und in Harlingen an der niederländischen Nordseeküste, von wo aus meine Vorfahren auf Wanderschaft gehen mussten, und wo 2003 der Angestellte an der Rezeption des Hotels Anna Casparii meinen friesischen Namen Wiebe erkennt und fragt, wann unsere Familie Holland verlassen habe und ich ihm antworte: „Vor fast vierhundert Jahren."

Und als ich dann wieder hinaustrete in die enge Noorder Haven Straat von Harlingen, habe ich plötzlich das überwältigende Gefühl, das in diesem Kanal glitzernde, an dieser Hoteltür vorbeifließende und in die Nordsee hinaufgepumpte Wasser sei Molekül um Molekül, Wiederkehr um Wiederkehr, dasselbe Wasser, auf das mein Vorfahr Wybe Adams van Harlingen hier in der Stadt seiner Geburt hinabschaute, als er 1616 auf einem Schiff nach Danzig fuhr.

Es kann sein, dass unsere Körper, unabhängig von unserem Geist, etwas bewahren, was wir versäumt haben wahrzunehmen; oder sogar unsere Fähigkeit mindern, zu vergessen, was wir am liebsten nicht über uns wüssten. Einem Menschen, der die Brandbomben des Luftangriffs auf Hamburg überlebt hat, kann das plötzliche Brummen eines Flugzeugs am Himmel den ganzen Körper in einen Krampfzustand versetzen; ein mitternächtliches Klopfen an die Tür eines Überlebenden des Gulag hemmungsloses Schreien auslösen. Selbst wenn alle näheren Umstände vergessen zu sein scheinen, so bleibt doch eine Wirkung davon in unseren Körpern zurück, wie die Dichterin Dionne Brand in ihren Erinnerungen, *A Map to the Door of No Return* berichtet. Wenn sie ihrem Großvater die Namen aller afrikanischen Stämme aufzählt, die sie kennt, sagt er, keiner davon gehöre zu ihren Leuten; „seinen Stammesnamen aber hätte er beim Wiederhören erkannt". Er erinnert sich jedoch kein einziges Mal, und deshalb, schreibt Brand, „öffnete sich in mir eine kleine Spalte ... ein Riss durch die Welt... Es war ein Riss in der Geschichte, ein Riss in der Ordnung des Seins. Es war auch ein Riss in meinem Körper, ein Riss in der Geographie." Anscheinend nehmen wir Schaden, wenn wir den Ort auf der Erde, von dem wir kommen, verloren haben, wenn der Name der Vorfahren ausgelöscht worden ist.

Erinnerungen können sich aus unserer Seele und unserem Körper verflüchtigen. Aber beim Niederschreiben dieser Worte tauchte langsam die Erinnerung an meine Albträume auf, die ich in Speedwell hatte. Schlaf als Verräter: Die Kinderwelt, in der ich lebte, wenn ich irgendwo im Land des Schlafes war, wurde gelegentlich auf schreckliche Weise aufgerissen, im Bett, in dem ich schlief, preisgegeben. Es gab viele Albträume, die, das weiß ich, anfingen, als ich laufen lernte, weil meine Mutter immer aufwachte, wenn ich schlafwandelte, mich auflas und wieder in mein Bett legte, jetzt aber erinnerte ich mich zum erstenmal, dass ich das Wort dafür wusste. Nicht das plautdietsche, das nur eine Abwandlung von „Droom" ist, von Traum, so wie „beese" *böse* bedeutet, *schlecht*, oder „gruselja" *grausig, gruselig*; das Englische wusste besser Bescheid: sein „nightmare", der Nachtmahr, ist eine Mähre, ein riesenhaftes Pferd, das mit dir durch die Dunkelheit prescht, auf dessen bloßen Rücken du dich klammertest, das weder Zügel noch Halfter hatte, dessen Hals zu riesig war, um deine Arme darum zu schlingen und du dich nur in die kurzen Büschel des Widerrists krallen konntest, als es mit dir ins Entsetzen raste. Wie Bell, immer unkontrollierbar und jetzt plötzlich wild geworden.

Ein solcher Nachtmahr aus dem Frühling unseres Wegzugs kehrte klar erkennbar als verwischte Erscheinung wieder. Ich musste etwas tun. Jetzt! Sofort! Und natürlich war es bereits zu spät, bis in alle Ewigkeit würde ich dafür in der Hölle schmoren, Eis und Feuer brannten gleichermaßen, es gab keinen Unterschied, aber jemand hämmerte unten an die Tür, und ich musste sie öffnen. Jetzt! Und schon war ich aus dem Bett und rückwärts die Leiter hinunter in der Dunkelheit und etwas versuchte mich aufzuhalten, irgend jemand und noch irgend jemand, aber ich wehrte mich dagegen – *Ich muss das jetzt tun!* Und die Tür öffnete sich und die Veranda war leer, also mussten sie auf dem Hof warten, ein Wagen und ein Pferdegespann, ein Auto! Ich bin draußen in der Frühlingsnacht, verbrenne mir die Füße wie an Eis oder Feuer, laufe an der Sommerküche vorbei und durch das Tor des Bretterzauns, „Etj mott!“, Ich muss! und schon bin ich halbwegs den leeren Hang hinunter zum Stall,

> Und ich spüre, dass „Ich“ zu wenig ist für mich!
>
> Da ist jemand, der sich seinen Weg aus mir herauskämpft!

Aber es ist meine Mutter, die dort draußen ist. Sogar als ich aus dem Haus stürzte, hatte ich etwas Zweideutiges gespürt, hatte gleichzeitig gewusst, *dass ich etwas tun musste!* und dass dort nichts zu tun sein würde – nie zu tun gewesen war – und dann umfasst meine Mutter fest meine Schultern und ich empfinde gleichzeitig Angst und Wut, ich *hätte* etwas tun sollen, aber es *gibt nichts zu tun,* ich stehe barfuß auf dem nachtkalten Hof in meiner Frühjahrsunterwäsche, meine warme Mutter flüstert in mein Ohr und ich stoße sie von mir, gehe vorbei an Pah am Bretterzauntor, der wie immer nichts tut, sondern nur zuschaut; ich hasse beide dafür, dass sie mich wieder so töricht handeln sehen, aber ich liebe sie doch, da *war* jemand und *ich hatte etwas tun müssen* und ich werd's ihnen zeigen, ich bin t'Hus, bin daheim, ich geh wieder rauf und schlafe. Und das tu ich.

Jahre später stieß ich auf diese drei Zeilen mit dem Bild unseres Doppelwesens, das uns im Albtraum begegnet: „Und ich spüre, dass „Ich" zu wenig ist für mich ..." steht in dem langen, entfesselten Gedicht des georgisch-kosakischen Dichters Wladimir Majakovskij *Wolke in Hosen.* Ein enger Freund sagte mir: „Du liest doch immer russische Schriftsteller. Bist du sicher, dass du nicht halb Mennonit, halb Russe bist?" Ich konnte nur murmeln: „So viel Glück müsste man haben."

~

Unser Gedächtnis ist das, was die Zeit davon übrig lässt und was wir darin finden oder dem wir nicht ausweichen können. Gao Xinjian hat zweifellos Recht, wenn er in *Soul Mountain* feststellt, dass der Verlust gewisser Erinnerungen eine Form der Befreiung ist. Es gibt aber viele, die wir nie verlieren wollen: Je genauer sie sind, desto mehr trösten sie uns. In ihrem Tagebuch von 1947 hat Liz nach ihrem sechzehnten Geburtstag keine Einträge mehr gemacht, nicht einmal über Dan und Isolas Hochzeit am 11. Mai, aber ganz plötzlich am 15. Mai notierte sie folgendes:

> Kamen gegen 7 Uhr abends in Coaldale an. Wurden sehr freundlich von den Voths willkommen geheißen mit einem warmen Abendessen; nach dem Essen führte uns Ed. [Voth] zu unserem neuen Heim.

Wilhelm Voth mit seinen herausnehmbaren Zähnen, der einmal in Speedwell einen Laden gehabt hatte, war mit einem staubbedeckten Auto zu uns in den Busch von Saskatchewan gefahren, um gegen Bezahlung Pah, Mam, Liz und mich über Erde und Schotter ins 470 Meilen (756 Kilometer) entfernte Coaldale in Alberta zu fahren. Wir machten keine öffentliche Versteigerung, jenes Gemeindebegräbnis all dessen, was zu unserer Farm und Familie gehörte und sich Stück für Stück in den – fast auf den Tag – vierzehn Jahren unseres Lebens in Speedwell angesammelt hatte. Vielmehr schickten wir ein paar Haushaltsgegenstände in zwei von Pah gebauten Holzkisten per Bahn, und überließen ansonsten die Farm mitsamt ihren Tieren und Maschinen Dan und seiner wundervoll gutmütigen Frau Isola. Am Mittwoch ging Mam zu Helens Grab und bei Sonnenaufgang am Donnerstag brachen wir auf, weil wir, um Übernachtungskosten zu sparen, die Strecke in einem Tag fahren wollten. Am Freitag, bevor Mr. Voth uns nach Lethbridge zum Möbelkaufen brachte, wusch ich die verschiedenen Schichten des auf der Reise Erbrochenen ab, das Wind und Sonne unter dem rechten Fenster seines Autos angetrocknet hatten.

Östlich von Lethbridge war Coaldale der erste Halt auf der Eisenbahnstrecke, die 1885 ursprünglich vom Geschäftskonsortium des Sir Alexander Galt gebaut worden war, um die entlang des Belly River (heute Oldman River) unterhalb von Lethbridge abgebaute Kohle zur neuen Transkontinentalstrecke der Canadian Pacific Railroad am Medicine Hat zu befördern. 1947 verlief Coaldales Hauptstraße, zu der uns Highway 3 von Medicine Hat führte, parallel zu den Schienen, und seine Geschäfte und Häuser drängten sich um die drei Getreidespeicher, aber unser „neues Heim“ war in Nortondale, einer Siedlung am Westrand der Stadt.

Es gab zwei Straßen mit Nortondale-Häusern, und obwohl ich das damals nicht wissen konnte, kam Second Street Nortondale – heute Coaldales westliche Twentythird Avenue – einem russischen Mennonitendorf näher als alles, was meine Eltern je in Kanada gesehen hatten. Bis auf zwei Ausnahmen waren alle ungefähr dreißig dort lebenden Familien in den zwanziger Jahren nach Kanada gekommen und sprachen Plautdietsch. Unsere kleinen Holzhäuser, auf zwei Morgen großen Grundstücken gebaut, standen entlang der Kiesstraße mit dem schmalen Bewässerungsgraben auf jeder Seite einander gegenüber. Jeder Hof hatte einen riesigen Garten und in vielen, wie auch in unserem, standen kleine Gebäude, in denen man Hühner halten und ein Schwein oder Schaf großziehen konnte zum Schlachten. Als es Herbst wurde, hatte Pah sogar schon eine Milchkuh gekauft, die er zum Grasen im hinteren Teil unseres Geländes oder an den Bewässerungsgräben anpflockte wie die anderen Familien auch, weil es natürlich keinen russischen Viehhirten gab, der unsere Tiere auf eine Gemeindeweide führen konnte. Mir war nicht klar, dass es bis zu meinem Weggang an die Universität von

Alberta sechs Jahre später meine tägliche Arbeit sein würde, jene Kuh morgens und abends in dem kleinen Schuppen zu melken, der unser Familienklosett vor der Straße verbarg. Sie war eine gute Kuh, zumindest ihrer hellbeigen Farbe nach eine Guernsey, und die überschüssige Milch verkauften wir für zehn Cent das Quart an Nachbarn.

Wenn ich auf der hohen Böschung des Hauptbewässerungsgrabens stand, dessen schlammiges Wasser hinter den Häusern und Grundstücken an der Südseite der Straße nach Osten floss, konnte ich über Farmen, Felder und Weiden hinwegblicken, die sich in die leicht ansteigende Ebene schmiegten bis dahin, wo die erste Mauer der Rocky Mountains aufragte und wieder im Dunst jenseits des Milk River Kamms verschwand. Dieser Kamm bildet die Wasserscheide zwischen den kontinentalen Flusssystemen, die sich einerseits nach Süden in den Golf von Mexiko, andererseits nach Norden in die Hudson Bay ergießen. Darüber schwebte der rechteckige Gipfel des Chief Mountain wie das aus Schnee und Granit gemeißelte Profil eines auf dem Rücken liegenden Mannes. Aber er war zu weit entfernt, als dass ich es genau hätte erkennen können, und ich hatte noch keine Ahnung von den Geschichten der Blackfoot über Old Man und Thunderbird, die um jenen ehrfurchteinflößenden Ort kreisen.

Wichtig an Coaldale war für Mam nicht die Landschaft; für sie war es gleichbedeutend mit vorsichtiger

Hoffnung. Obwohl noch nicht ganz zweiundfünfzig, war ihr Leben zu schwer gewesen für offenen Optimismus. „Harre auf Gott“ und „Den Mutigen gehört die Welt“ waren immer ihre Lebensmaximen gewesen und jetzt, durch den Umzug nach Südalberta, schien ihr geduldiges Hoffen mehr als nur ein Silberstreif am Horizont zu sein. Hier bekam Pah regelmäßig einen Lohn, musste sich nicht mehr mit schwierigen Entscheidungen für die Farm abmühen – das war in Speedwell jetzt die Sache von Dan, der das so viel besser machte und sich auf Englisch verständigen konnte – und für ihre beiden jüngsten Kinder gab es eine riesige Kirche mit über hundert christlichen Jugendlichen zum Anfreunden, wo sie die Sonntagsschule besuchen und im Chor singen konnten. Tatsächlich unterhielt die Mennoniten-Brüdergemeinde von Coaldale eine gute dreijährige Bibelschule und, noch erstaunlicher, eine vom Erziehungsministerium in Alberta anerkannte eigene High School am nördlichen Stadtrand. Hier in Coaldale könnte es durchaus möglich sein, dachte Mam, Liz und mich vor den ständigen, verderblichen Versuchungen der Nachkriegswelt zu bewahren. Und außerdem gab es unter den Mennonitenfrauen viele, die älter waren als sie und an die sie sich vertrauensvoll wenden konnte: Sie kannten diese kanadische Welt besser, als ihr je möglich sein würde.

Pah vergeudete keine Zeit damit, über die Prärie Südalbertas zu starren, die den Steppen so ähnlich war, in denen er einst als Junge dem baschkirischen Viehhirten, der das Dorfvieh in den Hügeln von Nummer Acht weidete, das Mittagessen brachte. Er freute sich über das gut verschindelte Haus – obwohl es keine Fundamente hatte, sondern nur auf Steinen in der braunen Erde ruhte – freute sich über die Straße und den Graben voll fließenden Wassers daneben, über die riesige Kirche der Mennoniten-Brüdergemeinde von Coaldale im Norden der Stadt, über

seinen Job in einer Molkerei, wo ihm täglich einer genau sagte, was er zu tun hatte.

„Hia oppe Stap woa wie aundasch lewe“, sagte er. Hier in der Prärie wird unser Leben anders sein.

Und in meinen länger werdenden Gliedmaßen spürte ich, dass er recht hatte; gaunz aundasch, völlig anders.

Epilog

DER KOMMENDE WIND

> 1947. Montag, 19. Mai: Dad ging heute nach Lethbridge zur Arbeit. Rudy ging in die Schule und Mutter und ich arbeiteten im Garten. Danach gingen wir noch ein Weilchen in die Stadt.

In Coaldale überwogen englische Namen wie Graham, King, Handley, McCann, Foxall, Greer, Fairhurst, obwohl es in der Hauptstraße ein paar Geschäfte gab mit Mennonitennamen wie Martens und Thiessen auf den Scheinfassaden. Im Klassenzimmer von Mrs. Jinty Graham mit ihren siebenunddreißig Schülern wies mir Rektor Roy Baker die letzte Bank in der Ecke an der Tür neben der Garderobe zu: als sei ich, vielleicht durch einen Zufall, als letzter in Klasse sieben gerutscht, und könnte für den Fall, dass jemand Notiz von mir nahm, einfach verschwinden. Mir war es recht; mein Platz war neben den hohen Fenstern, und ich konnte durch die riesigen Äste der Pappeln hinaus auf die Kiesstraße schauen, wo Autos vorbeifuhren und auf hölzernen Gehsteigen Leute in glänzenden Lederschuhen vorübergingen, sogar wenn es regnete.

Und bald stellte ich fest, dass ich absolut einmalig in der Schule war, weil ich blaue Denim Farmoveralls trug, besonders, weil die Knopflöcher an der Hüfte so ausgeleiert waren, dass die metallenen Knöpfe die Seiten nicht so geschlossen hielten, wie sie sollten. Obwohl die Schule wenige Wochen später endete, gab es für die poetisch veranlagten Witzbolde in der Englischstunde mehr als genug Zeit, um mich, mit dem Namen „Rudyard" spielerisch, wie ich glaube, als „Barnyard" abzustempeln, als „Scheunenhof". Was besonders gut zu den etwas allgemeineren Namen wie „bohunk" oder „schmo" passte: „Bauerntölpel".

„Ein Wort ist eine Macht, das aus dem Nichts heraus Bedeutung bekommt", wie Big Bear sagt. Ich könnte hinzufügen, dass es Wörter gibt, die so mächtig sind, dass sie sich in uns niederlassen und wir sie nie vergessen können.

Frank und Helen Wiens mit ihren acht Kindern – vier davon Teenager wie Liz und ich – waren unsere Nachbarn in Nortondale. Als Mennoniten waren sie froh, uns beim Einleben im sommerheißen Alberta helfen zu können. Der älteste Sohn Abe bewirtschaftete achtzig Morgen Land östlich der Stadt; die Wiens hatten mit den Kanadischen Zuckerwerken einen Liefervertrag für Zuckerrüben und bald hackten auch wir diese endlosen Reihen, diese geraden, flachen Zeilen eingefasst von den glänzenden Streifen der Bewässerungsgräben, die noch über den baumlosen Horizont hinauszureichen schienen.

Vor den Fünfzigerjahren waren Rübensamen noch nicht segmentiert: Die winzigen Sprossen trieben büschelweise aus und mussten auf Hackabstand ausgedünnt werden, damit jede Pflanze zu einer dicken, schweren Rübe reifen konnte. Hacken taugten zwar zum Jäten, aber nicht besonders zum Ausdünnen: nur auf den Knien und mit bloßen Fingern konnte man die Pflanzen richtig ausdünnen. Gebückt zwischen endlosen Reihen von Zuckerrüben, wurde man allmählich zu einem fernen Huckel, namenlos unter der sengenden Sonne.

Coaldales süßes Gold. In den Vierzigern stellten die japanischen Kanadier, die während des 2. Weltkriegs von der kanadischen Regierung aus ihren Wohnungen in Vancouver ins Landesinnere vertrieben worden waren, und die russisch-mennonitischen Einwanderer, Erwachsene und Kinder gleichermaßen, die meisten Arbeitskräfte für die Bepflanzung der 30.000 Acres (12.150 Hektar) mit Zuckerrüben im Bezirk Lethbridge. Wie Joy Kogawa, eine Klasse unter mir in Coaldale School, später in ihrem Roman *Obasan* schrieb:

> ... die Hitze wabert und glänzt wie durchsichtige Schleier über den braunen Schollen und den winzigen, fernen Leibern von Stephen und Onkel und Obasan, Meilen entfernt... dann auf die Knie, ziehen, weg, weg, und so weiter bis ans Ende der langen, langen Reihe ... es wird nie fertig... Es ist so schwer und so heiß, dass meine Tränendrüsen ausbrennen.

Ich jammerte zwar, weiß aber, dass meine Mutter weinte: Sie hatte Schmerzen in ihren missgestalteten, entzündeten Füßen, ihrem krummen Rücken. Zwischen den Einsätzen beim Rübenhacken pflückten wir Kinder grüne und gelbe Bohnen, wenn sie im Juli und August reif wurden. Entlang den Straßen in Nortondale gab es überall kleine Kulturen, im Auftrag der Broder Canning Company angelegt, die geerntet und sofort an sie verkauft wurden. Auch in unserem Hintergarten. Für die erste und zweite Ernte gab es einen Cent für das Pfund, zwei Cent für die dritte, aber man musste seine Reihe sorgfältig abpflücken, durfte keine Pflanzen herausreißen oder Bohnen aus anderen Reihen pflücken. Manchmal brachte ein Tag auf einem guten Feld fast zwei Dollar ein – kaum vorstellbar, wenn man bedenkt, dass Dan vor dem Krieg fünfzig Cent dafür bekam.

Im September kam Liz in Klasse neun (kein Wort darüber in ihrem Tagebuch), und für mich in Klasse acht ging es sofort wieder los mit „Barnyard". Aber ich hatte inzwischen etwas über Kleidung gelernt und wie man sich Spitznamen entzieht, indem man einfach schweigend weggeht. Und Murray Robison, einer der besten Lehrer, die ich je hatte, machte das Etikett zusätzlich überflüssig, indem er mich in einer Klasse von fünfunddreißig Schülern zwischen den Nummern sieben und neun einstufte, nicht so weit hinter Bob Baker, dem schlaksigen, liebenswürdigen Sohn des Rektors, der immer der Klassenbeste war. Weitere Merkmale eines Buschfarmtölpels verschwanden, als Robison uns als Theaterereignis des Frühjahrs A. A. Milnes hübsches Einakterlustspiel *Die Prinzessin und der Holzfäller* einstudieren ließ und mir zu meinem Erstaunen die Rolle des Gelben Prinzen zuteilte, dem geschwätzigsten und geckenhaftesten der drei Prinzen, die um die Hand der Prinzessin anhalten. Die Aufführung in richtigen Kostümen fand in unserem Klassenzimmer statt vor Schülern und Angehörigen.

Natürlich erobert am Ende der Holzfäller die Prinzessin, und ich weiß nicht, ob wir Präriearbeiter viel von den Feinheiten des Oberklassenenglischen erfassten, die das Stück vermitteln soll, aber man sieht den Gelben Prinzen zusammen mit dem Holzfäller – Shirley Smith, das hübscheste Mädchen in der Klasse – wie diese(r) über seine (ihre) Schulter hinweg mich von der Seite mit klassischer Geringschätzung anblickt, während ich, in den gelben Kniehosen und dem Wams, das meine Mutter aus einem gefärbten Mehlsack genäht hatte, mit einer kurzen Handbewegung ihm (ihr) die mir zu Gebote stehende prinzliche Herablassung zeige.

In der angenehmen Atmosphäre einer lernwilligen Klasse verschwinden persönliche Probleme manchmal so einfach, wie sie auftauchen. dass wir Wiebes eine arme Arbeiterfamilie waren am Rande einer Präriestadt, in der hart gearbeitet wurde, in der ein paar einflussreiche Geschäftsleute und wohlhabendere Bewässerungsfarmer den Ton angaben, spielte noch keine besonders große Rolle für mich. Unser Leben war so anders als im abgeschiedenen Busch von Speedwell – mit elektrischem Licht, mit Kohle, die im Lastwagen angeliefert wurde, mit einer Zisterne, in der Wasser aus der Bewässerung gesammelt wurde, das wir mit der Hand in die Küche pumpten (das aber nie so gut schmeckte wie jenes aus unserem früheren Brunnen). Es gab eine riesige Kirchengemeinde mit über siebenhundert erwachsenen Mitgliedern, eine Schule aus Backsteinen, es gab Straßen, Geschäfte und Häuser in einer Stadt, in der es mir von Menschen zu wimmeln schien – das Leben hatte sich so verändert, dass mir kaum bewusst war, dass wir kein Auto hatten und kein Telephon, und es noch vier Jahre dauern würde, bis irgend jemand in Coaldale fließendes Wasser hatte, an die Müllabfuhr oder Erdgasleitung angeschlossen war. Die Hochstimmung darüber, einen schrecklichen Krieg hinter sich zu haben und schließlich das Ende der Nürnberger Prozesse verwischte Wohlstands- und Klassenunterschiede, besonders unter Teenagern. Es hieß, eine saubere, neue Welt warte auf uns, und wir fingen an zu glauben, wir könnten tun und werden, was immer wir wollten: „Arbeite hart, nur der Himmel ist die Grenze!"

Und tatsächlich öffnete sich dieser riesenhafte „Himmel" Albertas ganz weit. Am 13.Februar 1947 wurde im Süden von Edmonton mit einer gewaltigen Gasexplosion Leduc No. 1 Discovery Well in Betrieb genommen, aus der es Öl regnete auf ekstatisch tanzende Bohrleute; es war die erste Tausender Quellen aus Ölvorkommen tief unter Hunderten von Quadratmeilen von Albertas Erde. Für die meisten von uns sollten die fünfziger und sechziger Jahre unsere Vorstellungen, die wir als Teenager hatten, weit übertreffen.

Neben allen überwältigenden Möglichkeiten erwies sich die Coaldale Consolidated School jeden Tag aufs Neue als Inbegriff multikultureller kanadischer Gesellschaft, mehr als zwanzig Jahre, bevor Ottawa diese offiziell zum Ziel der Politik erklärt hatte. Für 1948-49, ich war in der neunten Klasse, sehe ich in meinem Jahrbuch, dass Consolidated High 108 Schüler hatte; von ihnen waren 37 russisch-mennonitischer Abstammung (22 davon Mädchen), 23 waren britisch, 17 japanisch und die restlichen 31 kamen von überallher, vor allem aus Zentraleuropa. Als die neue, aluminiumgedeckte R. I. Baker School im März 1950 eröffnet wurde, führten ungefähr einhundert Schüler aus zwölf Klassen ein buntes „Fest der Nationen" auf, das von unserer Lehrerin für Englisch und Französisch, Edna McVeety, geschrieben und von Murray Robison einstudiert worden war. Grußadressen in zwanzig Sprachen wurden gedruckt und zweiundzwanzig verschiedene Nationalitäten präsentierten ihr Können, oft in ihren traditionellen Trachten. Wir Mennonitenkinder sangen vierstimmig „Glaube der Väter".

Von Gleichaltrigen angenommen zu werden und gute Noten zu erhalten, waren nicht die erinnerungswürdigsten Vorteile des Lebens in Coaldale, das so „aundasch" war, so anders. Bedeutsamer, entscheidender für das zurückgezogene Kind, das ich frohgemut blieb – ich entdeckte, dass man in der Menge verschwinden konnte – waren Bücher. Das Jahrbuch von 1948-49 war unbegreiflich weitsichtig, als Rudy Wiebes Ehrgeiz „den Besitz einer Bibliothek", als seine „Schwäche: Dichtung" zu benennen. Eine Beobachtung, die offensichtlich wie ein Motto über meinem ganzen Leben steht.

Regale voller Bücher vom Boden bis zur Decke in der Schulbücherei und der neuen öffentlichen Bücherei (1945) in der Main Street. Zusammen enthielten diese beiden kleinen Räume vielleicht zweitausend Bände, aber nach der Leere Speedwells war allein der bloße Anblick so vieler Buchrücken wunderbar und rief erhebende Gefühle hervor. Aus der öffentlichen Bücherei durfte man sogar zwei Bücher gleichzeitig entleihen, fast genug für ein Wochenende.

Und außer den Büchern gab es noch das Land: offen und bis zum fernsten Horizont sichtbar. Es gab die Erde, den Himmel, den unaufhörlichen Wind. Überall im südlichen Alberta konnte der Blick meilenweit ungehindert über das Land schweifen, da gab es nichts, das sich borstig aus seinen grünen Weiten erhob, außer sauber in Reihen gepflanzter Bäume als einsame Schutzgürtel oder Windbrecher, wie sie genannt wurden, riesigen Pappeln aufgereiht entlang von Straßen oder zum Schutz von Farmen, manchmal auch einzeln auf einer Anhöhe oder aus den Senken der Bewässerungskanäle ragend, aber immer hörten sie plötzlich auf, bogen im rechten Winkel ab wie eine Mauer aus Laub. Hier gab es nirgends diese erdrückenden Fichten- oder Pappelwälder, die das Land vollständig bedeckten, die sich an lichteren Stellen unter dem Druck des Windes bogen, hier gab es kein fahles Geflacker zum traurigen Seufzen der Blätter. Im Gegensatz zu der Welt, in der ich geboren worden war, oder zum Fluss und den bewaldeten Bergen von Vancouver, wo wir kurze Zeit gelebt hatten, war in der Prärie alles Menschengeschaffene exponiert: Häuser, Farmen, Städte, Getreidesilos, sogar die kleine Stadt Lethbridge am Rand der ausgetrockneten Seitenarme des Oldman River – alles befand sich auf diesem offenen Land in der Schwebe, schutzlos den oft überfallartigen Winden ausgeliefert, die sommers Eis und Hagel führen konnten und mitten im Winter heiße Luft, in der jede Schneeflocke zu Matsch zerschmolz, wenn der Old

Man den „Schneefresser“ schickte, wie dieser Wind bei den Blackfoot hieß, seinen Winterchinook, der von den Rockies herunter nach Osten über die froststarre Prärie fegte.

Ein scheinbar endloses, den Heimsuchungen des Windes auf ewig ausgeliefertes Land. Ich musste mich nur in diesen atmenden Wind stemmen, um ein Gefühl für dieses Land zu entwickeln: ein Land zu unermesslich, um es zu überblicken, dem bloßen Auge unergründbar – vielleicht aber ertastbar durch Worte, mit größter Sorgfalt aneinandergereihte Worte, vergleichbar den filigranen, hohen Stahlelementen der Eisenbahnbrücke von Lethbridge, die die gewaltige Schlucht des Oldman River überspannt, Worte, geschmiedet und zusammengefügt zur lebendigen Architektur einer Geschichte.

DANKSAGUNGEN

Erinnerungen an die Kindheit sind immer eine Familienangelegenheit, besonders in einer Familie mennonitischer Einwanderer. Von uns sieben Kindern Abram und Katerina Wiebes sind im Jahre 2006 nur noch drei am Leben. Mein herzlichster Dank gilt deshalb zuerst meinem Bruder Dan Wiebe in Grande Prairie, Alberta, und meiner Schwester Elizabeth (Wiebe) Uren in Lethbridge, Alberta, für die Geschichten, die wir einander erzählen konnten. Besonders dankbar bin ich für das fünf Jahre umfassende Tagebuch, das Liz nach Helens Tod, mit Unterbrechungen, mehrere Jahre lang weiterführte und das es mir erlaubte, Ereignisse mit einer Genauigkeit einzuordnen, die jedes einzelne Erinnerungsvermögen weit übersteigt. Danke, liebste Liz. Ich weiß, Du wirst ein Einsehen haben, wo meine hier wiedergegebenen Erinnerungen wenig oder vielleicht gar keine Ähnlichkeit mit Deinen aufweisen.

Mit besonderer Anerkennung möchte ich auch auf die Arbeit von Dr. Jack Thiessen hinweisen, ohne dessen großartiges *Mennonite Low German Dictionary* (Max Kade Institute for German-American Studies, Madison, Wisconsin, USA: 2003) so vieles in diesem Buch nicht hätte geschrieben werden können.

Rudy Wiebe

Danksagung des Übersetzers

Ich danke Rudy Wiebe für mannigfaltige freundliche Hilfe bei der Übersetzung von *of this earth*, besonders aber Doris Engelke für ihr entschiedenes Engagement für den kanadischen Autor und ihr inspiriertes, sorgfältiges Lektorat.

Joachim Utz